文物科技研究

第八辑

中国文化遗产研究院 编

科学出版社
北京

内 容 简 介

《文物科技研究》是一部关于文物保护科学技术研究的学术系列出版物，主要刊登国内外文物保护理论与方法研究、应用技术研究、保护工程技术研究的成果，以推动我国文物保护科学和应用技术研究的发展。此前已连续出版七辑，本辑刊登文章主要包括：国家科技支撑计划课题"南京报恩寺遗址地宫及出土文物保护技术研究"、财政部（中国文化遗产研究院）"公益性科研院所基本科研业务费专项基金"资助的"海洋出水陶瓷、金属和木质文物保护技术研究"和"激光清洗技术在无机文物保护修复中的应用研究"等课题的相关学术文章，以及古代颜料和石质、铁质、铜质文物的保护与修复文章和国外优秀文物保护技术译文。

本书可供从事文物保护与修复专业的科技人员、考古工作者、博物馆科技工作者和大专院校相关专业的师生阅读、参考。

图书在版编目（CIP）数据

文物科技研究. 第8辑 / 中国文化遗产研究院编. —北京：科学出版社，2012.5
 ISBN 978-7-03-034104-4

Ⅰ.①文… Ⅱ.①中… Ⅲ.①文物保护－科学技术－中国－文集 Ⅳ.①K87-53

中国版本图书馆 CIP 数据核字（2012）第 076487 号

责任编辑：孙 莉 雷 英 / 责任校对：朱光兰
责任印制：赵德静 / 封面设计：陈 敬

科学出版社 出版
北京东黄城根北街16号
邮政编码：100717
http://www.sciencep.com

中国科学院印刷厂 印刷
科学出版社发行 各地新华书店经销

*

2012年5月第 一 版　开本：787×1092　1/16
2012年5月第一次印刷　印张：12 1/4　插页：4
字数：274 000

定价：72.00元
（如有印装质量问题，我社负责调换）

《文物科技研究》指导委员会

主　　任　　张文彬
委　　员　　刘燕华　柯　俊　傅熹年　葛修润
　　　　　　宿　白　徐苹芳　谢辰生　罗哲文
　　　　　　张忠培　黄景略　王丹华　黄克忠
　　　　　　胡继高　陈同滨　张廷皓　付清远
　　　　　　Neville Agnew（美国）
　　　　　　沢田正昭（日本）
　　　　　　Mario Micheli（意大利）

《文物科技研究》编委会

主　　任　　刘曙光
委　　员　　（以姓氏笔画为序）
　　　　　　马清林　王昌燧　王金华　朱晓东
　　　　　　乔　梁　李宏松　杨　新　吴小红
　　　　　　罗宏杰　周卫荣　孟宪民　荣大为
　　　　　　侯卫东　柴晓明　梅建军　詹长法
　　　　　　潘　路
主　　编　　马清林
副 主 编　　王小梅
编　　辑　　宋　燕　黄　彬

SCIENTIFIC AND TECHNOLOGICAL RESEARCH ON CULTURAL HERITAGE

VOLUME 8

CHINESE ACADEMY OF CULTURAL HERITAGE

SCIENCE PRESS
BEIJING

目　录

中国古代人造硅酸铜钡费昂斯制品的 LA-ICP-MS 分析 ……………………………………
……………………………………………………………………………………马清林
　　　　〔瑞士〕Reto Glaus　张治国　〔瑞士〕Detlef Günther　Heinz Berke（1）
海洋出水陶瓷器的清洗与脱盐保护研究——以"华光礁Ⅰ号"出水陶瓷器为例
………………………………………………………李乃胜　陈　岳　罗武干（16）
石质文物表面加固保护材料评述及展望 …………… 王菊琳　李　杰　张　涛（35）
一种古老的绿色颜料——绿土的分析和鉴别 ……… 赵丹丹　成　倩　郭　宏（43）
激光清洗技术在大足石刻彩绘信徒像保护修复中的应用 …………………………
………………………………… 张晓彤　张鹏宇　付永海　范子龙　冯太彬（53）
新疆库木吐喇石窟58窟壁画制作工艺与材料分析 …………………………………
………………………………… 王力丹　叶　梅　徐永明　杨　杰　郭　宏（63）
先秦时期金珠颗粒制品的考古发现与初步研究 ……………………………………
………………………………… 黄　维　陈建立　吴小红　王　辉　周广济（70）
古代出土玻璃器保护修复技术研究——以南京大报恩寺玻璃盏为例 ……………
………………………………… 宋　燕　于　宁　王　军　王昌燧　马清林（78）
南京大报恩寺地宫出土香料分析与保护研究 ………………………………………
………………………………… 周　雷　沈大娲　王　军　白　宁　胡之德　马清林（92）
古代银器与鎏金银器保护技术及应用 ……… 张治国　马清林　王　军　白　宁（104）
铁质文物科学保护及相关问题探讨 ………………… 张治国　潘　路　马清林（114）
古代铁器表面钙质沉积物和铁锈去除研究 …………………………………………
………………………………… 辛小虎　成小林　潘　路　梅建军　张　然（120）
楚国申县贵族墓出土青铜器腐蚀状况研究 …………………………………………
………………………………… 牛　沛　罗武干　魏国锋　柴中庆　乔保同　王昌燧（126）
古代青铜（铜锡合金）自然锈蚀物形态及形成机理 ………………………………
………………………〔法〕L. Robbiola，J. M. Blengino，C. Fiaud 著　罗　敏译（136）
历史上的镀金术——古代贴金工艺述略 ………〔英〕Andrew Oddy 著　田兴玲译（159）
朝鲜民主主义人民共和国高句丽时代德兴里墓葬壁画（408年）的科学调查 ……
…………………………………………………………………………〔意〕R. Mazzeo，
　　　E. Joseph, V. Minguzzi, G. Grillini, P. Baraldi, D. Prandstraller 著　成　倩译（165）
保加利亚内塞巴尔圣史蒂芬教堂壁画修复前微环境分析 ……………………………
………〔意〕Adriana Bernardi，Valentin Todorov，Julia Hiristova 著　孙延忠　陈　青译（180）

CONTENTS

Application of Laser Ablation-Inductively Coupled Plasma-Mass Spectrometry in Ancient
　Chinese Man-made Copper-Barium-Silicate Faience ....
　　............ *Ma Qinglin, Reto Glaus, Zhang Zhiguo, Detlef Günther, Heinz Berke* (14)
Scientific Analysis and Conservation on Ancient Underwater Porcelains Recovered from
　Huaguangjiao Ⅰ in South China Sea .... *Li Naisheng, Chen Yue, Luo Wugan* (34)
The Review and Outlook of Surface Reinforcement Materials on Stone Artifacts ....
　.. *Wang Julin, Li Jie, Zhang Tao* (42)
'Green Earth': Analysis and Identification of Historical Pigment ....
　.. *Zhao Dandan, Cheng Qian, Guo Hong* (52)
Laser Cleaning Technology in the Conservation of Paintings Buddhist Statue of the Dazu Rock
　Carvings .... *Zhang Xiaotong, Zhang Pengyu, Fu Yonghai, Fan Zilong, Feng Taibin* (62)
Analysis on the Production Process and Materials of Murals in the Cave 58 of Kumutula Grottoes
　Xianjiang Province ...... *Wang Lidan, Ye Mei, Xu Yongming, Yang Jie, Guo Hong* (69)
Archaeological and Technical Study of Gold Granulation Artifacts in Pre-Qin Period China
　..................... *Huang Wei, Chen Jianli, Wu Xiaohong, Wang Hui, Zhou Guangji* (77)
Study of the Conservational Method of Ancient Glass: Take an Ancient Glass Calyx Unearthed
　from Bao'en Temple of Nanjing ....
　........................ *Song Yan, Yu Ning, Wang Jun, Wang Changsui, Ma Qinglin* (91)
Preliminary Analysis and Conservation Studies on the Excavated Spices in the Underground
　Palace of Bao'en Temple, Nanjing ....
　............ *Zhou Lei, Shen Dawa, Wang Jun, Bai Ning, Hu Zhide, Ma Qinglin* (103)
Conservation Technique Research and Practice of Ancient Silverware and Gild Silverware
　........................... *Zhang Zhiguo, Ma Qinglin, Wang Jun, Bai Ning* (113)
Review of the Scientific Conservation Methods and Related Approach to Ancient Iron Objects
　.................................... *Zhang Zhiguo, Pan Lu, Ma Qinglin* (119)
Removal of Calcareous Sediments and Iron Rust on Ancient Iron Objects ....
　..................... *Xin Xiaohu, Cheng Xiaolin, Pan Lu, Mei Jianjun, Zhang Ran* (125)
Research on the Corrosion of Bronze Wares Excavated from Shen Aristocratic Cemetery of
　Chu State .... *Niu Pei,*
　　Luo Wugan, Wei Guofeng, Chai Zhongqing, Qiao Baotong, Wang Changsui (135)

Morphology and Mechanisms of Formation of Natural Patinas on Archaeological Cu-Sn Alloys
.... *L. Robbiola, J. M. Blengino, C. Fiaud* (158)
Gilding Through the Ages: an Outline History of the Process in the Old World ....
.... *Andrew Oddy* (164)
Scientific Investigations of the Tokhung-Ri Tomb Mural Paintings (408 A. D.) of the Koguryo era, Democratic People's Republic of Korea ....
.... *R. Mazzeo, E. Joseph, V. Minguzzi, G. Grillini, P. Baraldi, D. Prandstraller* (178)
Microclimatic Analysis in St. Stephan's Church, Nessebar, Bulgaria after Interventions for the Conservation of Frescoes .... *Adriana Bernardi, Valentin Todorov, Julia Hiristova* (185)

中国古代人造硅酸铜钡费昂斯制品的 LA-ICP-MS 分析

马清林[1]　〔瑞士〕Reto Glaus[2]　张治国[1]
〔瑞士〕Detlef Günther[2]　Heinz Berke[3]

(1. 中国文化遗产研究院　北京　100029)
(2. Laboratory of Inorganic Chemistry ETH Zurich Zurich)
(3. Anorganisch-chemisches Institut Universitat Zurich Zurich)

摘要　激光剥蚀电感耦合等离子体质谱（LA-ICP-MS）是近年发展较快和应用较广的一种微损分析技术，非常适于古代珍贵文物元素成分定量分析和同位素含量分析。本文利用瑞士联邦工学院无机化学实验室的 LA-ICP-MS 仪，分析了中国古代战国时期出土的费昂斯珠（料珠）和东汉时期以人造硅酸铜钡颜料为显色材料的费昂斯制品，研究结果显示，LA-ICP-MS 分析技术仅对样品表面造成直径 50μm 的损伤，肉眼一般难于察觉。对于体积过大而不能置放于样品腔的珍贵文物，可直接采取少量样品用于分析，直接取样分析结果和包埋磨光样品的分析结果有良好的一致性，避免了包埋磨光制样要求样品量较大和损伤较多的缺点。

关键词　LA-ICP-MS，SEM-EDX，微损分析，费昂斯制品，人造硅酸铜钡，元素分析，料珠，战国时期，东汉时期

一、引　言

激光剥蚀电感耦合等离子体质谱（laser ablation-inductively coupled plasma-mass spectrometry，LA-ICP-MS）是近年发展较快和应用较广的一种微损分析技术，可用于固体待检样品中多种元素定量测定和元素同位素分析。将待检样品放置在一个封闭的样品腔（或称剥离室）中，通过样品腔透明窗口将脉冲激光束聚焦在待分析样品表面（激光束直径通常为 10~100μm），利用纯净的氩气或氦气以气溶胶方式将剥蚀下来的样品微粒从剥离室直接传输至电感耦合氩等离子体（ICP）中心，在此处将激光剥蚀样品微粒分解并转化成元素等离子体，然后将元素等离子体引入质量分析器（MS）中，依据其质核比分离和收集以确定其元素组分及同位素含量（图1）。

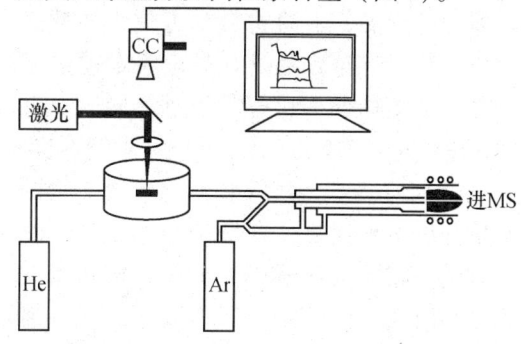

图 1　LA-ICP-MS 仪器工作原理示意图
CC 指命令与控制（command and control）

Gray 1985 年首次将激光剥蚀技术引入 ICP-MS 分析的样品采集系统[1]。目前使用的激光剥蚀室具有透明窗口，样品在其中可在 x、y、z 三维方向移动，非常便于样

品表面剥蚀点的选择。激光熔蚀可将任何类型的固体试样熔解，不需要试样准备，试样的尺寸只要能置放于样品室中不影响其分析点的选择即可。应用激光熔蚀比雾化熔解的试样量小（前者只需几微克，后者需要几毫克），因此很少量的试样就可满足分析要求。同时，聚焦激光束可以分辨固体试样表面十至数十微米空间的组成差异，是一种和电子探针（electron probe of microanalysis，EPMA）准确度相媲美的大尺度定量分析技术[2]。

由于 LA-ICP-MS 具有需要样品量少，避免了湿法消解样品的困难和缺点，消除了水和酸所致的多原子离子干扰，提高了进样效率，增强了 ICP-MS 的实际检测能力。LA-ICP-MS 技术可实现原位（in situ）、实时（real time）、快速分析，其灵敏度较高、空间分辨率（<10μm）较好、多元素可同时测定并进行同位素比值分析，是一种从微观角度研究物质组成及分布特征的分析测试手段[3]。由于不需制备样品及对珍贵样品微损的优点，近年来已成为一种重要的元素组成定量分析技术和同位素分析技术，用于古代黑曜石制品、玻璃制品、陶瓷、金属制品、颜料、灰泥、各种质地石器和石制品、书写材料及古代人体残迹分析[4~8]。获得了大量有益信息，促进了考古学和文物保护科学的发展，同时也反馈性地促进了 LA-ICP-MS 分析技术的进步。一方面 LA-ICP-MS 分析技术给珍贵文物的定量分析检测提供了快捷的技术方法，另一方面，珍贵文化遗产分析对分析技术的无损和微损以及原位分析等要求，又促使 LA-ICP-MS 仪器向更小量和更小损伤以及原位微量取样技术方向发展。正是由于后一种原因，促成了中国文化遗产研究院与瑞士联邦工学院（苏黎世）及瑞士苏黎世大学三年合作项目"中国瑞士科学技术合作计划项目"的设立。瑞士联邦工学院无机化学实验室 D. Günther 教授及其研究团队长期以来致力于 LA-ICP-MS 分析技术及装备提升研究，取得了很多重要的研究成果[9,10]。本工作即是利用该实验室的 LA-ICP-MS 分析设备，探索该技术在珍贵文物组成与同位素定量分析方面的应用扩展度及适用性。

中国发达的古代文明，遗留下丰富的各种质地的重要文化遗产，如石器、玉器、陶器、费昂斯制品、瓷器、漆木器、青铜器、铁器、金银器、壁画彩塑、书画与书籍、费昂斯制品与玻璃器、纺织品、食物残留、人体残迹、建筑等，这些文化遗产承载着丰富的历史信息和科学信息，通过选择适宜的分析技术或者技术组合分析与辨别，有利于比较客观、深入地认识古代社会及人类活动的过程和因由。由于文化遗产的不可再生性与不可替代性，对于部分珍贵文物，需要采用无损和原位分析技术，在无损技术不能满足信息提取要求时，采用微损分析技术，尽量实现对文物外观没有明显影响或者影响不易察觉。采用原位分析技术有两方面原因：一是物品过大或依附于其他不可移动物品之上，不便于移往实验室分析测试；二是避免文物移往实验室过程中不可预见因素的损害和安全保卫方面的风险。然而，在以上所列类型和质地的文物中，部分文物如玉器、金银器、书画、玻璃器等，在无损技术获取的信息不能满足研究的要求，此时，在保持文物外观完整性的前提下，为获得文物定量组成的丰富可用信息，LA-ICP-MS 分析技术成为很重要的选择。可根据研究需要，在 10~100μm 范围控制激光束直径，开展分析工作。

古代费昂斯制品（珠、管、棒等）是一种外观和原料都与玻璃相似的物质，由于玻璃化程度较低，严格来说不是真正意义上的玻璃，在中国考古界一般称其为料器或料珠。费昂斯虽然有许多不同类型，但其主体材料多为石英砂（也有陶胎费昂斯），一般是在磨细的石英砂中掺入少量的碱水，塑成一定形状后，加热到800~900℃而成。费昂斯表层的石英砂熔融形成薄而光亮的釉，内部石英颗粒在碱和高温作用下部分熔融黏结在一起，大部分石英颗粒没有完全熔融，仍然保持结晶状态[11]。费昂斯的施釉技术主要有三种：风干施釉、黏附施釉和直接施釉[12,13]。目前，已经发现很多以人造硅酸铜钡颜料为着色材料的费昂斯制品和颜料，它们大多以中国蓝（或汉蓝，$BaCuSi_4O_{10}$）、中国紫（或汉紫，$BaCuSi_2O_6$）以及深色中国蓝（$BaCu_2Si_2O_7$）为显色物，其制品使用时间从春秋中晚期一直延续至东汉末年[14~16]。

本研究工作以中国甘肃省张家川县马家塬战国（前475~前221年）晚期墓出土费昂斯制品（料珠）、河南省三门峡市南交口遗址东汉（25~220年）晚期墓出土以人造硅酸铜钡颜料为显色材料的费昂斯制品及甘肃兰州收藏家收集的小料珠为研究对象（表1），开展探索性分析研究，以期确定LA-ICP-MS分析技术对珍贵文物样品的适宜性。

表1 中国甘肃与河南出土人造硅酸铜钡费昂斯样品描述

编号	时代	地点	外观描述	样品来源
SMXEP	东汉	河南三门峡南交口M17	紫色颗粒（曾青）	河南省文物考古研究所
SMXEG	东汉	河南三门峡南交口M17	绿色颗粒（曾青）	同上
GSP2	战国晚期	甘肃张家川马家塬M3	紫色料珠	甘肃省文物考古研究所
GSG2	战国晚期	甘肃张家川马家塬M3	绿色料珠	同上
GSP1	战国晚期	不明	紫色料珠	私人收藏
GSG1	战国晚期	不明	纺绿色料珠	同上
GSB1	战国晚期	不明	中铁蓝色料珠	同上

二、样品描述

1. 河南省三门峡市南交口遗址汉墓出土曾青样品

1997年9月~1998年12月，河南省文物考古研究所对三门峡市南交口遗址汉墓（M17）进行了抢救性发掘。M17是一座尚存封土冢、四周环绕围墓沟的大型洞室砖券墓，是目前三门峡地区发掘的形制最大的东汉晚期墓葬。在M17铺地砖下，发现5个带朱书文字的镇墓陶瓶，按东、南、中、西、北"五行"方位埋置，每个瓶上朱绘北斗神符，并朱书方位、天干、神祇名称、镇墓神药（矿物）名称、驱邪避祸等内容。按照五方配五行、五行配五毒、五毒配五色、五色配五帝，五帝配五方布放。瓶内装有曾青（蓝色）、丹砂（红色）、雄黄（黄色）、慈石（黑色）、礜石（白色）五种颜色，是研究早期道教的宝贵实物资料。其中陶镇墓瓶M17:6内装矿物自铭为曾青，瓶口径8.12、腹径10.16、高15.16cm。瓶内盛装蓝色至紫色矿物，呈小颗粒状，直径为3~5mm，无光泽，结构疏松。瓶腹朱书28字，为"东方，甲乙，神青龙，曾青九两，制中央，令母守子，祸不起，从今日始，如律令"。这是迄今为止考古发现的自铭为"曾青"的人造蓝青色物品[17,18]，由于烧制温度不高，加热时间较短，基本保留了大量的所用原料信息，是研究中国人造硅酸铜钡显色材料的难得标本（图2；图版1）。

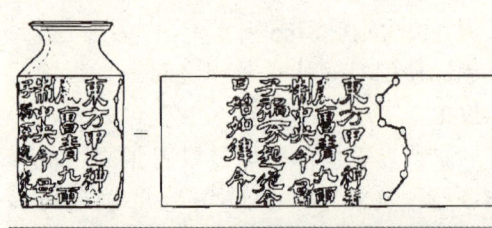

图2 河南三门峡南交口遗址 M17 东方镇墓瓶外朱书及瓶内"曾青"

2. 甘肃省张家川县马家塬战国墓地出土料珠

2006年，甘肃省文物考古研究所在张家川马家塬战国墓地开展抢救性发掘，出土以罕见豪华车乘为主的随葬器物，以及大量金属器及车辆构件。研究者认为这批墓葬年代应为战国晚期，其族属当与秦人羁縻下的戎人有关[19]。由于其重要的考古学价值和丰富的考古出土文物，张家川马家塬战国墓地考古被评为"2006年中国十大考古发现"之一。2008～2009年，又陆续开展了考古发掘工作。在马家塬已发掘的9座墓葬中，发现玻璃及各类珠子1万余枚，经初步分析，主要为蜻蜓眼、透明玻璃珠和中国蓝及中国紫为着色物的料珠。这些出土文物为研究秦戎关系和东西方文化交流等，提供了珍贵实物资料[20]。张家川马家塬战国墓出土的各类珠子数量巨大，根据出土文物复原研究结果，大部分费昂斯珠为车饰物件（图3；图版2）[21,22]。这些料珠表面颜色分紫色、淡蓝色和白色三种，形制大小不一，以圆珠形料珠为主，另有很多圆柱形料珠。部分料珠通体一色，部分料珠胎体和表面层色质不一，系在陶胎上附着一层着色材料烧制而成。

3. 兰州收藏家收藏小料珠

为了比较，分析了甘肃省兰州市收藏家所藏的小料珠（图4；图版3），这些小料珠直径2～3mm，表面颜色分紫色和淡蓝色两种。以考察其与甘肃省张家川马家塬战国晚期墓出土费昂斯制品（料珠）及河南省三门峡南交口遗址汉墓出土以人造硅酸铜钡颜料为显色材料的费昂斯制品的成分差异及产地关联。

图3 甘肃省张家川马家塬 M3 出土淡蓝色和紫色费昂斯珠残片

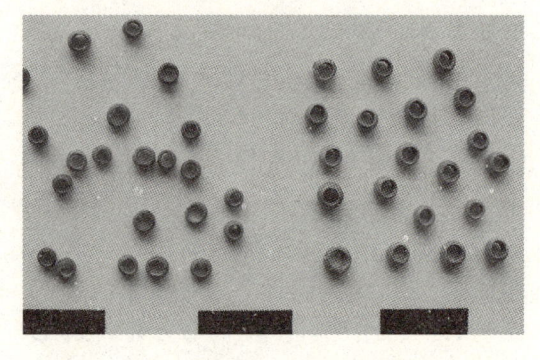

图4 甘肃省兰州市收藏家所藏表面呈蓝色和紫色的小料珠

三、样品准备

挑选出具有代表性的三种样品（共7个）残片，在蒸馏水中用超声波洗涤 2~3min，然后用丙酮脱水，吹风机吹干。部分样品使用环氧树脂包埋，打磨抛光后利用 SEM-EDX 和 LA-ICP-MS 分析。另一部分样品留待直接采用 LA-ICP-MS 分析。

四、分析仪器

1. 激光剥蚀电感耦合等离子体质谱

激光剥蚀电感耦合等离子体质谱为瑞士联邦工学院无机化学研究所设备，由一台 ArF 激光剥蚀系统（GeoLas Q, MicroLas Lasersysteme GmbH, Germany）和一台电感耦合等离子体质谱仪 Quadrupole-Eland DRC Plus（Perkin-Elmer Sciex, Thornhill, Canada）组成。某个样品的分析数据是三个不同剥蚀点分析结果的平均值。

剥蚀激光波长：193nm。剥蚀室中样品可在 X、Y 方向调整。

电感耦合等离子体质谱仪 ICP-MS Eland DRC plus 工作参数为：rf power：1400 W；sample gas flow：0.8 min^{-1}（Ar）；auxiliary gas flow：0.7 min^{-1}（Ar）；cooling gas flow：16.0 min^{-1}（Ar）；carrier gas flow：1.0 min^{-1}（He）。

内标物：NIST SRM 610。

2. 扫描电子显微镜分析和 X 射线能谱分析仪

瑞士苏黎世大学无机化学研究所采用 Philips SEM 515（PW 6703）扫描电子显微镜，其分析电压为 26kV，及 Tracor Northern 5400 EDS X 射线能谱仪，Si/Li 检测器。

中国文化遗产研究院采用 Hitachi S-3600N 扫描电子显微镜，其分析电压为 20kV，及美国 EDAX 公司 Genesis 2000XMS 型 X 射线能谱仪。

五、结果与讨论

1. LA-ICP-MS 与 SEM-EDX 主量元素分析

利用 LA-ICP-MS 分析环氧树脂包埋抛光样品，其主量元素见表2。主要以 SiO_2、PbO、BaO、CuO 为主，表面呈深紫色样品其 CuO 含量较高，如三门峡样品 SMXEP 和 SMXEG、GSP2 及 GSP1。其中三门峡样品中的 Na_2O、MgO、CaO、SnO_2 含量均高于其他样品。

为比较 LA-ICP-MS 和 SEM-EDX 在主量元素组成分析方面的差异，对三门峡样品 SMXEP 和 SMXEG 进行了 SEM-EDX 分析（表3）。

表 2　甘肃与河南出土人造硅酸铜钡费昂斯样品中主量元素含量 ［单位:%（质量分数）］

Oxide	SMXEP	SMXEG	GSP2	GSG2	GSP1	GSG1b	GSB1	SD
Na_2O	2.19	2.00	0.12	0.09	0.14	0.33	1.22	0.11
MgO	1.53	1.43	0.03	0.02	0.13	0.09	0.08	0.96
Al_2O_3	0.35	0.35	0.61	0.21	1.10	0.90	0.45	3.13
SiO_2	23.82	26.32	12.62	10.49	15.22	13.69	28.31	8.88
SO_2	0.49	0.57	0.12	1.33	3.11	1.40	0.07	0.3
K_2O	0.07	0.07	0.05	0.04	0.12	0.23	0.39	1.6

续表

Oxide	SMXEP	SMXEG	GSP2	GSG2	GSP1	GSG1b	GSB1	SD
CaO	3.01	2.65	1.05	1.00	0.82	0.89	0.23	72.9
FeO	0.24	0.23	0.27	0.43	0.37	0.44	0.20	1.2
CuO	8.52	6.72	7.17	2.09	7.37	2.18	2.01	0.07
SrO	0.13	0.17	0.49	0.53	0.58	0.37	0.30	0.03
SnO_2	1.12	1.45	0.00	0.00	0.00	0.00	0.00	0.02
Sb_2O	0.02	0.02	0.01	0.00	0.15	0.01	0.10	0.00
BaO	27.43	26.64	20.28	12.54	34.32	11.81	12.95	0.4
PbO	30.92	31.07	56.99	70.98	36.43	67.56	53.59	9.7
Sum	99.8	99.7	99.8	99.7	99.9	99.9	99.9	99.3

表3 甘肃与河南出土人造硅酸铜钡费昂斯样品的 LA-ICP-MS 和 SEM-EDX 分析结果比照 [单位:% (质量分数)]

Oxide	LA-ICP-MS SMXEP	LA-ICP-MS SMXEG	SEM-EDX 主要元素 SMXEP	SEM-EDX 主要元素 SMXEG	SEM-EDX 氧化物 SMXEP	SEM-EDX 氧化物 SMXEG
Na_2O	2.19	2.00	2.54	1.81	2.32	1.63
MgO	1.53	1.43	2.32	2.23	2.61	2.46
Al_2O_3	0.35	0.35	1.81	2.28	2.32	2.87
SiO_2	23.82	26.32	29.64	31.41	42.95	44.76
SO_2	0.49	0.57	1.46	2.11	1.98	2.81
K_2O	0.07	0.07				
CaO	3.01	2.65	3.04	2.87	2.88	2.67
FeO	0.24	0.23	0.48	0.42	0.42	0.36
CuO	8.52	6.72	7.67	6.88	6.50	5.74
SrO	0.13	0.17				
SnO_2	1.12	1.45	1.71	1.86	1.47	1.57
Sb_2O	0.02	0.02				
BaO	27.43	26.64	21.83	23.08	16.51	17.16
PbO	30.92	31.07	27.49	25.03	20.06	17.96
Sum	99.8	99.7			100.0	100.0

从表3结果可以看出，在SEM-EDX可检测的元素之中，LA-ICP-MS和SEM-EDX的主量元素结果虽有一致性，但部分元素含量明显偏高，尤其是将SEM-EDX主量元素含量转换成氧化物百分含量之后，SiO_2的含量差别很大。这一方面与两种测试方法有关，另一方面也与SEM-EDX主量元素计算方式有关。河南三门峡出土样品中的石英颗粒度很大，直径200~500μm，SEM-EDX元素成分分析的扫描面积为3000μm×4000μm，更能反映样品组成概况。LA-ICP-MS的激光束斑直径为50μm，分析面积为πR^2，即1962μm²，属于微区分析，对于非均质样品而言，其成分只能表征所选点的组成。因此，对于均质样品，可以充分利用SEM-EDX，其结果应该与LA-ICP-MS主量元素分析结果基本一致。对于非均质样品，SEM-EDX大面积扫描结果难于表征样品的特殊性。同时，由于LA-ICP-MS使用内标物，其定量结果更加准确，尤其在微量元素分析方面，是SEM-EDX技术所不能企及的。

2. LA-ICP-MS多元素分析

利用LA-ICP-MS分析了40余种元素的含量，包括主量元素和微量元素（表4）。通过对部分元素图示对比（图5），可以看出，相对于甘肃省张家川样品而言，河南省三门峡样品中的Na_2O、MgO、SnO_2含量较高；相对于河南省三门峡样品，甘肃省张家川样品中的V、Cr含量偏高[图5（a）]。甘肃省兰州收集样品部分元素的含量与甘肃省张家川样品中很相近[图5（b）]，表明其制作原料具有近似性。

对所有元素进行主成分分析图示（图6）。可以看出，所选取的主量元素其主成分分析图中兰州收集样品与张家川马家塬样品距离较近，而与河南省三门峡样品距离较远，大致属于一个区域。所选取的微量元素其主成分分析图中甘肃省张家川马家塬样品与河南省三门峡样品明显属于两个区域，兰州收集样品与张家川马家塬样品距离较远，同组内的样品也有一定的离散性，但仍不能排除其与张家川出土样品在制作原料方面的关联性。

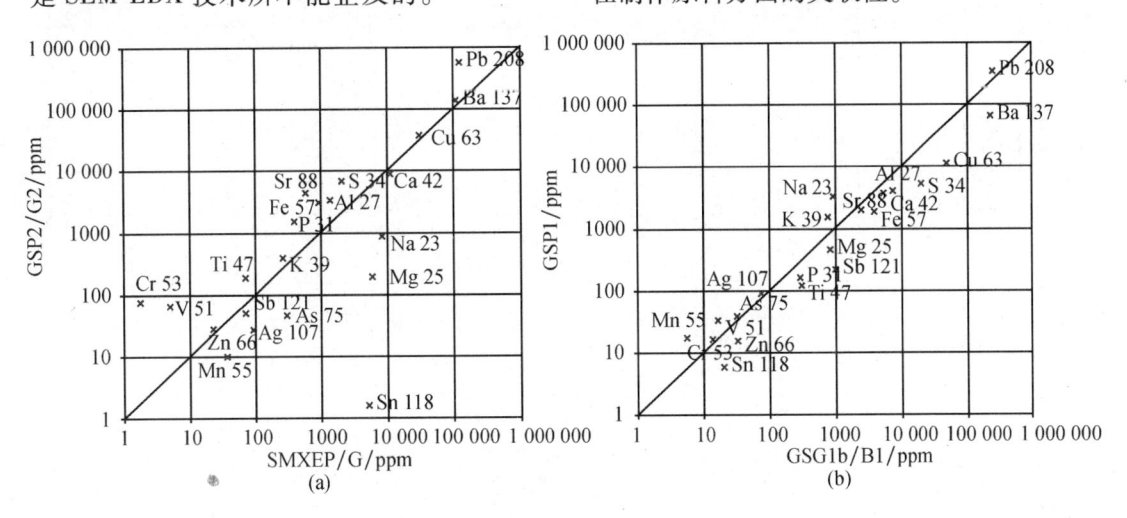

图5 甘肃与河南出土人造硅酸铜钡费昂斯样品中部分主量及微量元素比对图

$1 ppm = 10^{-6}$

表 4 甘肃与河南出土人造硅酸铜钡费昂斯样品中主量及微量元素含量 LA-ICP-MS 结果

(用内标样品校准，Si 的质量分数为 10%，单位：ppm)

样品	Na 23	Mg 25	Al 27	P 31	S 34	K 39	Ca 42	Ca 44	Sc 45	Ti 47	Ti 49	V 51	Cr 53	Mn 55
SMXEP M	9185.85	6421.02	1453.08	225.64	2063.30	278.04	12 623.36	12 262.52	0.32	73.34	74.15	5.00	1.89	38.49
SMXEG M	7607.51	5450.52	1347.30	567.79	2151.15	255.73	10 059.04	9777.74	0.34	66.70	68.48	5.07	1.59	34.38
GSP2 M	941.40	213.70	4797.34	1070.28	940.82	429.10	8282.59	8479.21	1.22	208.96	213.11	31.43	30.04	6.48
GSC2 M	811.79	176.18	1978.53	2020.70	12 635.40	351.66	9526.40	9913.25	1.77	170.44	169.14	101.31	124.11	13.27
GSP1 M	942.06	837.37	7253.91	284.89	20 470.31	775.58	5378.08	5725.96	1.30	300.78	298.96	16.48	13.60	5.58
GSC1b M	2383.17	635.29	6570.51	279.04	10 247.03	1679.19	6494.91	6575.66	0.69	189.70	192.02	65.48	31.96	9.88
GSB1 M	4299.65	280.12	1576.03	50.41	251.15	1392.82	816.11	936.56	0.33	50.92	49.22	1.92	0.86	25.27

样品	Fe 57	Co 59	Ni 60	Cu 63	Zn 66	As 75	Se 77	Rb 85	Sr 88	Y 89	Zr 90	Nb 93	Mo 95	Ag 107
SMXEP M	1010.63	12.52	21.98	35 762.34	22.88	288.94	0.27	0.64	525.31	3.76	5.68	0.38	0.14	65.05
SMXEG M	860.46	10.80	18.47	25 516.30	22.21	326.40	0.24	0.58	654.15	3.36	5.80	0.36	0.28	118.01
GSP2 M	2143.63	0.18	2.01	56 822.79	38.25	25.28	0.16	0.71	3919.36	13.65	8.10	0.61	0.23	31.65
GSC2 M	4065.49	4.68	4.36	19 905.08	18.03	67.04	0.98	1.18	5039.55	16.03	6.73	0.45	0.35	23.17
GSP1 M	2434.02	0.17	1.18	48 439.90	33.02	32.45	1.14	1.10	3833.92	10.26	14.79	1.19	0.58	73.57
GSC1b M	3231.45	0.15	0.97	15 918.41	17.27	71.75	0.82	4.54	2732.46	4.79	6.90	0.86	0.41	24.91
GSB1 M	711.86	0.48	1.83	7106.89	13.25	4.56	0.15	4.37	1076.19	1.84	1.80	0.30	0.15	156.05

样品	Cd 111	Sn 118	Sb 121	Ba 137	Ce 140	Nd 146	Sm 147	Tb 159	Yb 173	Ta 181	W 182	Tl 205	Pb 208	Th 232	U 238
SMXEP M	0.11	4716.95	74.84	115 161.34	2.01	0.92	0.23	0.02	0.16	0.02	0.19	0.48	129 808.85	0.30	0.41
SMXEG M	0.09	5509.23	65.31	101 214.51	1.77	0.79	0.21	0.02	0.16	0.02	0.10	0.47	118 063.72	0.25	0.35
GSP2 M	1.65	2.18	77.08	160 625.96	11.35	10.35	2.11	0.30	0.90	0.07	0.08	1.60	451 379.38	1.24	13.32
GSC2 M	0.09	1.01	23.29	119 540.12	7.84	12.99	2.48	0.36	1.18	0.05	0.11	2.42	676 689.43	0.94	14.60
GSP1 M	0.03	20.53	1016.08	225 554.61	5.94	4.08	0.98	0.14	0.65	0.08	0.05	0.83	239 460.87	1.30	5.61
GSC1b M	-0.03	10.20	86.24	86 250.66	7.23	4.24	0.79	0.12	0.32	0.07	0.13	1.75	493 543.21	1.16	8.04
GSB1 M	0.36	1.46	354.29	45 732.80	2.14	0.91	0.16	0.02	0.13	0.02	0.05	0.69	189 312.59	0.34	0.47

(a) 主量元素主成分分析图 Data:100% Ox

(b) 微量元素主成分分析图 (Si 的质量分数为10%，单位:ppm)

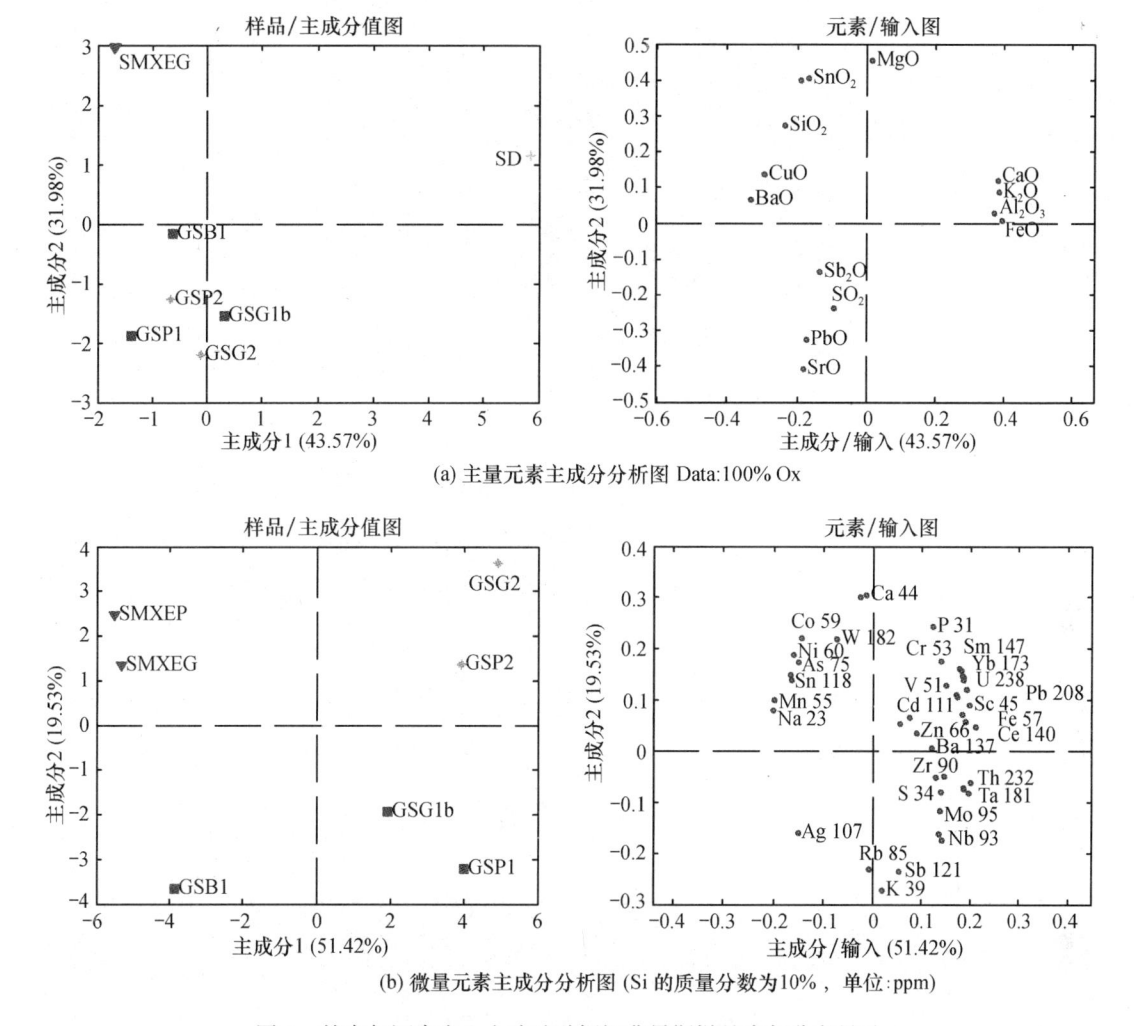

图 6　甘肃与河南出土人造硅酸铜钡费昂斯样品中部分丰量及微量元素主成分分析图

3. LA-ICP-MS 直接分析和包埋制样分析

为了比较 LA-ICP-MS 技术直接分析碎片样品和包埋样品分析结果之间的区别，在对三处环氧树脂包埋抛光样品分析同时，直接选取部分清洗干净的干燥样品放入剥蚀室分析。通过分析数值比较（表5），发现两种方法其结果有一定的相似性，这点也反映于图7之中。对于三门峡费昂斯制品，由于其属于典型的非均质样品，直接取样的随机性很强，直接分析碎片样品的结果和包埋样品分析结果之间的区别很大，因此，分析样品的选择应该以分析目的来确定。

同时，从激光剥蚀斑考察，如果样品比较坚实则激光剥蚀点比较圆整，如果比较松散或者易熔物如含铅物较多，激光剥蚀点容易扩展变形见图8（a）。对于 GSB1 样品，由于其较均匀致密，直接分析碎片样品和包埋样品分析结果间的差别很小（表5），这点也可从其激光剥蚀点比较圆整反映出来见图8（c）。因此，对于均匀致密的样品，直接置样分析与包埋样品分析其结果非常相近，可以直接置样分析样品组成。

· 9 ·

表5 甘肃与河南出土人造硅酸铜钡费昂斯样品直接分析（P）和包埋样品分析（CS）的 LA-ICP-MS 结果比对

样品	Na 23	Mg 25	Al 27	P 31	S 34	K 39	Ca 42	Sc 45	Ti 47	V 51	Cr 53	Mn 55	Fe 57	Co 59
SMXEP P/ppm	11 178.18	5868.58	1444.74	259.53	1776.70	323.03	13 224.03	0.30	71.15	6.45	1.70	38.84	1059.44	12.00
RSD/%	9	6	4	34	38	8	7	6	3	12	12	8	4	4
SMXEP CS/ppm	9185.8	6421.0	1453.1	225.6	2063.3	278.0	12 623.4	0.3	73.3	5.0	1.9	38.5	1010.6	12.5
RSD/%	38	4	12	36	12	31	9	10	5	14	28	9	9	7
Rel. diff/%	18	−9	−1	13	−16	14	5	−6	−3	23	−11	1	5	−4
SMXEG P/ppm	11 341.48	6981.68	1718.69	4641.30	5385.60	313.44	17 135.97	0.38	87.00	5.92	2.12	56.69	1081.33	11.80
RSD/%	13	8	11	55	38	12	18	5	8	7	24	19	10	4
SMXEG CS/ppm	7607.5	5450.5	1347.3	567.8	2151.2	255.7	10 059.0	0.3	66.7	5.1	1.6	34.4	860.5	10.8
RSD/%	40	28	33	25	21	32	24	27	30	14	52	26	27	28
Rel. diff/%	33	22	22	88	60	18	41	10	23	14	25	39	20	8
GSB1 P/ppm	4252.50	301.00	1620.00	66.40	1103.75	1210.00	1287.75	0.30	49.73	1.86	1.28	10.95	604.50	0.30
RSD/%	17	7	7	7	46	14	18	9	12	8	13	15	13	10
GSB1 CS/ppm	4299.6	280.1	1576.0	50.4	251.2	1392.8	816.1	0.3	50.9	1.9	0.9	25.3	711.9	0.5
RSD/%	2	5	10	9	9	6	4	11	4	11	15	48	20	28
Rel. diff/%	−1	7	3	24	77	−15	37	−9	−2	−4	33	−131	−18	−62

样品	Ni 60	Cu 63	Zn 66	As 75	Se 77	Rb 85	Sr 88	Y 89	Zr 90	Nb 93	Mo 95	Ag 107	Cd 111	Sn 118
SMXEP P/ppm	26.82	20 871.38	19.98	513.43	0.77	0.69	576.79	3.03	5.07	0.34	0.14	790.60	0.07	4448.52
RSD/%	8	22	7	18	60	3	5	3	18	3	17	71	22	32
SMXEP CS/ppm	22.0	35 762.3	22.9	288.9	0.3	0.6	525.3	3.8	5.7	0.4	0.1	65.1	0.1	4717.0
RSD/%	5	23	5	27	143	22	17	7	6	12	27	44	104	22
Rel. diff/%	18	−71	−14	44	66	7	9	−24	−12	−10	3	92	−59	−6
SMXEG P/ppm	24.26	15 877.06	54.02	307.55		0.72	892.75	3.47	6.53	0.46	0.30	282.54	0.10	5804.22
RSD/%	7	37	53	17		12	21	4	6	6	16	19	34	13

· 10 ·

续表

样品	Ni 60	Cu 63	Zn 66	As 75	Se 77	Rb 85	Sr 88	Y 89	Zr 90	Nb 93	Mo 95	Ag 107	Cd 111	Sn 118
SMXEG CS/ppm	18.5	25 516.3	22.2	326.4	0.2	0.6	654.2	3.4	5.8	0.4	0.3	118.0	0.1	5509.2
RSD/%	29	23	21	19	83	27	21	17	41	29	26	48	20	50
Rel. diff/%	24	-61	59	-6		19	27	3	11	20	6	58	12	5
GSB1 P/ppm	1.53	7860.00	12.82	4.99	0.22	3.78	1020.00	1.91	2.25	0.34	0.13	135.28	0.21	6.07
RSD/%	16	8	10	11		16	9	9	26	14	27	15	12	42
GSB1 CS/ppm	1.8	7106.9	13.3	4.6	0.2	4.4	1076.2	1.8	1.8	0.3	0.1	156.0	0.4	1.5
RSD/%	8	6	2	5	25	2	3	3	22	4	19	11	10	21
Rel. diff/%	-19	10	-3	9	32	-16	-6	4	20	12	-15	-15	-70	76

样品	Sb 121	Ba 137	Ce 140	Nd 146	Sm 147	Tb 159	Yb 173	Ta 181	W 182	Tl 205	Pb 208	Th 232	U 238
SMXEP P/ppm	83.18	114 647.15	2.06	0.96	0.24	0.03	0.15	0.02	0.08	0.49	178 886.52	0.30	0.45
RSD/%	4	3	5	3	6	23	8	10	4	9	10	3	7
SMXEP CS/ppm	74.8	115 161.3	2.0	0.9	0.2	0.0	0.2	0.0	0.2	0.5	129 808.9	0.3	0.4
RSD/%	11	7	9	12	27	24	4	35	102	24	20	12	7
Rel. diff/%	10	0	3	4	5	34	-6	-10	-124	2	27	0	10
SMXEP P/ppm	94.69	124 692.68	2.40	1.13	0.28	0.03	0.17	0.02	0.17	0.41	149 620.91	0.35	0.46
RSD/% ·	13	5	8	6	6	12	9	38	32	8	7	9	7
SMXEP CS/ppm	65.3	101 214.5	1.8	0.8	0.2	0.0	0.2	0.0	0.1	0.5	118 063.7	0.3	0.3
RSD/%	29	14	30	32	31	45	31	39	39	26	21	29	29
Rel. diff/%	31	19	27	30	23	46	9	25	41	-14	21	27	25
GSB1 P/ppm	342.50	45 525.00	1.96	0.99	0.17	0.03	0.13	0.03		0.53	184 800.00	0.37	1.27
RSD/%	6	9	7	7	17	18	15	18		9	7	12	35
GSB1 CS/ppm	354.3	45 732.8	2.1	0.9	0.2	0.0	0.1	0.0	0.0	0.7	189 312.6	0.3	0.5
RSD/%	4	2	14	8	8	13	8	17	18	1	3	13	9
Rel. diff/%	-3	0	-10	8	5	22	6	25		-31	-2	9	63

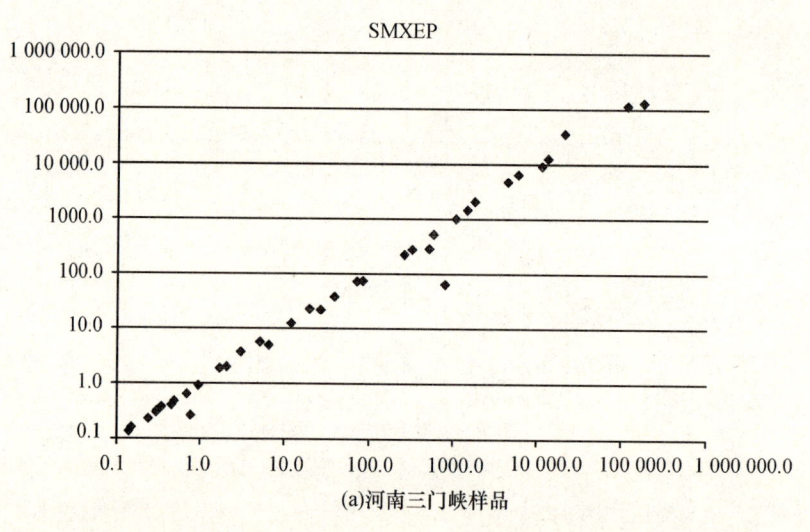

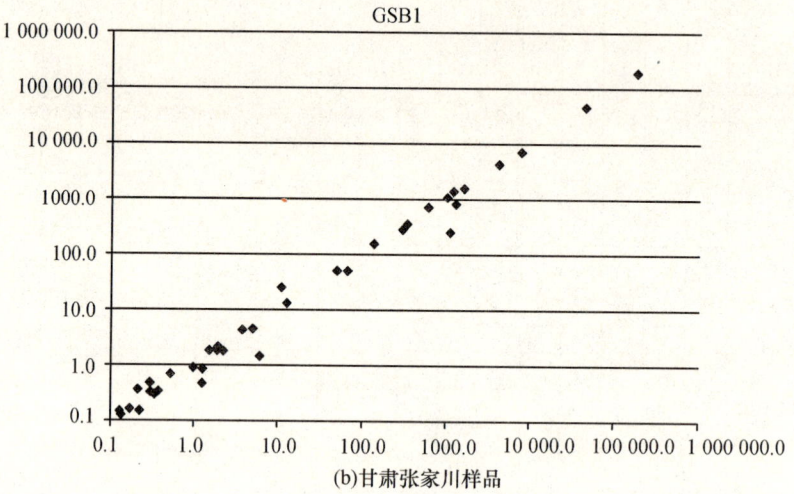

图7 甘肃与河南出土人造硅酸铜钡费昂斯样品直接分析和包埋样品分析的
LA-ICP-MS 结果比对图（单位：ppm）

另外，考虑到古代样品其非均质的必然性，在取样量受到严格限制而无法制备包埋抛光样品时，直接分析样品以获取信息，也是一种折中选择，从图7可以看出两种方法均可，而且在满足对文物微损的前提下，直接分析碎片样品其结果也具代表性。此时，将激光斑直径控制在 $50\mu m$，对样品造成的损伤肉眼难于察觉，只有在显微镜下才可确定其损伤程度。

六、结　论

通过激光剥蚀电感耦合等离子体质谱对中国甘肃省张家川县马家塬战国晚期墓出土费昂斯制品（料珠）、河南省三门峡市南交口遗址东汉晚期墓出土以人造硅酸铜钡颜料为显色材料的费昂斯制品及在甘肃兰州收藏家收集小料珠的探索性分析研究，分析中使用的剥蚀激光束斑直径为 $50\mu m$，创伤面很小。ICP-MS 可同时快速分析多种元素，是一种很有应用前景的微损微区分析技术，非常适宜于珍贵文物样品组成的定量分析。

通过主量元素含量的 LA-ICP-MS 和 SEM-EDX 的分析结果比较，对于非均质样品，利用 LA-ICP-MS 可以判定包埋样品的微区特征性，尤其是检测限低于 SEM-EDX

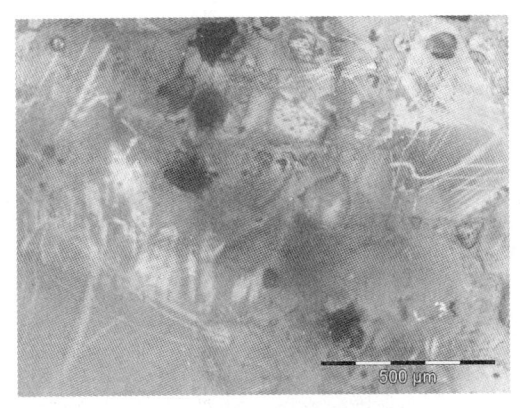

(a) SMXEP包埋样品激光剥蚀点

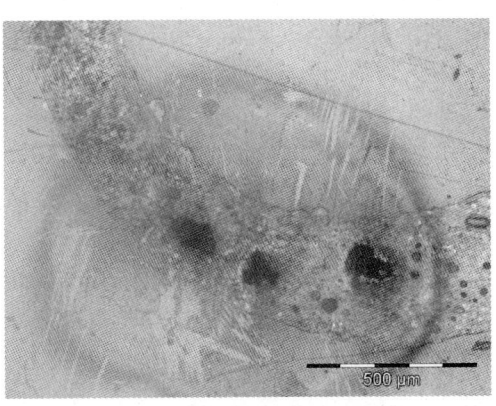

(b) GSP1包埋样品激光剥蚀点

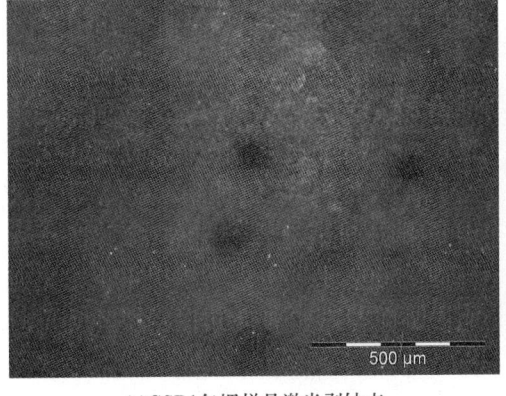

(c) GSB1包埋样品激光剥蚀点

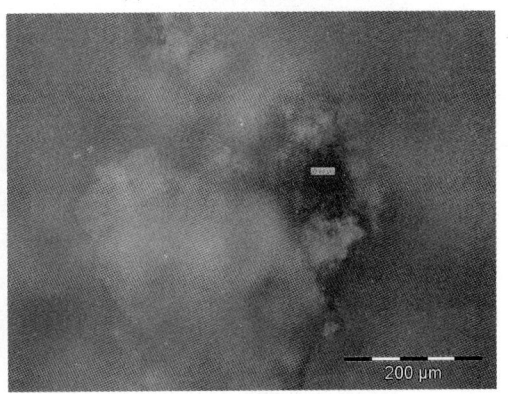

(d) SMXEG样品碎片激光剥蚀点

图8 甘肃与河南出土人造硅酸铜钡费昂斯样品直接分析和包埋样品分析的激光剥蚀点（LA）照片（激光斑直径50μm）

的微量元素含量，同时还可直接测试元素的同位素含量。当然，对于同时获得图像和对主量元素含量的定量准确性要求不高的包埋样品分析，SEM-EDX 也是很好的技术选择。

目前，随着激光剥蚀采样储样技术及装备的发展与完善，异地采样后再送回实验室中与 ICP-MS 联机分析，将为珍贵文物和大型不可移动文物组成及病害因素的定量分析提供更加便捷和安全的技术支撑。

致谢：本工作受益于瑞士苏黎世大学和瑞士联邦高等理工大学 2009 年和 2011 年访问教授计划资助，目前已纳入中国文化遗产研究院与瑞士联邦工学院（苏黎世）及瑞士苏黎世大学三年合作项目"中国瑞士科学技术合作计划项目（Sino Swiss Science and Technology Cooperation Program）"。甘肃省文物考古研究所王辉研究员，河南省文物考古研究所孙新民研究员、马萧林研究员与魏兴涛研究员，国家博物馆潘路研究员提供了部分分析样品，中国文化遗产研究院刘曙光院长积极促成中国瑞士合作，在此一并表示感谢！

参 考 文 献

[1] Gray A L. Solid sample introduction by laser ablation for inductively coupled plasma source mass spectrometry. Analyst, 1985, 110: 551~556.

[2] Vaculovic T, Sulovsky P, Machat J, et al. The EPMA, LA-ICP-MS and ICP-OES study of corrosion of structural materials for a nuclear reactor cooling circuit by molten fluoride salt treatment. J. Anal. At. Spectrom., 2009, 24: 649~654.

[3] 罗彦, 胡圣虹, 刘勇胜, 等. 激光剥蚀电感耦

[4] Wagner B, Nowak A, Bulska E, et al. Complementary analysis of historical glass by scanning electron microscopy with energy dispersive X-ray spectroscopy and laser ablation inductively coupled plasma mass spectrometry. Microchim. Acta, 2008, 162: 415~424.

[5] Wagner B, Bulska E, Sobucki W, et al. Magnesium distribution in paper subjected to deacidification investigated by means of Laser Ablation Inductively Coupled Plasma Mass Spectroscopy. J. Cult. Herit., 2008, 9: 60~65.

[6] Cucina A, Dudgeon J, Neff H. Methodological strategy for the analysis of human dental enamel by LA-ICP-MS. J. Archaeol. Sci., 2007, 34: 1884~1888.

[7] Stadlbauer C, Reiter C, Patzak B, et al. History of individuals of the 18th/19th centuries stored in bones, teeth, and hair analyzed by LA-ICP-MS-a step in attempts to confirm the authenticity of Mozart's skull. Anal. Bioanal. Chem., 2007, 388: 593~602.

[8] Giussani B, Monticelli D, Rampazzi L. Role of laser ablation-inductively coupled plasma-mass spectrometry in cultural heritage research. Analytica Chimica Acta, 2009, 635: 6~21.

[9] Koch J, Gunther D. Femtosecond laser ablation inductively coupled plasma mass spectrometry: achievements and remaining problems. Anal. Bioanal. Chem., 2007, 387: 149~153.

[10] Koch J, Gunther D. Review of the State-of-the-Art of Laser Ablation Inductively Coupled Plasma Mass Spectrometry. Applied Spectroscopy, 2011, 65: 155A~162A.

[11] 安家瑶. 我国古代玻璃研究中的几个问题. 中国古陶瓷论文集. 北京: 文物出版社, 1982: 94~101.

[12] Tite M S, Freestone I C, Faience M B. An investigation of the methods of production. Archaeometry, 1983, (25): 17~27.

[13] Vandiver P B. Technological changes in Egyptian faience. In: Archaeological Ceramics. Olin J S, Franklin A D, Eds. Washington D C: Smithsonian Institution Press, 2001: 167~179.

[14] Berke H. The invention of blue and purple pigments in ancient times. Chemical Society Reviews Chem. Soc. Rev., 2007, 36: 15~30.

[15] Ma Q L, Portmann A, Ferdinand R W, et al. Raman and SEM studies of man-made barium copper silicate pigments in ancient chinese artifacts. Studies in Conservation, 2006, 51 (2): 81~98.

[16] 马清林, 张治国, 夏寅. 中国蓝和中国紫研究概述. 文物科技研究 (第六辑). 北京: 科学出版社, 2009: 64~76.

[17] 魏兴涛, 赵宏, 孙建国, 等. 河南三门峡南交口汉墓 (M17) 发掘简报. 文物, 2009, (3): 4~18.

[18] 郝本性, 魏兴涛. 三门峡南交口东汉墓镇墓瓶朱书文考略. 文物, 2009, (3): 57~61.

[19] 周广济, 方志军, 谢言, 等. 2006 年度甘肃张家川回族自治县马家塬战国墓地发掘简报. 文物, 2008, (9): 4~28.

[20] 王辉, 赵吴成, 赵卓, 等. 张家川马家塬战国墓地 2008~2009 年发掘简报. 文物, 2010, (10): 4~26.

[21] 赵吴成. 甘肃马家塬战国墓马车的复原——兼谈族属问题. 文物, 2010, (6): 75~83.

[22] 赵吴成. 甘肃马家塬战国墓马车的复原 (续一). 文物, 2010, (11): 84~96.

Application of Laser Ablation-Inductively Coupled Plasma-Mass Spectrometry in Ancient Chinese Man-made Copper-Barium-Silicate Faience

Ma Qinglin[1], Reto Glaus[2], Zhang Zhiguo[1], Detlef Günther[2], Heinz Berke[3]

(1. Chinese Academy of Cultural Heritage Beijing 100029)
(2. Laboratory of Inorganic Chemistry ETH Zurich Zurich)
(3. Anorganisch-chemisches Institut Universitat Zurich Zurich)

Abstract As a powerful quantitative elemental composition analyzer, ablation-inductively coupled plasma-mass spectrometry (LA-ICP-MS) has been gradually widely used in the archaeometry and conservation for the ancient cultural heritage. In this study, LA-ICP-MS was applied on the samples of ancient Chinese man-made copper-barium-silicate faience beads and bulks, which dated to the later Warring States (475-221B. C.) and later period of Eastern Han dynasty (25-220A. D.). These faience materials contains the Chinese Blue or Han Blue ($BaCuSi_4O_{10}$), Chinese Purple or Han Purple ($BaCuSi_2O_6$) and Chinese Dark Blue ($BaCu_2Si_2O_7$) as the colorants. LA-ICP-MS allows to analyze such small objects directly without any sample preparation, like cross-sectioning of the object. Quantitative data of direct ablation and ablation of the cross-sectioned sample were compared and it was shown the results of these two measurements are very similar. Therefore the direct ablation is preferred in order to avoid the destruction for the precious ancient materials. Furthermore, the quantitative results for measurements with SEM-EDX and LA-ICP-MS were compared. In summary SEM-EDX is a suitable method for the determination of main elements and to study inhomogeneities of sample surfaces, whereas LA-ICP-MS offers quantification of main to trace elements for bulk analysis. In addition LA-ICP-MS give access to isotopic information (e. g. lead isotope distribution).

Keywords LA-ICP-MS, SEM-EDX, Solid sample, Heterogeneous sample, Non-destruction, Ancient China, Man-made faience beads, Copper-barium-silicates

海洋出水陶瓷器的清洗与脱盐保护研究[*]
——以"华光礁Ⅰ号"出水陶瓷器为例

李乃胜[1] 陈 岳[2] 罗武干[2]

(1. 中国文化遗产研究院 北京 100029)
(2. 中国科学院研究生院 北京 100049)

摘要 本文主要分析评述了海洋出水陶瓷器的保护现状,以南中国海宋代沉船——"华光礁Ⅰ号"出水陶瓷器为研究对象,采用工业CT、离子色谱(IC)、X衍射(XRD)等方法,研究了出水瓷器的各类病害,研发了适宜的化学配方,有效地去除了陶瓷器表面凝结物。此外,借助电导率仪以及离子色谱仪分析,通过对比清水静止、冷热交替以及超声波清洗等脱盐效果,提出了华光礁Ⅰ号沉船出水陶瓷器脱盐保护的工艺方法。

关键词 "华光礁Ⅰ号"沉船,出水瓷器,凝结物,工业CT,离子色谱

一、引 言

我国拥有三百多万平方公里的辽阔海域,海岸线长18 000km,水下考古事业发展前景广阔。时至今日,我国水下考古已经取得了一系列重要成果:1990年、1995年,中、澳水下考古工作者先后两次对福建连江定海水下调查,并对"白礁一号"宋元沉船等遗址勘测与发掘。1991~1997年,中国历史博物馆水下考古学研究中心组织广东省文物考古研究所等的技术力量,对辽宁省绥中县大南铺村南面约5.5km的三道岗海域的元代沉船遗址进行了五次正式调查和发掘。1996年、1998年、1999年,海南省文物管理委员会办公室和国家博物馆水下考古研究中心连续开展了西沙水下文物的调查,发现"华光礁Ⅰ号"、"石屿Ⅰ号"、"北礁Ⅲ号"等13处属于宋元、明清时期的沉船遗址和遗物点,并进行了试掘。2005年,国家博物馆水下考古研究中心组织调查并抢救性发掘了福建平潭"碗礁Ⅰ号"清代沉船[1]。2007年,经过近20年调查勘探,国家博物馆水下考古研究中心联合广东省文化厅、交通部广州打捞局等单位对"南海Ⅰ号"沉船,进行了整体打捞。同年12月22日,"南海Ⅰ号"成功打捞出水,继而进驻广东海上丝绸之路博物馆"水晶宫"。2009年9月26日"南澳Ⅰ号"水下考古抢救发掘正式启动。

深邃的海水遮蔽了数世纪之久的隐秘被渐渐揭开,越来越多的水下文物被打捞出来。这些文物不仅丰富了我们的馆藏,同时更给我们提出了许多新的问题和迫切而又艰巨的任务,即如何很好地保护和利用这些珍贵的水下文化遗产。据专家估计,中国海域的古沉船应有两千艘之多,随着中国水下考古事业的快速发展,海洋出水

---

[*] 基金项目:中国文化遗产研究院"公益性科研院所基本科研业务费专项资金"资助课题"海洋出水陶瓷、金属和木质文物保护技术研究"。

文物的保护任务将日趋艰巨。

众所周知，海洋本身是一个巨大而稳固的富集电解质溶液的水体，它是一种由溶剂（水）和复杂的化学混合物（99.9%为海盐类）、微粒物质以及气泡构成的独特的溶液。任何一种物质在接触海水的过程中，都会发生不同程度的溶解。这种来自于海水的损害，主要是源于海水中化学的、物理的和生物的交互作用。而深藏于其间几百年甚至几千年的各类文物，其损害程度便可想而知。正因如此，自世界水下考古工作伊始，其发掘品的脱盐、脱水及防腐问题便成为海洋考古文物保护工作中首先要解决的问题。

在目前我国水下考古发掘的文物中，陶瓷类文物占90%以上，从较为原始的低温釉陶到精美的影青瓷、青花瓷，品种繁多，涵盖的瓷窑从北方磁州窑到南方福建的德化窑、建窑，地域范围相当广泛。海上丝绸之路在汉代即有记载，当时中国船只从广东、广西、越南等地的港口出海，沿中南半岛东岸航行，最后到达东南亚各国。唐宋之后，随着航海技术和造船技术的演进，海上丝绸之路航线更加遥远，贸易也越显繁荣，对于中国瓷器来说，再也没有比水运更加便捷和安全的运输方式，于是丝绸之路也进而演变成"陶瓷之路"。陶瓷器物在众多的出水文物中规模和数量庞大，"华光礁Ⅰ号"、"碗礁Ⅰ号"、"南海Ⅰ号"、"南澳Ⅰ号"等重大发现都伴随有大量的陶瓷器物出水。

然而这些海洋出水的部分瓷器等，经海水长期浸泡和海洋生物、海泥等钙质物的长期作用，紧密胶结形成体积大小不一的坚硬凝结物。这些凝结物在外界温湿度改变的情况下，必然会对其中包裹的陶瓷、金属等文物本体产生物理性挤压破坏，同时，出水瓷器由于处于高盐环境中长时间浸泡，存在较高的有害盐分，在外界环境的改变之下，发生溶解结晶现象，必然会造成对釉面剥落等病害。如何在确保文物安全的前提下，将这些文物从凝结物中完整提取出来，已成为迫在眉睫的科研难题。

因此，开展海洋出水陶瓷器的清洗与脱盐保护方法研究，对于我国水下考古发掘出土陶瓷器的保护和保存，具有普遍的现实意义。

本文主要综述了包裹瓷器凝结物的去除以及陶瓷器脱盐方法。针对"华光礁Ⅰ号"出水陶瓷，采用工业CT、离子色谱、X射线衍射等手段研究了出水瓷器的各类病害，研发了适宜的化学配方，有效地去除了"华光礁Ⅰ号"出水陶瓷器表面凝结物。此外，借助电导率仪以及离子色谱仪分析，通过对比清水静止、冷热交替以及超声波清洗等脱盐效果，提出了"华光礁Ⅰ号"沉船出水陶瓷器脱盐保护的工艺方法。

二、陶瓷凝结物清洗与脱盐研究现状

1. 海洋出水陶瓷凝结物去除方法

无机非金属材料通常具有良好的耐腐蚀性能。无机非金属材料除石墨以外，在与电解质溶液接触时不像金属那样形成原电池，故其腐蚀不是由电化学过程引起的，而往往是由化学作用或物理作用引起的[2]。除氢氟酸和高温磷酸外，硅酸盐材料总体耐酸性较强。一般来说，SiO_2含量越高，越耐腐蚀，结晶度越高耐腐蚀能力越强。根据玻璃溶解度与pH的变化曲线可知，pH<5时，以离子交换为主要机理，溶解度较大；pH>9时，以基体溶解为主，溶解度很大；5<pH<9时，腐蚀最轻，溶解度很小。同时根据玻璃溶解速率与pH变化曲线可知，pH<9时玻璃的溶解速率均非常低，pH>9时，溶解速率急剧提高[3,4]。

根据陶瓷腐蚀理论可知，其在碱性环境中会发生基体溶解反应，且反应速率非常快。因此，陶瓷器材料保护处理时应当尽量在中性环境中进行。当然，由于其比较耐酸腐蚀，且在弱酸性环境中的溶解速率很低——与中性环境中速率相同，因此，在弱酸性环境中进行保护处理也不会对瓷器本体产生损伤。总之，陶瓷器保护应尽量在中性或弱酸性环境中进行。

关于陶瓷器表面凝结物的研究，目前多集中在地下埋藏过程中所形成的钙质、土锈质及有机质沉积去除，对于钙质等无机类沉积多用稀酸类清洗剂（如草酸、醋酸、柠檬酸、稀盐酸等）去除，其中对于石灰质沉积多用10%的盐酸或者硝酸去除，石膏质凝结物多用浓硝酸去除，硅质凝结物用1%的氢氟酸去除。也有学者用5%的六偏磷酸钠溶液去除钙质沉积，近年来比较盛行用EDTA二钠盐去除钙质沉积[5~7]。对于各类油污等有机质污迹多用丙酮、乙醇、汽油及过氧化氢等试剂去除。截至目前，国内对于沉船内文物表面凝结材料的系统分析及去除研究还较少[8,9]。

2. 海洋出水陶瓷器的脱盐方法

陶瓷属于多孔材料，因此当陶瓷文物埋藏于海底时，海水中的可溶性盐类就会积聚于陶瓷中，当陶瓷被打捞出海后，其保存环境的温湿度发生了很大的改变，可溶性盐类会随着溶解度的变化，而反复发生溶解—结晶—再溶解—再结晶。这一过程中，陶瓷内部结构中的孔隙内壁压力也会随之反复增减，这就使得陶瓷器，尤其是低温釉陶的强度大大降低，从而出现釉胎脱离、酥松易碎等现象[10~14]。这也是要对水下发掘陶瓷器进行脱盐的原因所在。目前一般用水洗涤法去除陶瓷器内部的盐分，常见方法有以下几种。

1）静态去离子水浸泡

陶瓷器的脱盐，实际上是一种由离子扩散机制控制的物理反应过程，一般来说物质将自发地向更低化学位的区域扩散。物流量与浓度梯度成比例，从高浓度区向低浓度区。基于此，以去离子水浸泡达到脱去陶瓷中可溶性盐的方法应是有效的。

在具体的实践当中，对于现场大量的瓷器脱盐，可以采用传统而又简便易行的方法。有学者在对西沙海域出水陶瓷器脱盐以电导率仪测定，在恒温20~25℃静水浸泡下，瓷器浸泡液到48h左右时，电导率趋向最大峰值，之后电导率曲线趋于平缓，这时更换浸泡液，离子扩散便进入下一循环。如此往复，当电导率下降到一定数值并固定不变时，便可认定其脱盐完成。我们认为还应采用离子色谱、电感耦合等离子体光谱分析仪（ICP）等其他方式来测定其含盐量，以判定它的脱盐效果。

2）加热加速法

通过加热去离子水可以使之更快渗透到陶瓷器物内的孔隙中去，特别是较深层的孔隙，从而加速脱盐，同时加热去离子水还可以增大无机盐的溶解度，使陶瓷器物中的有害盐更易溶解带出。

3）超声波加速脱盐

除了反复以静态去离子水浸泡脱盐的方法外，也可用超声波振荡法加速脱盐，提高脱盐效率。超声波的清洗作用是一个十分复杂的过程。它可帮助去离子水加快海盐溶解的作用，同时通过搅拌，使水溶液发生运动，将已溶解出的离子带离陶瓷体。值得注意的是，使用超声波存在着对清洗对象造成损伤的可能性，因此，对于那些已出现胎釉剥离倾向或胎裂较为严重的陶瓷器，应避免使用。

4）流动水冲洗脱盐法

以流动的纯水来浸泡瓷器进行脱盐，其工作原理与静水浸泡是相同的。不同的是流动水可以及时降低媒液中的离子浓度，以加快陶瓷中可溶性盐的渗出，从而达到快速脱盐的目的。

5）电渗加速法

将陶瓷器浸泡在去离子水中，并在浸泡槽的两头插入不锈钢电极，电流可以使陶瓷器中的金属离子加速运动，析出到浸泡液中，同时还可以使浸泡液中的金属离子向电极运动，降低器物附近离子浓度，进一步促进脱盐。

三、"华光礁 I 号"沉船遗址出水陶瓷器保护

1. "华光礁 I 号"沉船出水陶瓷样品

2007年3~5月、2008年11~12月，我国水下考古工作者在西沙海域打捞出"华光礁 I 号"沉船，"华光礁 I 号"沉船出水文物以陶瓷器为主，出水陶瓷器共一万件，其中相对完整的有七千余件。还有铁器、木质船板以及少量铜镜残片。陶瓷器以青白釉、青釉居多，还有一些酱釉器。器型主要有碗、盘、碟、瓶、壶、粉盒、罐、钵、军持等。器物的装饰手法有刻划、模印等；主要纹饰有缠枝花、折枝花等以及吉祥文字（如"吉"、"大吉"等）。此外，在一些器物的底、足内，发现有墨书题记。陶瓷产地主要为福建和江西景德镇的民窑。这些陶瓷器的时代为南宋中晚期，距今八百余年。为研究我国南宋时期瓷器的制造工艺、器型风格、装饰技法、出口情况等提供了重要的实物资料，这些出水文物的发现，见证了我国南宋时期同周边国家的友好往来以及促进世界文明发展的历史。在海底埋藏了几个世纪后，这些陶瓷器物已经出现了不同程度的损伤。

2. 试验样品与分析仪器

1）试验样品

试验所用的"凝结物"与十余件瓷器残片样品均取自海南省博物馆，具体样品情况见后文。

2）试验仪器与样品制备

（1）工业CT法。工业CT，英文名为industrial computed tomo-graphy，直译为"工业用计算机X射线层析摄影机"。CT检测分析在首都师范大学数学学院检测成像实验室进行，本次送检的两件样品外形近似于椭球状，长度在250mm左右，轴向半径最大处为45~50mm。

经过反复尝试以及重建图像的比对后，确定参数如下：扫描电压为440kV，电流9mA，SOD为730mm，ODD为230mm（SOD表示射线源扫描样品的距离，ODD表示扫描样品到探测器的距离）。

线阵探测的探测单元为0.083mm，最高的分辨率可达0.06mm左右，面阵探测器的单元为0.127mm，最高分辨率在0.1mm左右。

使用线探测器进行多次的单层扫描，分层计算断层，然后累叠成三维结果。本次重建的分辨率为0.4mm左右。对于样品BG1（瓷器块），一共进行了125层扫描，耗时2.5h，最终重建结果为512×512×125。对于样品BG2（铁器块），一共进行53层扫描，耗时1h。最终重建结果为512×512×52。

（2）X射线荧光仪。日本岛津EDX-800HS X射线荧光仪，铑靶（Rh），电压Ti-U 50kV；Na-Sc 15kV，测试环境为真空，测试时间200s。

（3）X射线衍射仪。日本理学RINT2000 X射线衍射仪，铜靶，狭缝DS=SS=1°，RS=0.15mm；电压40kV，电流40mA。检测分析在中国文化遗产研究院出水文物保护科技实验室完成。

（4）离子色谱法。分析所用仪器是日本岛津公司制造的SCL-10A型离子色谱仪，其配有CDD-10Asp型电导检测器、Shim-pack

IC-SC3阳离子分析柱（250mm×4.0mm长×内直径）、Shim-pack IC-SC3（G）阳离子分析保护柱（10mm×4.6mm长×内直径）、Shim-pack IC-SA3阴离子分析柱（250mm×4.0mm长×内直径）以及Shim-pack IC-SA3（G）阴离子分析保护柱（10mm×4.6mm长×内直径）。检测分析在中国文化遗产研究院出水文物保护科技实验室完成。

钠离子、钾离子、镁离子、钙离子、氯离子、硫酸根等标准样品均为100mg/L，购自国家标准物质研究中心。硫酸、碳酸钠均为分析纯，淋洗液用水为超纯水。

阳离子测试条件，淋洗液：0.35mmol/L H_2SO_4 溶液；流速：1mL/min；色谱系统压力：3.7MPa；测定温度：40℃；进样量：60μL。

阴离子测试条件，淋洗液：0.35mmol/L Na_2CO_3 溶液；流速：0.8mL/min；色谱系统压力：11.0MPa；测定温度：45℃；进样量：60μL。

样品的前处理过程：首先将陶瓷样品切割成小块，再使用玛瑙研钵研磨成粉末（200目）。称取约0.2g粉末样品置于50mL容量瓶中，再用超纯水定容至刻度线。静置24h后抽取浸泡液并过滤。最后上机进样测定样品的初始含盐量。

3. 出水瓷器文物病害分析

1）陶瓷器的"凝结物"

许多凝结块内部包裹着众多陶瓷器文物，凝结物的材质既有海泥也夹杂有铁锈，如图1、图2所示。X射线荧光（XRF）分析结果显示HGJ-BG1主要成分为铁、钙、硫、硅等见表1，X射线衍射（XRD）分析结果显示BG1中主要物相组成为铁的硫酸盐[$Fe_3(SO_4)_3$]、碳酸盐（$CaCO_3$）及氧化锈蚀（Fe_3O_4，Fe_2O_3），另外也含有二氧化硅（SiO_2）等物质。而另一凝结物BG2主要由碳酸钙（$CaCO_3$）及二氧化硅（SiO_2）组成。对BG1进行离子色谱分析表明，其中的阳离子主要是 Ca^{2+}、Na^+，阴离子主要是 Cl^-、SO_4^{2-}，见表2。对凝结物BG1进行工业CT扫描后，发现此凝结物中一共由六层瓷器层叠而成，层与层之间的空隙中填充有铁锈及海泥类物质，如图3所示。

图1 被海泥等包裹着的陶瓷器

图2 被铁锈及海泥包裹着的陶瓷器

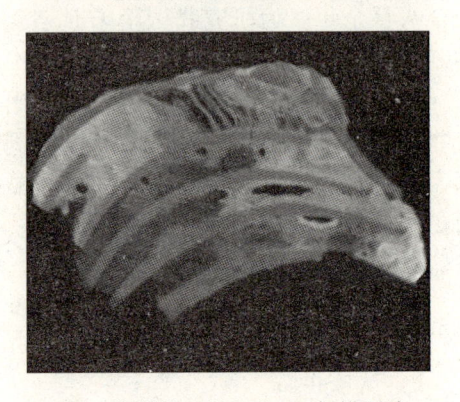

图3 凝结物1的工业CT扫描照片
（其中一个片层）

表1 "华光礁Ⅰ号"沉船内凝结物的XRF
分析结果［单位:%（质量分数）］

样品	SiO$_2$	Fe$_2$O$_3$	CaO	SO$_3$	MnO
HGJ-BG1	1.49	81.79	4.89	11.74	0.09

表2 "华光礁Ⅰ号"沉船内凝结物的离子色谱
分析结果（单位：μg/g）

样品	Cl$^-$	SO$_4^{2-}$	Na$^+$	K$^+$	Mg^{2+}	Ca^{2+}
BG1	1829.03	10437.38	3180.91	178.93	666	>2485.09

除了完全包裹瓷器的凝结物病害之外，部分陶瓷器的表面附着白色的凝结物，既影响文物的外观，又掩盖了器物表面的文化信息，如瓷器表面的刻花、划花、印花图案等。"华光礁Ⅰ号"出水陶瓷器表面多为石灰质、石膏质凝结物。博物馆中95%的瓷器从出水到现在还未经任何表面清洗处理，其中部分陶瓷器的凝结物厚达3～4mm。有些则被钙质凝结物胶结在一起。如图4所示。对其中两件器物表面的白色凝结物进行了XRF分析（表3），结果显示其含有钙、钠、镁、氯、硫等组分，主要以钙质沉积为主。

图4 各类瓷器表面白色坚硬钙质凝结物

表3 "华光礁Ⅰ号"沉船内陶瓷器表面凝结物的XRF分析结果［单位:%（质量分数）］

样品	K$_2$O	Fe$_2$O$_3$	CaO	MgO	Na$_2$O	SO$_3$	P$_2$O$_5$	Cl
HGJ-QB6-JJW	0.502	0.328	47.371	12.086	29.948	2.420	—	7.315
HGJ-QB7-JJW	1.310	—	48.742	—	18.968	6.936	2.275	11.973

另外，不少器物表面还存在较多贝壳、珊瑚等海相凝结物，如图5所示。由于沉船内存在少量铁质文物，因此有些陶瓷器表面也存在铁锈质凝结物或是与铁质文物相粘连，如图6所示，甚至有些瓷器四周都被铁锈或铁质文物包裹，如图7所示。

2）陶器表面出现盐碱风化

部分陶器底部长出一片像菌状的物质——俗称"长毛"现象，经分析均是氯化钠结晶产物，可能来自海水，也有可能是器物在当初古人使用过程中的残留。器

图5 各类瓷器表面的贝壳、珊瑚等海相凝结物

图6 各类瓷器表面的
铁锈质凝结物

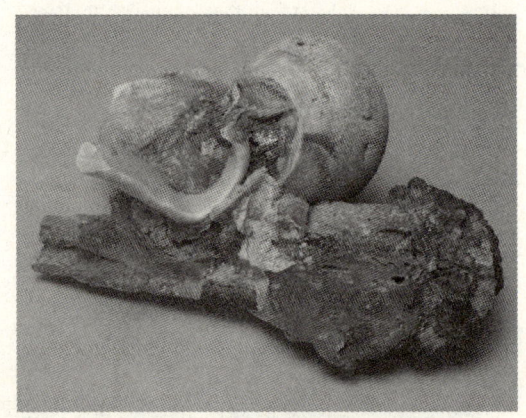

图7 各类瓷器表面的
铁锈质凝结物

物出水时没有及时做脱盐处理就放入库房保存,而海南省博物馆库房的温湿度变化较大,极易导致陶器内的可溶性盐类重结晶反应发生,逐渐造成器物的盐析或表面呈现粉化,剥落。如图8所示。

3) 陶瓷器表面有机污垢

"华光礁Ⅰ号"部分出水陶瓷器表面还残存有海生动植物降解后的成分,有些有机污染物对器物有破坏作用,清除污染物有利于保存和展示。

4) 瓷器表面釉层剥落(剥釉现象)

这批民窑外销陶瓷器的质量较差,沉船内陶瓷器皿历经800余年海水侵蚀,有剥釉现象,如图9所示。

图8 陶器表面的凝结物及"长毛"现象

图9 若干瓷器表面的剥釉现象非常明显

4. 凝结物的软化与去除试验

1) 凝结物的软化与去除试验——溶解试剂选取

首先，选取华光礁凝结物 BG1 若干小块用不同化学试剂进行浸泡分解试验。试验前将各凝结物小块烘干并称重，质量如表 4 所示。浸泡试剂分别为 8%（质量分数）的盐酸（HCl）、硝酸（HNO₃）、六偏磷酸钠及 EDTA 二钠盐。所有浸泡液均配成 200mL，浸泡 24h 后更换新溶液。浸泡溶解 7 天后回收凝结物小块残留物称重。浸泡结束后使用过滤法提取各凝结物小块残留物，并将洗净、烘干的残留物称重，残留物质量如表 5 所示。

表 4 "华光礁Ⅰ号"凝结物 BG1 溶解平行样块质量

样品	HGJ-HCl	HGJ-HNO₃	HGJ-EDTA-2Na	HGJ-(NaPO₃)₆
质量/g	0.818	0.841	0.891	0.855

表 5 "华光礁Ⅰ号"凝结物 BG1 各平行样块溶解后残重

样品	HGJ-HCl	HGJ-HNO₃	HGJ-EDTA-2Na	HGJ-(NaPO₃)₆
质量/g	0.611	0.706	0.398	0.392
溶解率/%	25.31	16.07	55.26	54.16

"华光礁Ⅰ号"凝结物 BG1 分解试验表明，由于"华光礁Ⅰ号"BG1 中含有较多铁的硫酸盐、碳酸盐及铁的氧化物，其在 8% 的盐酸、硝酸中的分解度都不理想，而在六偏磷酸钠及 EDTA 二钠盐中的溶解效果较好。样品在 EDTA 二钠盐溶液和六偏磷酸钠溶液中的溶解率分别达到 55.26% 和 54.16%；而在盐酸溶液和硝酸溶液中的溶解率只有 25.31% 和 16.07%。因此通过浸泡溶解试验表明，"华光礁Ⅰ号"BG1 在 EDTA 二钠盐中的溶解效果最好。

同时，项目组也选取上述试剂对"华光礁Ⅰ号"凝结物 BG2 进行了类似的溶解试验。所选取的凝结物小块质量见表 6。

在浸泡结束后同样使用过滤法提取各凝结物小块残留物，并将洗净、烘干的残留物称重，残留物质量如表 7 所示。

表 6 "华光礁Ⅰ号"凝结物 BG2 溶解平行样块质量

样品	HGJ-HCl	HGJ-HNO₃	HGJ-EDTA-2Na	HGJ-(NaPO₃)₆
质量/g	13.014	15.40973	16.299	11.643

表 7 "华光礁Ⅰ号"凝结物 BG2 各平行样块溶解后残重

样品	HGJ-HCl	HGJ-HNO₃	HGJ-EDTA-2Na	HGJ-(NaPO₃)₆
质量/g	5.210	3.768	7.708	10.079
溶解率/%	59.96	75.54	52.71	13.43

由于华光礁凝结物 BG2 中含有较多的碳酸盐，分解试验表明，在 8% 的盐酸、硝酸中的分解度都比较理想，溶解速度非常快，而在六偏磷酸钠及 EDTA 二钠盐中的溶解效果较差，溶解速度较慢。样品在盐酸溶液和硝酸溶液中的溶解率分别达到 59.96% 和 75.54%；而在 EDTA 二钠盐溶液和六偏磷酸钠溶液中的溶解率只有 52.71% 和 13.43%。因此通过浸泡溶解试验表明，BG2 在稀硝酸溶液中的溶解效果最好。

2) 凝结物的软化与去除试验——溶解试剂（EDTA-2Na）的复配

以上试验表明，对于碳酸盐类凝结物，稀酸效果非常好；对于硫酸盐类、铁盐类等凝结物，稀酸的溶解效果都不理想，而 EDTA 二钠盐的效果较好。基于此，我们对 EDTA-2Na 进行了复配研究。选取"华光礁Ⅰ号"凝结物若干小块，用不同的

EDTA-2Na 复配试剂进行浸泡分解试验，浸泡试剂分别为 5% EDTA-2Na + 3% 柠檬酸、5% EDTA-2Na + 3% 草酸、5% EDTA-2Na + 3% 过氧化氢。所有浸泡液均配成 200mL。试验选取的凝结物小块经烘干后称重，其质量见表 8。浸泡溶解结束后回收溶解残留物，洗净、烘干后称重，残留物质量列于表 9。

EDTA-2Na 复配试剂效果如表 10，复配试验表明，EDTA-2Na + 柠檬酸的效果最好，EDTA-2Na + 草酸的效果其次，EDTA-2Na + 过氧化氢的效果最差。

表 8 "华光礁 I 号"凝结物溶解平行样块质量

样品	EDTA-2Na + 草酸	EDTA-2Na + 柠檬酸	EDTA-2Na + 过氧化氢
质量/g	1.030	0.846	1.090

表 9 "华光礁 I 号"凝结物 BG1 各平行样块溶解后残重

样品	EDTA-2Na + 草酸	EDTA-2Na + 柠檬酸	EDTA-2Na + 过氧化氢
质量/g	0.179	0.013	0.446
溶解率/%	82.55	98.43	59.04

表 10 EDTA-2Na 复配试验效果

浸泡时间/天	现象描述		
	EDTA-2Na + 柠檬酸	EDTA-2Na + 草酸	EDTA-2Na + 过氧化氢
1	有大量气泡冒出，溶出少许白色细小颗粒物	有大量气泡冒出，未见溶出颗粒物	溶液清亮，基本不反应
2	有大量气泡冒出，溶液颜色变为浅黄色，溶出较多细小颗粒物。部分凝结物变为粉末	有大量气泡冒出，溶液变为白色乳浊状沉淀（应为草酸钙）	溶液清亮，基本不反应
3	继续反应，溶出大量细小颗粒物。大量凝结物变为粉末	继续反应，溶液底部出现大量白色乳浊状沉淀（应为草酸钙）。样品仍为大块状	溶液颜色发生变化，液面可见少许悬浮物。发生缓慢反应
4	继续反应，溶出大量细小颗粒物。大量凝结物变为粉末	继续反应，溶液底部出现大量白色乳浊状沉淀（应为草酸钙）。样品仍为较大块状	溶液颜色发生变化，液面可见少许悬浮物。发生缓慢反应
5	继续反应，溶出大量细小颗粒物。大量凝结物变为粉末	继续反应，溶液底部出现大量白色乳浊状沉淀，液面有白色悬浮物。样品仍为较大块状	液面可见少许悬浮物。发生缓慢反应

3）凝结物的软化与去除试验小结

（1）利用 EDTA-2Na 试剂软化"华光礁 I 号"沉船内硫酸盐类、铁盐类凝结物效果较好，其复配试剂——5% EDTA-2Na + 3% 柠檬酸的效果最佳，实际操作过程中可考虑选择使用此复配试剂。

（2）利用 8% 的稀硝酸分解碳酸盐类凝结物的速度最快，效果最佳。考虑到稀硝酸可能对陶瓷本体产生轻微损伤，实际操作过程中可选择浓度更低的稀盐酸（3%~5%）。

（3）由于沉船内凝结物种类比较复杂，同一环境中出土陶瓷文物表面可能既有以碳酸盐为主的凝结物，又有以硫酸钙、铁的硫酸盐等为主的凝结物。故建议在凝结物软化的实际操作过程中遵循以下程序：①把器物放入3%～5%的盐酸溶液中浸泡0.5～1.5h（此操作能迅速去除大部分碳酸盐沉积，但时间不宜过长，当浸泡液不明显冒气泡时就应立即停止此步操作），之后用手术刀、毛刷等工具去除已软化部分凝结物。②把器物转入5% EDTA-2Na＋3%柠檬酸溶液中浸泡5～7天（此操作能去掉硫酸钙、铁的硫酸盐等），之后用手术刀、毛刷等工具去除已软化部分凝结物。③对于器表的有机污垢残存，则考虑用3%～5%的过氧化氢擦拭去除。④若效果理想，则进入下一步操作——脱盐，否则视情况重复以上过程，或考虑对部分区域选用恰当试剂用纸浆贴敷法进行操作。

4）凝结物去除示范

为了检验上述程序实际操作的效果，进一步研究凝结物去除的方法，为实际保护工作提供一个可以参考的范例，项目组选取了五件基本完整的器物实施凝结物去除操作。结果显示去除效果良好，图10为代表性的一件残损白瓷。需要指出的是瓷器表面附着的凝结物种类很多且较为复杂，使用单一的去除方法，很难有效地将其全部除净，必须多种方法综合运用，将陶瓷清洗的常规方法与合适的溶解试剂结合使用，才能取得好的效果。

（a）HGJ-A（清洗前）

（b）HGJ-A（清洗前）

（c）HGJ-A（清洗后）

（d）HGJ-A（清洗后）

图10　示范器物保存情况

5. 瓷器脱盐试验研究

1）清水静置、冷热水交替与超声清洗比较研究

（1）样品制备。用切割机从华光礁青瓷样品 Q3 上切割下大小相近的样品多个，进行可溶性盐去除平行试验；脱盐条件分别为去离子水浸泡，室温—热水交替浸泡（每次加热 12h，温度 50℃）及超声波振荡。每次用量均为 200mL，浸泡 24h 后更换去离子水，回收前一天之浸泡液，并对所用的去离子水取样。

（2）含盐量测试。收集的浸泡液和去离子水样品用电导率仪及离子色谱分析仪进行测试。将去离子水样品的测试数据作为本底，从而获得浸泡后溶液中电导率和离子含量的增加值。

同时，利用 IC 及电导率仪等对所取的具有代表性的海洋出水陶瓷器样品进行元素组成、离子浓度等检测。分析结果见表 11 ~ 表 14、图 11。

表 11　"华光礁 I 号"沉船内陶瓷器的离子色谱分析结果（单位：μg/g）

样品编号	阴阳离子含量						
	Cl^-	SO_4^{2-}	Na^+	K^+	Mg^{2+}	Ca^{2+}
QB1	553.89	908.98	686.42	112.53	213.8	385.1
QB2	1924.07	1084.71	3822.31	223.4	581.1	383.52
QB3	527.7	77.75	681.24	53.45	125.36	260.45
QB4	67.76	19.36	194.58	38.72	13.55	69.7
QB5	120.06	82.25	346	46.32	107.77	262.81
Q1	1664.99	561.69	3460.38	356.07	387.16	479.44
Q2	1196.22	251.84	2402.94	288.56	224.55	256.03
Q3	1104.8	314.21	1915.67	162.17	289.88	219.95
Q4	1357.51	317.08	2596.12	347.8	240.78	357.71
Q5	208.7	184.97	586.55	84.08	126.61	346.19

表 12　"华光礁 I 号"沉船内陶瓷器的脱盐试验结果

样品号	电导率/(μs/cm)		样品号	电导率/(μs/cm)	
Q3-A-1	64.1	浅层盐	Q3-B-1	66.8	浅层盐
Q3-A-2	15.5		Q3-B-2	4.8	
Q3-A-3	3.0	深层盐	Q3-B-3	7.4	深层盐
Q3-A-4	4.5		Q3-B-4	5.7	
Q3-A-5	2.0		Q3-B-5	2.7	
Q3-A-6	1.8		Q3-B-6	2.6	
Q3-A-7	2.2		Q3-B-7	1.9	
样重	0.7562g		样重	0.653g	
浸泡条件	室温		浸泡条件	50℃加热	
总盐增加值	93.1μs/cm		总盐总增加值	91.9μs/cm	
总盐平均增加值	123.12μs/(cm·g)		总盐平均增加值	140.56μs/(cm·g)	
总盐平均增加率	17.59μs/(cm·g·天)		总盐平均增加率	20.08μs/(cm·g·天)	

续表

样品号	电导率/（μs/cm）	样品号	电导率/（μs/cm）
浅层盐总增加值	79.6μs/cm	浅层盐总增加值	71.6μs/cm
浅层盐平均增加值	105.26μs/（cm·g）	浅层盐平均增加值	109.50μs/（cm·g）
浅层盐平均增加率	52.63μs/（cm·g·天）	浅层盐平均增加率	54.75μs/（cm·g·天）
深层盐总增加值	13.5μs/cm	深层盐总增加值	20.3μs/cm
深层盐平均增加值	17.85μs/（cm·g）	深层盐平均增加值	31.04μs/（cm·g）
深层盐平均增加率	3.57μs/（cm·g·天）	深层盐平均增加率	6.21μs/（cm·g·天）

表13 "华光礁Ⅰ号"沉船内陶瓷器的超声波脱盐试验结果

样品号	电导率/（μs/cm）	超声时间/h	水温/℃
Q3-C-1	59.6	8	64
Q3-C-2	11.7	5	77
Q3-C-3	12.7	8	85
Q3-C-4	6.8	8	92
样重	0.7727g	总计	29h
总盐增加值	90.8μs/cm	总盐平均增加值	117.51μs/（cm·g）
总盐平均增加率	97.25μs/（cm·g·天）	浅层盐增加值	84μs/cm
浅层盐平均增加值	108.71μs/（cm·g）	浅层盐平均增加率	124.24μs/（cm·g·天）
深层盐增加值	6.8μs/cm	深层盐平均增加值	8.80μs/（cm·g）
深层盐平均增加率	26.40μs/（cm·g·天）		

表14 浸泡液中的离子浓度，即单位脱盐量（单位：μg/g）

样品编号	脱盐时间/h	Cl^-	SO_4^{2-}	Na^+	K^+	Mg^{2+}	Ca^{2+}	共计
Q3-A 总量	168	2655.38	846.34	3474.21	266.86	334.83	819.89	8397.51
Q3-B 总量	168	3697.16	1382.69	3729.58	386.97	617.62	1208.02	11 022.03
Q3-C 总量	29	2941.12	2257.02	3386.05	668.05	570.73	884.17	10 707.13

（3）讨论。离子色谱分析结果表明（表11），其中的阳离子主要是 Na^+、K^+、Mg^+、Ca^{2+}，阴离子主要是 Cl^-、SO_4^{2-}；结果表明海洋出水陶瓷器中含有大量盐类。

去离子水浸泡脱盐试验表明（表12），浸泡一周后，室温—热水交替浸泡平均到每克瓷器基体的电导率增加值为 140.56μs/（cm·g），略高于室温清水浸泡的数值［其平均到每克瓷器基体的电导率增加值为 123.12μs/（cm·g）］；以上两种方法浸泡两天后，样品中的"浅层盐"已基本去除完全，剩下的盐为较难去除的"深层盐"。其中，室温—热水交替浸泡平均到每克瓷器基体的电导率增加值为 109.50μs/（cm·g），略高于室温清水浸泡的数值［其平均到每克瓷器基体的电导率增加值为 105.26μs/（cm·g）］；以上两种方法的最大差别在于深层盐去除的效率，室温—热水交替浸泡平均到每克瓷器基体的电导率增加值为 31.04μs/（cm·g），远高于室温清水浸泡的数值［其平均到每克瓷器基体的电导率增加值为 17.85μs/（cm·g）］；

因此，就以上两种方法而言，可考虑室温浸泡脱去浅层盐后再用室温—热水交替浸泡法脱去深层盐。

超声波振荡脱盐的效果非常明显（表13），其平均电导率增加速率为97.25μs/(cm·g·天)，远高于前两种方法[分别为20.08μs/(cm·g·天)、17.59μs/(cm·g·天)]；浅层盐的平均电导率增加速率为124.24μs/(cm·g·天)，也远高于前两种方法[分别为54.75μs/(cm·g·天)、52.63μs/(cm·g·天)]；深层盐的平均电导率增加速率为26.40μs/(cm·g·天)，也远高于前两种方法[分别为6.21μs/(cm·g·天)、3.57μs/(cm·g·天)]。显然，不论"浅层盐"或是"深层盐"的脱除，超声波振荡效果都远优于室温—热水交替浸泡及清水浸泡。

实际脱盐处理时，可以考虑先使用去离子水室温浸泡去除浅层盐后，再用超声波振荡去除深层盐。这样既提高了脱盐总量，又加快了脱盐速度，可节省3/4~7/8的时间。

另外，对脱盐过程中所取得浸泡液进行了离子色谱分析，经扣除本底后得到单位瓷器基体脱盐量，部分数据结果结果见表14及图11，图11离子色谱分析结果进一步表明超声波振荡脱盐效果明显优于其他方法。

（4）小结。以上试验表明：

① 在没有其他驱动力条件下，去离子水浸泡脱盐的速度非常慢，而冷热水交替浸泡脱盐的速度明显加快，超声波振荡效果最优。

② 浸泡液电导率及各种阴阳离子的含量总体上呈现逐天降低的规律，但随着浸泡时间的延长，有时也出现后一天浸泡液中的电导率及离子浓度高于前一天中的相应值，说明瓷器内仍有未扩散到浸泡液中的深层盐存在，因此脱盐时间应根据电导率及离子色谱测定结果具体设定。

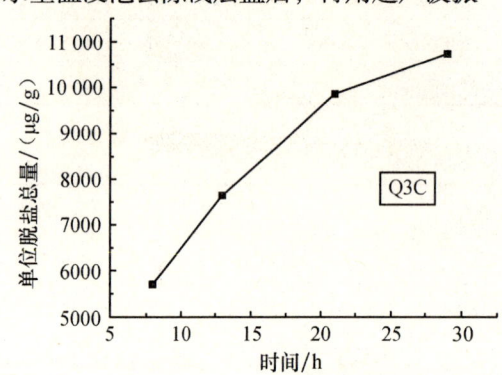

(a) Q3C浸泡液中单位脱盐总量时间变化曲线

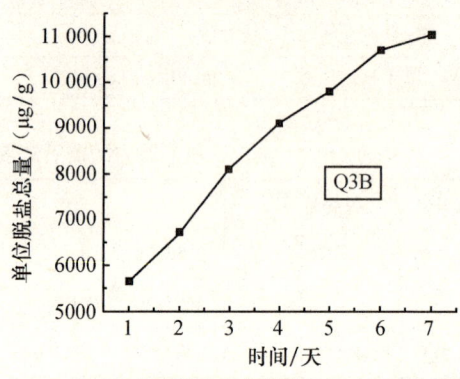

(b) Q3B浸泡液中单位脱盐总量时间变化曲线

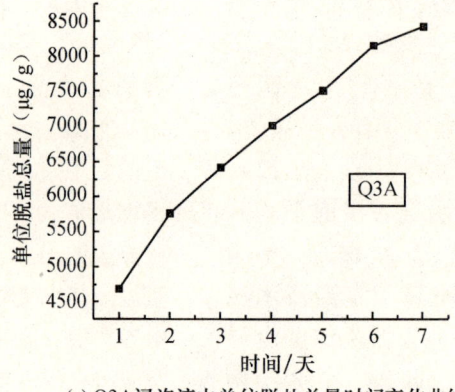

(c) Q3A浸泡液中单位脱盐总量时间变化曲线

图11 几种脱盐方法浸泡液的离子色谱分析比较图

2) 脱盐终点的判定

(1) 脱盐样品。用于脱盐试验的研究样品共计10块，主要是青白瓷（编号依次为QB1~QB5）与青瓷残片（编号依次为Q1~Q5），部分样品见图12。

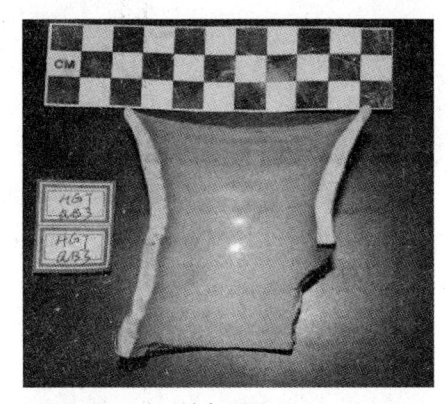

(a) QB3

(b) QB4

(c) Q2

(d) Q3

图12 用于脱盐试验的部分瓷器样品

(2) 样品制备。用切割机从"华光礁Ⅰ号"瓷器样品QB1~QB5及Q1~Q5上各切割下大小相近的样品多个，进行可溶性盐去除平行试验。脱盐条件分别为去离子水浸泡，室温—热水交替浸泡（每次加热8h，温度50℃）及超声波振荡。每次用量均为200mL，浸泡24h后更换去离子水，回收前一天的浸泡液，并对所用的去离子水取样。

(3) 含盐量分析。收集的浸泡液和去离子水样品用电导率仪及离子色谱分析仪进行测试。将去离子水样品的测试数据作为本底，从而获得浸泡后溶液中电导率和离子含量的增加值。

图13与图14为代表性瓷器样品浸泡液中的电导率增加值日变化曲线，其中QBn-1、Qn-1为超声波振荡脱盐数据，QBn-2、Qn-2为去离子水静置脱盐数据，QBn-3、Qn-3为去离子水加热浸泡脱盐数据。

脱盐试验表明，QB3、QB4、QB5及Q3、Q5经去离子水静置和冷热水交替浸泡70天后，其浸泡液中的电导率增加值长时间保存稳定，且均低于1μs/cm，以上样品经过超声波振荡21天后，其振荡液中的电导率增加值也稳定低于1μs/cm。据此判断以上样品已达到脱盐终点。

· 29 ·

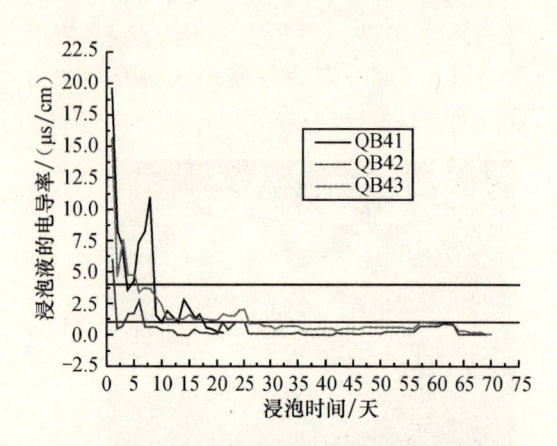

图13 QB4浸泡液中电导率日变化曲线

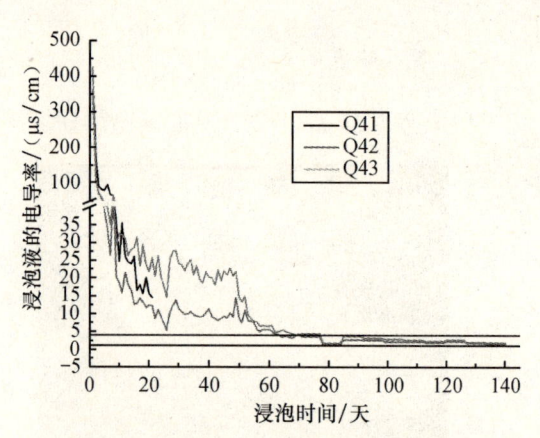

图14 Q4浸泡液中电导率日变化曲线

另一方面,浸泡70天后样品QB1、QB2及Q1、Q2、Q4的浸泡液中电导率增加值仍然很高,反映出其仍然有较高的盐含量。查看试验样品,显示此五个样品表面均含有较多的白色、灰色及黑色等各种凝结物。在浸泡49天后,我们用手术刀尽量把以上五个样品表面的凝结物去除干净之后,其浸泡液中的电导率数值均急剧下降,如图14所示。

取少量经超声波振荡浸泡21天后的以上样品,研磨成粉末,并制成离子色谱样品,测量其剩余盐量。测试结果见表15,测试结果表明Q1、Q2、Q4样品中的剩余盐量均非常高,剩余总盐量均在1100μg/g以上,而QB1、QB2两个样品中的剩余总盐量也较高,均在500μg/g以上,其他样品的剩余总盐量则较低。浸泡液的电导率测试数据也表明,超声波振荡21天后样品Q4浸泡液的电导率仍在10μs/cm左右,样品Q1、Q2浸泡液的电导率在15μs/cm左右,样品QB1、QB2浸泡液的电导率则在5μs/cm左右。剩余盐量离子色谱数据及电导率数据均表明QB1、QB2及Q1、Q2、Q4未达到脱盐终点。

表15 超声波振荡浸泡21天后样品中的剩余总盐量(单位脱盐量)(单位:μg/g)

样品编号	Cl^-	SO_4^{2-}	Na^+	K^+	Mg^{2+}	Ca^{2+}	共计
Q1-21	57.04	514.2	280.9	94.79	191.79	173.46	1312.36
Q2-21	67.28	680.3	105.41	51.80	143.54	130.08	1178.4
Q3-21	22.78	120.67	45.56	25.06	44.97	30.04	289.10
Q4-21	92.22	533.08	149.26	55.79	227.45	206.1	1263.9
Q5-21	55.29	23.47	140.43	46.95	35.10	58.58	359.8
QB1-21	107.76	110.70	116.49	30.21	58.24	80.82	504.2
QB2-21	119.47	119.9	74.02	20.44	206.2	54.81	594.96
QB3-21	56.01	13.10	92.99	42.0	47.16	78.82	330.17
QB4-21	49.70	15.97	113.49	34.49	7.46	79.59	300.74
QB5-21	53.60	7.140	96.54	35.19	9.35	31.27	233.12

延长去离子水静置和冷热水交替浸泡时间到140天后,样品QB1、QB2及Q1、Q2的浸泡液中电导率增加值长时间保存稳定,且均低于1μs/cm。据此判断以上样品已达到脱盐终点。而样品Q4也接近达到脱盐终点,这主要是其表面凝结物较多造成的影响。

取少量去离子水静置和冷热水交替脱盐到达终点的样品,研磨成粉末并制成离子色谱样品,测量其剩余盐量,测试结果见表16。图15为代表性试验样品脱盐前后含盐量柱状图。从图上可以明显看出脱盐的效果是十分显著的。测试结果表明,除Q4外其余9件样品剩余总盐量都较低,均在500μg/g以下,大都在300μg/g甚至更低,已经达到脱盐终点。而Q4的剩余含盐量也仅是略高于500μg/g,说明Q4也已经接近脱盐终点。

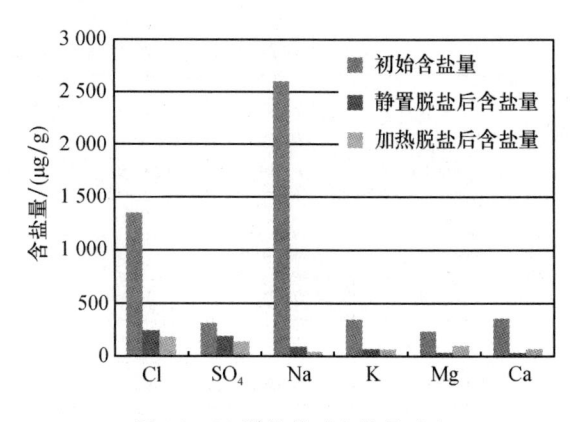

图15 Q4脱盐前后含盐量对比

此外,对QB3、QB4、QB5、Q3、Q5去离子水静置和冷热水交替脱盐第70天之浸泡液,及QB1、QB2、Q1、Q2、Q4去离子水静置和冷热水交替脱盐第140天之浸泡液,进行离子色谱分析,结果见表17。可以看出,在脱盐达到终点时,最终浸泡液中,单位瓷器基体脱除的K^+、Mg^{2+}、

表16 静置、加热脱盐后样品中的剩余总盐量,即单位脱盐量(单位:μg/g)

离子 编号	Cl^-	SO_4^{2-}	Na^+	K^+	Mg^{2+}	Ca^{2+}	共计
Q1-2	27.51	50.83	26.07	20.07	42.38	40.59	207.46
Q1-3	12.84	20.01	29.64	78.89	67.66	45.31	254.38
Q2-2	14.64	19.29	41.23	93.54	94.59	117.73	381.06
Q2-3	17.03	20.26	83.7	114.9	23.41	39.55	298.9
Q3-2	40.18	40.54	22.42	25.39	23.78	22.57	174.91
Q3-3	18.96	16.22	39.55	66.33	57.17	53.80	252.05
Q4-2	240.81	183.86	87.98	61.54	25.58	26.45	626.24
Q4-3	180.7	139.6	37.7	59.62	96.16	70.30	584.15
Q5-2	35.82	32.28	20.94	50.14	49.44	58.76	247.4
Q5-3	16.56	14.15	58.9	49.85	45.76	48.10	233.42
QB1-2	40.60	38.30	26.99	32.91	30.09	99.80	268.7
QB1-3	49.08	54.61	25.74	31.42	30.9	41.40	233.24
QB2-2	14.12	49.60	28.50	91.17	56.38	71.39	311.18
QB2-3	13.97	38.61	44.81	92.43	49.71	58.66	298.22
QB3-2	35.98	41.79	69.93	27.53	18.20	29.89	223.3
QB3-3	18.94	16.08	97.80	42.16	10.39	15.48	200.89
QB4-2	24.08	18.38	78.80	44.23	15.30	7.99	188.81
QB4-3	18.07	13.96	69.64	31.72	8.36	11.19	212.95
QB5-2	14.10	11.38	54.06	28.90	7.97	9.47	125.9
QB5-3	13.81	10.84	64.42	33.52	8.07	8.13	138.8

表17 浸泡液中单位瓷器基体日脱出离子含量（单位：μg/g）

离子 编号	Cl^-	SO_4^{2-}	Na^+	K^+	Mg^{2+}	Ca^{2+}
Q3-2-70	10.41	20.57	9.55	1.70	0.52	11.85
Q3-3-70	10.34	16.97	11.87	2.00	0.51	12.48
Q5-2-70	5.73	7.94	11.66	1.09	1.06	7.09
Q5-3-70	7.62	9.53	27.31	0.79	1.01	6.40
QB3-2-70	6.81	10.76	15.28	1.14	0.90	5.47
QB3-3-70	8.68	14.69	21.00	1.20	0.30	10.03
QB4-2-70	11.76	8.87	27.71	0.97	1.13	7.2
QB4-3-70	6.62	6.29	19.62	0.53	0.66	5.08
QB5-2-70	6.31	8.13	10.32	1.25	1.16	7.20
QB5-3-70	7.11	8.30	20.28	0.72	0.79	6.67
Q1-2-140	9.34	16.60	34.54	0.94	5.36	2.98
Q1-3-140	7.55	11.27	20.17	0.93	5.25	1.73
Q2-2-140	5.48	8.32	15.23	0.46	2.87	0.70
Q2-3-140	6.67	9.89	15.38	1.05	5.78	0.72
Q4-2-140	24.26	44.38	88.84	3.24	27.35	15.18
Q4-3-140	28.86	45.60	102.76	3.00	42.94	12.70
QB1-2-140	3.02	4.59	5.75	0.43	1.36	4.99
QB1-3-140	3.60	7.13	14.37	0.55	2.86	1.72
QB2-2-140	9.41	17.11	33.79	0.89	2.28	0.47
QB2-3-140	9.34	22.69	33.49	0.24	3.27	0.54

Ca^{2+}、Cl^-、SO_4^{2-}五种离子的量均低于20μg/g，而单位瓷器基体脱除的Na^+量则低于60μg/g。根据北京大学胡东波等的试验分析[15]，在去离子水浸泡过程中，瓷胎中的钠离子较易溶解出来。据此，我们推断在脱盐过程末期，浸泡液中的钠离子主要来自陶瓷胎体，而非可溶盐类。

在实际工作中，既要保证充分去除瓷器中的有害盐，又要合理安排工作进度，充分利用时间，节约人力物力，要求脱盐操作时间的长短恰到好处，因此准确地判断瓷器脱盐过程的终点是十分必要的。

通过检测脱盐处理后瓷器胎体中的剩余含盐量可以准确判断瓷器脱盐的终点，但是这种有损分析在实际操作中的可行性很低，甚至是不可能。根据以上试验及分析数据，我们发现瓷器的脱盐过程虽然存在一定波动，但总体上呈现出一定的普遍规律性。将这种规律归纳总结，我们得出了可以用来判断瓷器脱盐终点的经验标准：使用电导率仪对脱盐浸泡液进行监测，当其电导率增加值连续10天低于1μs/cm时，取样进行离子色谱测试，如K^+、Mg^{2+}、Ca^{2+}、Cl^-、SO_4^{2-}五种离子的单位基体日脱除量均低于20μg/g，Na^+单位基体日脱除量低于60μg/g，则可判断脱盐已经到达终点。在试验过程中，我们用这种方法判断瓷器脱盐达到终点，进而检测胎体中的剩余盐量。实践证明我们所提出的判断标准是行之有效的。

（4）小结。

① 超声波振荡的脱盐速率约是冷热水

浸泡脱盐的4倍，约是清水静置速率的8倍，实际保护过程中，建议前3天用清水静置脱盐，之后采用冷热水交替并结合超声波振荡脱盐。

② 凝结物中含有大量的盐类，实际保护过程中，必须先去除表面凝结物，再进行脱盐操作。

③ 不能简单地根据电导率数据来判断脱盐终点的到达，必须结合离子色谱分析数据。

④ 研究发现当达到脱盐终点时，多数样品的剩余总盐量都较低，均在500μg/g以下，大都在300μg/g甚至更低。此时，浸泡液的电导率增加值长时间保持稳定且低于1μs/cm，同时K^+、Mg^{2+}、Ca^{2+}、Cl^-、SO_4^{2-}五种离子的单位基体日脱除量均低于20μg/g，Na^+单位基体日脱除量低于60μg/g。这可以作为判断脱盐过程终点的标准。

四、结 论

针对"华光礁Ⅰ号"沉船出水的陶瓷器以及相关凝结物，开展的上述的研究，可得出如下结论：

（1）通过对陶瓷器及凝结物的结构成分分析、CT扫描、病害分类、含盐量的定量分析，初步理清了陶瓷本体与凝结物的材质与含盐量以及凝结物中陶瓷器的分布位置。研究表明陶瓷本体与凝结物含有大量的海相沉积的可溶性盐，以Na^+、K^+、Mg^{2+}、Ca^{2+}、Cl^-、SO_4^{2-}等离子为主，其中瓷釉剥落严重的瓷器含盐量较高，胎质致密的瓷器含盐量较低，但总体来看各类离子的含量较高，基本上在几百ppm到2000ppm之间变化，如此高的含盐量必将会对瓷器产生破坏，必须通过有效地方法去除。而XRD与XRF分析表明包裹瓷器的凝结物有两种，一种为以石灰质为主的凝结物，另外一种主要以石膏质、铁的硫酸盐。

（2）通过大量的筛选试验发现，对于"华光礁Ⅰ号"以石灰质为主的凝结物（BG2），稀酸的溶解效果最理想，而对于"华光礁Ⅰ号"以石膏质、铁质硫酸盐为主的凝结物（BG1），EDTA-2Na的溶解效果最理想，复配试验表明5% EDTA-2Na + 3% 柠檬酸软化效果最佳。

（3）凝结物的去除示范研究表明，陶瓷器凝结物可按如下程序清除：①把器物放入3%~5%的盐酸溶液中浸泡0.5~1.5h（此操作能迅速去除大部分碳酸盐沉积，但时间不宜过长，当浸泡液不明显冒气泡时就应立即停止此步操作），之后用手术刀、毛刷等工具去除已软化部分凝结物；②把器物转入5% EDTA-2Na + 3% 柠檬酸溶液中浸泡5~7天（此操作能去掉硫酸钙、铁的硫酸盐等），之后用手术刀、毛刷等工具去除已软化部分凝结物；③对于器表的有机污垢残存，则考虑用3%~5%的过氧化氢擦拭去除；④若效果理想，则进入脱盐程序，否则视情况重复以上过程，或考虑对部分区域选用恰当试剂用纸浆贴敷法操作。

（4）通过对典型出水瓷器的清水静置，冷热交替以及超声清洗几种脱盐方法的研究，提出了陶瓷器脱盐的有效方法及脱盐终点的判断依据。即超声波振荡的脱盐速率约是冷热水浸泡脱盐的4倍，约是清水静置速率的8倍。实际保护过程中，建议初期用清水静置脱盐，之后视陶瓷器材质情况，采用冷热水交替并结合超声波振荡脱盐。经过研究可以初步确定，"华光礁Ⅰ号"沉船内瓷器的脱盐方法与时间为：超声波脱盐法21天，冷热水交替浸泡法需要70天左右，清水静置脱盐则需要140天以上。此外，当达到脱盐终点时，浸泡液的电导率增加值长时间保持稳定且低于1μs/cm，同时K^+、Mg^{2+}、Ca^{2+}、Cl^-、SO_4^{2-}五种离子的单位基体日脱除量均低于20μg/g，这可以作为判断脱盐完成的参考依据。

致谢：海南省博物馆丘刚馆长和高文

杰主任提供了"华光礁Ⅰ号"沉船出水瓷器分析样品，中国文化遗产研究院马清林研究员和中国科学院研究生院王昌燧教授在论文撰写过程中，给予了详尽的指导。在此一并表示感谢！

参 考 文 献

[1] 吴春明. 中国水下考古20载. 海洋世界, 2007, 8: 26~30.

[2] 何业东. 材料腐蚀与防护概论. 北京: 机械工业出版社, 2009.

[3] Pearson C. Conservation of Marine Archaeological Objects. London: Butterworth, 1987: 107.

[4] 麦考利·罗纳德 A. 陶瓷腐蚀. 北京: 冶金工业出版社, 2003: 6.

[5] 马清林, 苏伯民, 胡之德, 等. 中国文物分析鉴别与科学保护. 北京: 科学出版社, 2001: 73~78.

[6] 马清林. 陶质文物保护方法综述. 考古, 1993, (1): 81~84.

[7] 贾文忠. 浅谈古陶瓷修复. 中国文物科学研究, 2008, (3).

[8] 刘薇, 张治国, 李秀辉, 等. 中国南海三处沉船遗址出水铁器凝结物分析. 中国国家博物馆馆刊, 2011, 2: 148.

[9] 刘薇, 张治国, 李秀辉, 等. 海洋出水古代铁器表面凝结物的分析研究. 文物科技研究（第七辑）. 北京: 科学出版社, 2010. 132~145.

[10] 马燕如. 我国水下考古发掘陶瓷器的脱盐保护初探. 博物馆研究, 2007, 1: 85~89.

[11] Buys S, Oakley V. The Conservation and Restoration of Ceramics. Oxford: Butterworth-Heinemann Publishers, 1993.

[12] Maish P J. Silicone rubbber staining of terracotta surfaces. Studies in Conservation, 1994, (39): 250~256.

[13] Moncrieff A, Weaver G. Science for conservators. Book2: Cleaning. London: Crafts Council, 1983.

[14] Barlow M. An interim report concerning the long-term natural ageing of false glazes and fillers. Conservation News, 1998, (55): 24~26.

[15] 胡东波, 张红燕. 常用清洗材料对瓷器的影响研究. 文物保护与考古科学, 2010, (1): 49~59.

Scientific Analysis and Conservation on Ancient Underwater Porcelains Recovered from Huaguangjiao I in South China Sea

Li Naisheng[1], Chen Yue[2], Luo Wugan[2]

(1. Chinese Academy of Cultural Heritage Beijing 100029)
(2. Graduate University of Chinese Academy of Sciences Beijing 100049)

Abstract The Huaguangjiao I was a Song Dynasty (12-13c A. D.) shipwreck located in Huaguang Reef of Xisha Islands. A great number of bluish-white glazed porcelains which were produced in Hutian Kiln, and celadon which were produced in Fujian province, were found in Huaguangjiao I shipwreck. Most of the ceramic artefacts are disks, bowls, vases, pots and powder boxes. Some of them were covered by thick encrustations. Industry computed tomography (CT), EDX analysis, X-ray diffraction (XRD), and Ion Chromatography (IC) were employed to investigate the disease in these porcelains. On the basis of above work, feasible chemicals were selected to remove the coagulations. In order to remove the harmful salts, monitored by Conductivity Meter and Ion Chromatography, still water, alternating hot and cold, and ultrasonic cleaning were performed. Then contrasting the results of them, a appropriate method about the desalination of porcelain came up out of water found at Huaguangjiao I shipwreck was founded.

Keywords Huaguangjiao I, Marine porcelain, Concretion, CT, IC

石质文物表面加固保护材料评述及展望

王菊琳[1]　李杰[1]　张涛[2]

(1. 北京化工大学　北京　100029)
(2. 北京市古代建筑研究所　北京　100050)

摘要　许多石质文物都面临着严重的风化问题，亟待加固保护处理。本文主要阐述了近几十年来用于石质文物保护的各类表面加固、封护材料，包括传统的无机材料与有机材料，以及新型加固、封护材料的组成、加固原理、加固效果、优缺点及其应用状况，对石质文物加固、封护材料的研究方向和需解决问题进行了展望。

关键词　石质文物，保护，加固材料

一、引　言

石质文物的主要类型有石质艺术品类如石窟寺、经幢石塔、石碑、石雕石刻等；石质建筑类如石殿、石城墙、石桥、石质陵墓及一些古代建筑中的石质构件，如石墙、石地板、石台阶、石墙基、石柱等；石质工具类如石刀、石枕、石棺、石盆等[1]。石质文物的常见材质类型为火成岩（包括花岗岩、伟晶岩、玄武岩等）、沉积岩（包括泥灰岩、砂岩、凝灰岩、石灰岩等）、变质岩（包括大理石、片麻岩等）。这三类岩石的结构、构造有较大差别，也存在着诸多缺陷，千百年来遭受来自环境因素中的水、酸雨、可溶盐、风、光、生物、微生物和人为等多方面因素的损害，导致石质文物表面产生许多病害，表现为纹饰不清、酥碱、粉化、剥落、裂缝、劈裂、坍塌等。

由于文物具有唯一性和不可再生性，石质文物尤其是露天石质文物的保护一直是十分复杂而困难的问题。迄今，针对石质文物表面病害类型，研制出的各种表面保护材料主要可以分为：①封护类，目的是隔断石材与环境因素的接触，以抵御或减缓其作用，封护前要考虑把石质文物与地下水源隔断，要防止石质文物中的毛细水挥发不出来，封护后的可再处理性要强；②加固类，除封护作用外，应该有一定的渗透深度和强度，耐老化性能好或者老化产物不影响未来的持续保护；③结构性加固材料，主要针对表面块状或片状剥离，此时可以使用小型锚杆等补强。本文主要阐述针对表面风化的加固、封护材料，而它们自身寿命为数十年，以此来加固、封护千百年的石质文物，那么间隔数十年就要对文物进行再次加固、封护，因此，传统加固、封护材料和各种新型加固、封护材料的长期有效性、安全性和可去除性等问题，需要进行深入细致的研究。

二、加固原则

在对文物保护时，首先必须遵守"中国文物古迹保护准则"中的相关条款：①必须原址保护；②尽可能减少干预；③定期实施日常保养；④保护现存实物原状与历史

信息；⑤按照保护要求使用保护技术；⑥正确把握审美标准；⑦必须保护文物环境。

加固材料的选择原则[2,3]：①材料黏度低，渗透性好；②加固材料不会改变文物外表形貌和色泽；③加固材料抗老化性能优良；④加固材料老化后不产生对文物有破坏的新物质；⑤加固材料与文物有较好的黏结力和附着力，能起到优化文物性能的作用；⑥加固材料成分与文物有好的相容性。

三、加固、封护材料

1. 无机材料

国际上常采用的无机加固材料有氢氧化钡、石灰水及碱土硅酸盐等，无机材料的加固原理是无机溶液中的某些盐分在石质文物内部孔隙处凝结或与石材发生化学反应而堵住孔隙，起到增强石材内部结构、阻水的效果。

Scott 采用 $Ba(OH)_2$ 加固了威斯敏斯特教堂里的壁画和石壁[4]。$Ba(OH)_2$ 会和空气中的 CO_2 发生化学反应：

$$Ba(OH)_2 + CO_2 \longrightarrow BaCO_3 + H_2O$$

生成的碳酸钡固体会填在石材孔隙处，起到加固效果，Lucia 对用 $Ba(OH)_2$ 加固的大理石采用 SEM 和 XRD 测试发现其加固主要集中在表面，加固效果不太理想。石灰水的加固原理与 $Ba(OH)_2$ 类似，由于 $Ca(OH)_2$ 转化成 $CaCO_3$ 的速率相当慢，而且石灰在水中有限的溶解度使得石灰的使用量大，大量未溶解的石灰会改变岩石表面颜色[5]。天然水硬性石灰成分为 $2CaO \cdot SiO_2$、$Ca(OH)_2$、CaO、$CaCO_3$ 及少量黏土矿物、石英等，是有别于传统石灰与水泥的一种天然无机材料，在德国、美国等有大量的研究，在德国有超过 10 年的石质文物、历史建筑修缮加固的工程案例，2006 年我国引进德国天然水硬性石灰用于广西花山岩画、平遥古城以及其他历史建筑的修缮加固中[6]。碱土硅酸盐曾在欧洲广泛使用过，现已被淘汰。人们发现用无机材料加固过的文物内部有时会产生有害盐分，它们会加剧石质文物的风化。无机材料或它们与石材发生化学反应的产物结构和性质与石材相似相容时，加固才是安全有效的[7]。赵志曼等[8]研制相容性好的无机加固材料并对云南黑井镇石质文物加固，获得了令人满意的加固效果。

PS，又称高模数硅酸钾，是敦煌研究院李最雄等研制出来的专利产品，用于砂岩文物的加固[9]，他们的研究表明 PS 与砂岩内部易受水作用的泥质胶结物及风化产物起作用形成难溶的硅酸盐，从而提高岩石的物理强度和抗风化能力；并对不同模数硅酸钾的加固效果进行了研究，发现模数为 3.8~4.0 的 PS 加固效果最好。此外，该加固剂在孔隙率较大的岩石或土遗址中的加固效果最为理想。

一般，无机材料与石质文物的相容性及其耐老化性优于有机材料，但其黏结力比有机加固材料弱很多[10]；此外，由于无机加固材料与石质文物的反应会产生有害副产物，出现泛白和可溶盐析出等现象，因此在石质文物的加固工程中应预先检测并避免该类现象发生。

2. 有机材料

目前用得最多的有机加固材料有环氧树脂、丙烯酸树脂和有机硅树脂。与无机加固材料相比，有机材料具有良好的黏结性、柔韧性、耐水等性能；其渗透深度远高于无机材料，可达到 30mm[11]；经有机材料加固后的石材，其物理性能得到很好的提高，同时它们也可用作封护材料。

1）环氧树脂类

环氧树脂类加固剂由主剂、稀释剂、

固化剂、增韧剂、填料等部分组成。环氧树脂泛指含有两个或两个以上环氧基（—C—C—O—），以脂肪族、脂环族或芳香族链段为主链的高分子预聚体。文物中常用的主剂是双酚A型环氧树脂，即双酚A缩水甘油醚，俗称E44、E51环氧树脂，其结构式见图1。

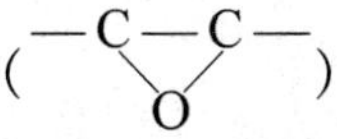

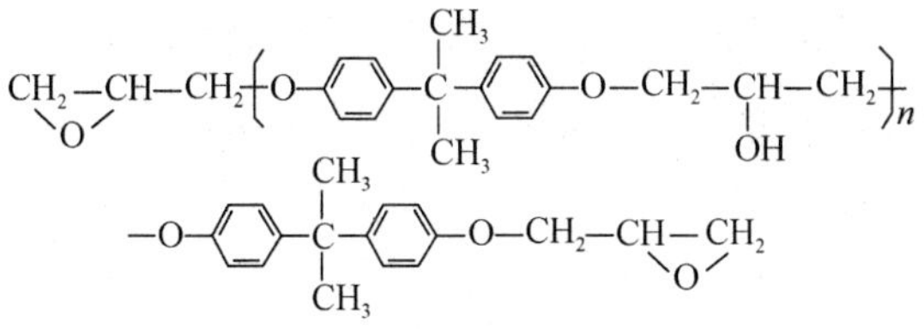

图1 环氧树脂的结构式

固化过程中固化剂中胺基上的氢与环氧树脂中的环氧基和羟基反应，形成交联网状结构而固化，该过程不发生明显的体积收缩和膨胀，固化物对各种基材有很好的附着力、黏结强度高，具有较好的耐化学药品性，尤其是耐碱性优良、高硬度和优良的耐水性，可用作结构材料。在石质文物和古建筑的加固中应用广泛，如云冈石窟、龙门石窟，都曾采用环氧树脂加固处理[12]；美国加利福尼亚大厦以及Louisville的几个教堂也曾使用环氧树脂加固[2,13]。此外，可以在环氧树脂中加入一些添加剂和改性剂来提高它的性能，马飞等[14]往环氧树脂中加入丙酮、糠醛稀释剂，加强环氧树脂的渗透性能；同时引入橡胶弹性体来增强材料的密封性和韧性；加入KH-560加强树脂和岩体的黏结力，得到的改性环氧树脂具有优良的性能。环氧树脂渗透性稍差，会堵塞水蒸气的流通，而且耐候性差，紫外光照会降解、颜色变黄，限制了其在户外的使用，固化物脆性大、冲击强度低。由于环氧树脂是热固性树脂，固化后不溶不熔，黏结强度大，因此难以去除；同时由于自身分子与分子之间的内聚力很大，应力断裂往往发生在被黏物上，或断

在胶层和黏结界面上。对于疏松的石质文物表面加固应注意其有可能把整个疏松层成块地粘落下来。

2）丙烯酸树脂类

丙烯酸树脂主要是由丙烯酸酯类和甲基丙烯酸酯类单体（图2）均聚或共聚得到的聚合物，包括热固性和热塑性或乳液型和溶剂型丙烯酸树脂。周双林制备出丙烯酸树脂非水分散体加固剂，对泥河湾遗址出土的古象足迹表面层加固处理，加固后外观变化小，强度提高[15]。毛筱霈等采用有机硅改性的丙烯酸树脂对土遗址加固，表现出好的透水性能[16]。

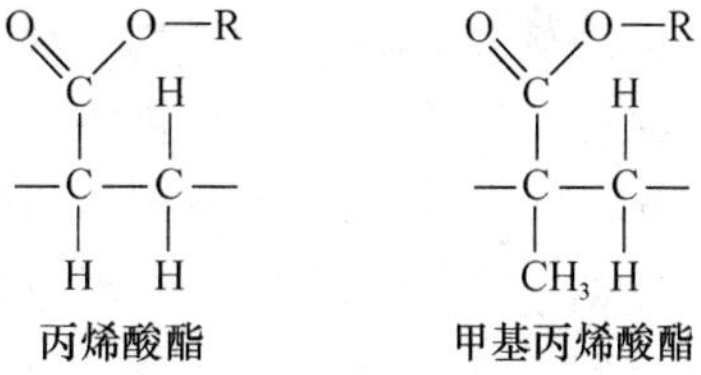

图2 丙烯酸树脂用单体

Paraloid B-72是由甲基丙烯酸乙酯与丙烯酸酯以摩尔比为70∶30共聚而成，是溶剂型加固剂，溶剂为甲苯、二甲苯、丙酮，溶剂挥发后成膜而起到加固作用，虽然有性能更优的丙烯酸类聚合物出现，但Paraloid B-72仍然是极少几种被证明是可以用于文物保护的聚合物之一。姜进展等[17]用Paraloid B-72对故宫石雕加固处理，加固后的石雕外观、加固效果都比较好。丙烯酸树脂无色、透明，有很好的耐候性能，户外暴晒不易降解、变黄、交联。但是Paraloid B-72对石质文物的加固渗透性差，整个渗透层是一个密封体，使石质文物中的水分无法渗透出来，这会加强水对石质文物的破坏作用，因而限制了它在石质文物保护中的应用。

3）有机硅材料

有机硅树脂是指主链中含有基团

(—Si—O—Si—)，硅原子上连接有机基团的交联型半无机高聚物，既具有无机物的耐候、耐高温性能，又有有机树脂的柔韧性。文物保护常用的是聚三乙氧基硅烷、聚四乙氧基硅烷（TEOS），其中硅烷醇基团会与石材表面的—OH基发生化学反应而交联固化起到加固作用，同时硅氧烷会逐渐发生水解和缩聚作用形成无定形的硅胶，硅胶能很好地填在石材的孔隙中，起到黏结和填充作用[18]。直接用聚合物加固会难以深入渗透，可以通过添加蒸发慢的溶剂，将被加固表面泡在加固剂中得到改善，也可以直接用有机硅单体硅酸酯和硅氧烷等渗透，如正硅酸乙酯（Remmers300、BYG1001）一方面与岩石中的羟基反应起加固作用，另一方面正硅酸乙酯分子之间可缩聚成二聚体、三聚体、四聚体，最后形成硅胶起加固作用。

郭广生等[19]用甲基三乙氧基硅烷、正硅酸乙酯为单体合成聚硅氧烷，王镛先等[20]用有机硅烷水解缩聚制备硅聚合物，并分别进行石刻加固试验，表明有机硅材料能使风化石材经加固后的强度、耐水性、抗冻融能力均有一定提高。本课题组曾用四种加固剂，正硅酸乙酯（BYG1001）、有机硅树脂（BYB1002）、有机硅改性丙烯酸树脂（SAR-18）、乳液型丙烯酸树脂（W1-04）对北京延庆古崖居试样加固，发现用有机硅树脂加固的岩石使得风化岩石的抗压强度、抗折强度、回弹强度均有较大幅度提高，比用其他三种树脂加固的岩石具有更好的抗紫外线辐射、热氧老化、冻融老化能力，而且不会改变岩石外观。

有机硅材料拥有良好的渗透性、耐老化性和憎水性，憎水性是由于聚硅氧烷分子的极性硅氧键吸附在岩石表面，非极性端烷基露在表面，因非极性部分疏水而起到阻水作用[21]。同时聚硅氧烷层与层之间的孔隙能让水分子通过而具有透气性，也就是常说的加固材料具有呼吸功能。跟其他有机材料比，有机硅材料具有硬而不柔韧的特点，黏结力不强而使加固失效，也不能使风化的石材颗粒黏结成强度较高的石块，而且用含硅加固剂处理是不可逆的。多次采用有机硅材料加固会造成岩石表面硅含量增加，岩石表面结晶度升高，从而失去原有的组成和性质；用带有烷基基团的有机硅材料加固后会受到湿度的影响而出现轻微的颜色变化[22]；并且随着时间的延长，有机硅材料的老化也会导致变色、脆化和分解[23]。

四、新型加固、封护材料

在长期的文物保护实践中，人们不断试验创新，寻找更加优质的文物保护材料，目前有机氟材料、纳米改性材料以及生物矿化材料等因其优良性质而进入到文物保护实践中。

1. 有机氟材料

有机氟材料或氟碳材料是由氟烯烃聚合物或氟烯烃与其他单体共聚物为主要成膜物质的材料，有双组分或单组分、可常温固化、水溶型或溶剂型。固化剂为脂肪族聚异氰酸酯，氟树脂上的羟基可与固化剂中的异氰酸根—NCO发生交联而固化。骨架C—F极性键是已知最强的分子键之一，使氟碳涂层具有优异的耐紫外线、耐热、耐化学品性，最令人瞩目的是它的耐老化时限可长达20年之久[24]。其中FEVE氟树脂是三氟氯乙烯和多种烷基乙烯基醚（酯）的共聚物，无色透明，改性基团的引入极大地提高了其与基材的附着力。有机氟材料在建筑、金属防腐工业及通信业中已广泛应用，并且正向石质文物保护领域渗透，日益受到文物保护者的重视。

Toniolo等[25]提到，Lucia采用丙烯酸-

氟共聚物对大理石表面保护，Rizzarelli 等[26]将有机氟材料用在钙屑石灰岩的保护处理上，均取得了很好的效果。和玲等[27]对有机氟材料加固砂岩文物后的渗透深度、抗压强度、耐冻融性能进行了试验，得到了理想的加固效果并推断有机氟材料能推广应用到多孔材质类文物中。Mazzola 等[28]采用甲醇和 BF_3 经酯化反应获得具有很好加固特性的含氟丙烯酸甲酯，并证明氟聚合物能应用到石质文物的加固中。李国清[29]比较了有机氟材料、有机硅材料、聚氨酯及醇酸漆四种材料的耐老化性，发现两年后，仅有机氟材料涂覆的文物表面涂膜完好无损。

我们课题组对曾经或正在使用的天然或合成的有机加固、封护材料如 Paraloid B-72、三甲树脂（丙烯酸类三元共聚物）、F-100 氟碳清漆、石蜡、虫白蜡分别进行了人工气候老化、盐雾试验，表明耐人工气候老化从高到低的顺序是 Paraloid B-72、F-100 氟碳清漆、虫白蜡、石蜡、三甲树脂，耐盐雾老化从高到低的顺序是 Paraloid B-72、三甲树脂、虫白蜡、石蜡、F-100 氟碳清漆。

2. 纳米改性材料

纳米改性材料，是将纳米微粒分散在有机树脂基体中，形成纳米改性的树脂。常用于文物保护的纳米材料有纳米 SiO_2、TiO_2、$CaCO_3$、ZnO。纳米材料也可以直接用于文物保护中，Dei 等[30]曾采用纳米熟石灰对风化严重的石灰岩（曼图亚战地历史建筑和意大利圣玛利亚教堂）加固处理，呈脱落状的表面被很好地黏结成光滑面，并且有很好的阻水性能。纳米微粒与高分子材料复合后能表现出优良特性，可以同时疏水、疏油（双疏），用于文物保护时既可抵挡雨水又可防止油污的侵蚀，另外，纳米粒子的光散射特性也使得材料具有很好的抗紫外线和耐老化能力；纳米粒子 TiO_2、SiO_2、Al_2O_3 对可见光的透过特性好，使得与树脂复合用于保护时不会遮盖文物真实面貌[31]。

目前，有很多研究者致力于制备纳米改性材料，不同的纳米微粒对不同的有机物改性可以获得不同优异的性能[32~34]，比如用纳米 SiO_2 改性环氧有机硅树脂，可提高树脂的耐热性和韧性；而将纳米 SiO_2 加入 4-氟苯基异氰酸酯改性环氧有机硅树脂中，能提高树脂的致密性从而阻止腐蚀介质进入基体内部。朱正柱[35]通过原位聚合将 TiO_2 改性并使其均匀分散在 FEVE 氟树脂及有机氟-有机硅-丙烯酸三元共聚物中，获得的材料比有机树脂具有更高的透气性，可有效抑制石质文物表面霉菌的生长，降低石质文物的生物风化作用。我们课题组用纳米 TiO_2、SiO_2 改性有机硅树脂、硅丙乳液分别研制出溶剂型和水性文物保护用材料，涂膜具有无色、透明、无光，比未改性树脂在紫外线吸收能力、渗透性能、加固性能、耐酸、对水和油的接触角等方面有明显的提高。

3. 生物矿化材料

研究者发现一些古代石灰岩和大理石建筑表面有一层天然的半透明致密矿化膜[36,37]，它是由微生物作用而形成的无机膜，分为微生物诱导矿化沉积膜和有机基质控制矿化沉积膜，称为生物矿化材料或仿生矿化材料，它能抵抗风雨和微生物的侵蚀，而使石质文物保存完好。天然草酸钙是一种常见的生物矿化材料，能够保护碳酸盐石刻千年不朽，但其形成是一个漫长和不稳定的过程，因此，目前在尝试实验室制备这种材料。

刘强等[38~40]以生物体内常见的生物粘多糖-硫酸软骨素为有机模板，以草酸钙的亚稳过饱和溶液为无机前驱体，室温下在石材表面仿生合成了主要成分为一水草酸钙的表面保护材料；以及磷灰石和碳酸钙系列矿化材料，并把它们对含钙疏松岩石进行加固，结果表明三种矿化材料均具有加固效果，其中以磷灰石系列的仿生矿化材料的加固效果最佳。Orial等[41,42]利用细菌诱导碳酸钙沉积形成人工矿化层加固石质文物，加速老化试验表明它可以提高结构长期耐久性能。Levrel等[43,44]在石灰石建筑、纪念碑及雕像表面用不同属细菌成功诱导碳酸钙晶体沉积形成方解石薄层并探讨了沉积机理。Rodrigue等[45]在石质文物上用Myxococcus xanthus诱导形成碳酸盐矿化层，黏结力强，渗透深度达500μm且不会堵塞石料的原有孔隙。应用微生物及生物技术加固石质文物的方法具有生态和环境友好，且加固有效性、耐候性、相容性较好。微生物诱导碳酸钙沉积加固石质文物的一个负面影响是易形成污斑，直接对石质结构表面喷刷微生物及培养液会形成细胞外聚合物（EPS）、结构孔隙堵塞以及微生物过量繁殖；而用有机基质大分子诱导矿化沉积加固石质结构则提取有机基质的工艺相当复杂，酶活性难以持久，而且成本高昂。

五、结　　语

由于文物保护技术是多学科交叉且有自身特点的综合技术，新材料和新技术在文物保护领域的适用性，需要进行深入研究和保护实践检验，通过不断创新和持续研究，会发现和研制出更加符合石质文物保护实际需求和性能优异的加固、封护材料。

参 考 文 献

[1] 刘佳. 高寒地区濒危露天石质文物保护的探索. 西北大学，硕士学位论文，2010，6.
[2] 韩冬梅，郭广生，石志敏，等. 化学加固材料在石质文物保护中的应用. 文物保护与考古科学，1999，11（2）：41～44.
[3] 周双林. 文物保护用有机高分子材料及要求. 四川文物，2003，(3)：94～96.
[4] Fidler J. Stone consolidants inorganic treatments. Conservation bulletin, 2004, (47): 33～35.
[5] Sassoni E, Naidu S, Scherer G W. The use of hydroxyapatite as a new inorganic consolidant for damaged carbonate stones. Journal of Cultural Heritage, 2011, 12 (4): 346～355.
[6] 戴仕炳，王金华，胡源，等. 石质文化遗产表层开裂加固材料试验研究. 既有建筑综合改造关键技术研究与示范项目交流会，2009，11.
[7] 张秉坚，铁景沪. 碳酸盐石质文物表面防护的问题和新材料. 石材，1999，(12)：5～7.
[8] 赵志曼，刘铮，杨大愚，等. 云南黑井镇石质文物现状分析及保护思考. 石材·清洗与防护，2009，(10)：33～35.
[9] 李最雄，西浦忠辉. PS加固风化砂岩石雕的进一步研究. 敦煌研究，1988，(3)：28～37.
[10] Zendri E, Biscontin G, Nardini I, et al. Characterization and reactivity of silicatic consolidants. Construction and Building Materials, 2007, (21): 1098～1106.
[11] Maravelaki-Kalaitzaki P, Kallithrakas-Kontos N, Korakaki D, et al. Evaluation of silicon-based strengthening agents on porous limestones. Progress in Organic Coatings, 2006, (57): 140～148.
[12] 秦立科. 红石峡摩崖石刻保护及加固研究. 西安建筑科技大学硕士学位论文，2007，6.
[13] 王丽琴，党高潮，赵西晨，等. 加固材料在石质文物保护中应用的研究进展. 材料科学与工程学报，2004，22（5）：778～782.
[14] 马飞，冀运东，王继辉，等. 石质文物修复用环氧树脂胶粘剂研制及应用. 第十七届玻璃钢/复合材料学术年会论文集，2008.
[15] 周双林，刘连强，赵战护. 丙烯酸树脂非水分散体加固剂在泥河湾古象足痕迹提取中的应用. 文物保护与考古科学，2006，18（3）：57～59.
[16] 毛筱霈，赵冬，陈平，等. 干旱地区土建筑遗址加固保护试验. 岩石力学与工程学报，2008，27：3127～3131.
[17] 姜进展，石志敏，李德山. 石质文物的化学保护. 故宫博物院院刊，2000，(3)：75～79.
[18] KaratasiosI, Theoulakis P, Kalagri A, et al. Evaluation of consolidation treatments of marly limestones used in archaeological monuments. Construction and Building Materials, 2009, (23): 2803～2812.
[19] 郭广生，韩冬梅，王志华，等. 有机硅加固材料的合成及应用. 北京化工大学学报，2000，27（1）：98～100.
[20] 王镛先，唐华东. 硅聚合物石刻涂料的合成. 精

细化工, 1997, 14 (1): 43~45.

[21] 聂王焰, 周艺峰. 石刻保护有机硅涂料的研究. 涂料工业, 2005, 35 (8): 16~18.

[22] 韩涛, 唐英. 有机硅在石质文物保护中的研究进展. 涂料工业, 2010, 40 (6): 74~79.

[23] Favaro M, Mendichi R, Ossola F. Evaluation of polymers for conservation treatments of outdoor exposed stone monuments. Part I: Photo-oxidative weathering. Polymer Degradation and Stability, 2006, (91): 3083~3096.

[24] 徐飞. 文物保护技术新世纪展望. 东南文化, 2002, (7): 93~96.

[25] Toniolo L, Poli T, Castelvetro V, et al. Tailoring new fluorinated acrylic copolymers as protective coatings for marble. Journal of Cultural Heritage, 2002, (3): 309~316.

[26] Rizzarelli P, Rosa C L, Torrisi A. Testing a fluorinated compound as a protective material for calcarenite. Journal of Cultural Heritage, 2001, (2): 55~62.

[27] 和玲, 梁国正, 武予鹏. 有机氟聚合物加固保护砂岩文物的可行性. 材料导报, 2003, 17 (2): 82~84.

[28] Mazzola M, Frediani P, Bracc S, et al. New strategies for the synthesis of partially fluorinated acrylic polymers as possible materials for the protection of stone monuments. European Polymer Journal, 2003, (39): 1995~2003.

[29] 李国清. 有机氟材料在文物保护上的应用. 2002年材料科学与工程新进展（下） 2002年中国材料研讨会论文集, 2002.

[30] Dei L, Salvadori B. Nanotechnology in cultural heritage conservation: nanometric slaked lime saves architectonic and artistic surfaces from decay. Journal of Cultural Heritage, 2006, (7): 110~115.

[31] 陈兰云, 翟秀静, 王杰. 纳米材料在石质文物保护中的应用研究. 沈阳建筑工程学院学报, 2002, 18 (3): 204~206.

[32] 黄月文. 纳米杂化有机硅溶胶在金属防腐中的应用. 电镀与涂饰, 2008, 27 (1): 43~46.

[33] 白红英, 贾梦秋, 毋伟. 纳米 SiO_2 的原位改性及在耐热涂料中的应用. 表面技术, 2003, 32 (6): 59~62.

[34] 陈勇, 李鸣, 张小林. 4-氟苯基异氰酸酯及纳米 SiO_2 改性环氧有机硅树脂涂层的制备及性能研究. 化工新型材料, 2008, 64 (4): 36~38.

[35] 朱正柱. 纳米改性石质文物封护材料的研究. 南京航空航天大学, 2008.

[36] 张秉坚, 尹海燕, 沈忠跃, 等. 草酸钙生物矿化膜的形成机理和化学仿制一种新型石质文物表面防护材料的开发研究. 矿物学报, 2001, 21 (9): 319~322.

[37] Monte M D, Sabbioni C, Zappia G. The origin of calcium oxalates on historical buildings, monuments and natural outcrops. Science of The Total Environment, 1987, (67): 17~39.

[38] 李火明, 张秉坚, 刘强. 一类潜在的石质文物表面防护材料: 仿生无机材料. 文物保护与考古科学, 2005, 17 (1): 59~64.

[39] 刘强, 张秉坚. 石质文物表面生物矿化保护材料的仿生制备. 化学学报, 2006, 64 (15): 1601~1605.

[40] 刘强, 张秉坚, 余政炎. 劣化石刻表层生物矿化加固材料的探索性研究. 文物保护与考古科学, 2008, 20 (1): 1~6.

[41] Orial G, Castanier S, Le Metayer G, et al. The biomineralisation: a new process to protect calcareous stone: applied to historic monuments. In: Proceedings of 2nd international conference on biodeterioration of cultural heritage property, International communications specialists. Japan. 1992. 98.

[42] Orial G, Marie V E. Fabrication de carbonate de calcium par voiebiologique: la carbonatogenese. In: Proceedings of international seminar on deterioration of concrete and natural stone of historical monuments. Brazil, 1997: 59.

[43] Metayer L, Levrel G, Castanier S, Orial G, et al. Applications of bacterial carbonatogenesis to the protection and regeneration of limestones in buildings and historic patrimony. Sedimentary geology, 1999, 126 (1~4): 25.

[44] Castanier S, Levrel G, Perthuisot J. Of microbes and art: the role of microbial communities in the degradation and protection of cultural heritage. plenum, New York, 1999: 201.

[45] Rodriguez C, Rodriguez M, Ben K, et al. Conservation of ornamental stone by Myxococcus Xanthus-induced carbonate biomineralization. Applied environmental microbiology, 2003, 69 (4): 2182.

The Review and Outlook of Surface Reinforcement Materials on Stone Artifacts

Wang Julin[1], Li Jie[1], Zhang Tao[2]

(1. Beijing University of Chemical Technology　Beijing　100029)
(2. Beijing Institute of Ancient Buildings　Beijing　100050)

Abstract　Many cultural relics consist of stone, which are suffering severe weathering problems, are in urgent need reinforced conservation. This paper mainly describes several types of reinforcement materials applied on stone heritage in recent decades. These reinforcement materials such as conventional inorganic or organic materials, and new materials having development potential, their compositions, reinforcement principles, reinforcing effects, advantages and disadvantages, and applications are characterized. At the same time, we put forward research direction, problem to be sovled of stone reinforcement materials.

KEYWORDS　Rocky historical relics, Protect, Reinforcement materials

一种古老的绿色颜料
——绿土的分析和鉴别

赵丹丹[1] 成倩[2] 郭宏[2]

(1. 北京大学考古文博学院 北京 100871)
(2. 中国文化遗产研究院 北京 100029)

摘要 绿土是一种历史悠久的矿物颜料，名称源于英文"green earth"，在世界各地的古代彩绘艺术作品中多有发现。相对于其他矿物颜料，绿土颜料在中国鲜有发现。本文综述了国内外学者对绿土的研究成果，系统阐述了其使用历史、性质特点和分析技术等，并列举了绿土在中国北方墓葬壁画中的发现与分析研究。

关键词 绿土，古代壁画颜料，颜料分析

一、引 言

人类历史上应用较早的颜料一般以天然矿物颜料为主，如辰砂、雄黄、孔雀石、水白铅矿等。那些由岩石或矿物制成，不经化学加工而用作涂色的物质称为天然矿物颜料[1]。相对于人造无机颜料和有机染料，天然矿物颜料更具有耐光、抗老化、化学稳定性高等特征。

"绿土"是一种天然矿物颜料，其中文名称源于英文名"green earth"，直译为"绿土"。中国《礦物颜料》中提到了绿土，所标外文为"Verona earth"（Verona 是意大利一北部城市），将其定义为含氧化铁之暗绿色黏土[2]。作为天然矿物颜料，绿土常被形容为最永久的颜色。绿土中主要显色矿物为绿鳞石（celadonite）和海绿石（glauconite），次要显色矿物为绿锥石和绿泥石等。绿土中的其他矿物有蒙脱石和高岭石等[3]。严格来说绿土是以绿鳞石等显色矿物和黏土矿物组成的复杂的混合物体系。绿土颜料主要显色如图1（图版4）所示。

图1 绿鳞石（左）和海绿石（右）粉末[3]

绿鳞石和海绿石均属单斜晶系层状结构的硅酸盐矿物。化学成分和结构与云母相似，如图2B中所示，上下层为硅氧的四面体结构，中间以镁、铝和铁原子键连接。八面体结构单元中心包含金属离子 Al，Fe^{2+}，Fe^{3+} 和 Mg。被形象地称为"三明治"结构[3,4]。

海绿石晶体常呈粒状、鳞片状或土状集合体。肉眼观察海绿石呈现不同色调的绿色，如孔雀绿、鲜绿、橄榄绿、褐绿、黄绿等；薄片观察呈亮绿、浅绿、黄绿或橄榄绿色。海绿石作为单独晶体，具有较明显的多色性，但由于海绿石颗粒常常是

由很多微细的晶粒所组成，多色性往往表现不明显。海绿石产在浅海沉积物（如砂岩、泥岩、碳酸盐岩等）中；相对纯度较低，分布比较广，在自然界中以类似绿沙的形态存在，比较易得。

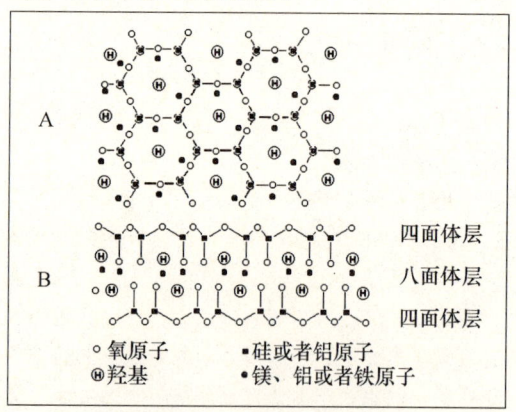

图2 绿土化学结构[3]

绿鳞石和海绿石结构和成分非常相似，但含有比海绿石较多的 Fe^{2+} 和 Mg^{2+}，而 Fe^{3+} 和 Al^{3+} 较少。绿鳞石晶体常呈鳞片状、纤维状、放射状集合体。肉眼观察呈绿色、蓝绿色；薄片观察呈翠绿、黄绿色。绿鳞石是一种热液蚀变矿物，非常局限地分布在火成岩气孔中或断口处，与方解石、皂石、绿泥石、沸石、石英等共生[5]。相对于海绿石，绿鳞石含镁量较高，纯度也较高。

含有绿鳞石、海绿石的绿土颜料化学式可以统一表述为

$$K[(Al, Fe^{3+})(Fe^{2+}, Mg)](AlSi_3, Si_4)O_{10}(OH)_2\ ^{[3]}$$

二、绿土的性能

绿土不如石绿、石青鲜艳，特别是与油类介质混合使用时，着色力和遮盖力不如后者，但与鸡蛋清混合使用颜色则变得较为鲜亮些。同其他矿物颜料一样，它具有耐光、抗老化、化学稳定性高等特征，因此常用做绘画底色颜料或者是阴影部分颜料。目前，塞浦路斯所产的高品质绿土仍然有售[3]。

绿土的粒径一般为 $0.5 \sim 50\mu m$。绿土中的 Fe^{2+}/Fe^{3+} 比率决定了颜料深浅，一般来说没有灼烧的绿土中 Fe^{2+}/Fe^{3+} 比率较高，而灼烧后的绿土呈现黄绿色，Fe^{2+}/Fe^{3+} 比率则较低，这是由于 Fe^{2+} 氧化转变成了 Fe^{3+}。绿土可和所有胶结材料及其他颜料相混合调出不同的颜色。绿土可部分溶于酸，可用化学方法检测。绿土吸油量大、毒性小，是一种方便实用的颜料[3]。

三、绿土的使用历史

绿土用作彩绘颜料，在全世界范围内均有发现。目前资料表明绿土最早在公元前9世纪古埃及一副壁画中发现，它和埃及蓝、赭石混合使用[6]。

绿土在古代欧美地区使用较多，如庞培古城的壁画[7]、北美洲印第安民族[8]、古玛雅文明[9]、史前阿根廷地区[10]、希腊古教堂壁画[11]、拜占庭时期微型人像画[12]、欧洲中世纪绘画及巴洛克风格绘画[13]、18世纪葡萄牙修道院中壁画[14]等均有发现。特别是中世纪的欧洲，有很多宗教建筑及其壁画中均大量使用了这种矿物颜料。绿土作为壁画的绿色底层和阴影的表现材料，其色彩随处可见。与石绿相比，绿土的色调并不鲜艳，但因其价格便宜、耐光性良好，人们仍然热衷于使用它。非常有趣的是，在庞培古城的一个商店遗址里发现了若干存放绿土的罐子[3]，表明当时绿土可能已经作为商品。

在亚洲地区，绿土应用发现较少，印度阿旃陀石窟[15]、五六世纪日本九州装饰古坟壁画曾经使用过绿土[16]。另外，UNESCO组织下，意大利学者与朝鲜合作开展的平壤高句丽德兴里墓葬壁画（408年）颜料研究，表明该墓葬壁画的绿色颜料只有绿土[17]。

四、绿土的分析检测

绿土主要组成物为绿鳞石和海绿石，故分析侧重于此两种矿物鉴别。

国内外报道的绿土分析方法主要有：显微镜观察法、分析化学鉴定法和光谱化学分析法。其中光谱化学分析法又包括X射线衍射分析（XRD）、傅里叶变换红外线光谱分析（FTIR）、激光拉曼光谱分析（RM）等。

1. 显微镜分析方法

在分析古代艺术品中的绿土时，常用的显微镜有光学显微镜（包括偏光显微镜和材料显微镜）和扫描电子显微镜。

1）光学显微镜分析

Grissom展示了绿土在显微镜下的形貌[3]。在光学显微镜下，绿土呈黄、棕色颗粒以及半透明的绿色圆颗粒，有些颗粒可见到明显的颜色及放射性构造纹理，或呈叶片状、薄膜状出现。绿土中的显色矿物均具有明显的双折射效应，绿鳞石和海绿石有各自的双折射率：在平面偏振光下，可观测到绿土的双折射这一特征；正交偏光下，绿土呈现多次消光现象。偏光显微镜下，一般透明矿物的择优面比非择优面亮，{001}是两种矿物的择优取向面，且二者均沿该面解理，其中绿鳞石是解理完全。在非偏光显微镜下，从择优面方向观看绿土矿物晶体呈现透明圆颗粒，见图3（a）。在正交平面偏振光下及复合波片正交偏光下观看，可观察到绿土中海绿石呈鲜艳绿色，见图3（b）、图3（c）。

另外，Grissom还给出了光学显微镜下绿土中部分矿物鉴别的依据：蒙脱石在偏光显微镜下由于太小而很难识别；一般含铁的物质在显微镜下呈现黄色或者棕色，而绿鳞石则呈贝壳状的绿色（半透明的）薄片，这是由于绿鳞石的折射指数随着Fe^{2+}和Fe^{3+}含量增大而增大；绿鳞石干涉色高于绿泥石，可根据二者双折射率区分。

常丽华等[5]在《透明矿物薄片鉴定手册》一书中指出，薄片中观察海绿石呈现特有的绿色、细小片状集合体常呈圆粒状、具集合偏光及较高双折射率等特征，且有鲜艳的绿色，见图4（a）；绿鳞石薄片中观察呈现翠绿、黄绿色，正中突起，双折射率更高，最高干涉色多为一级橙黄，有时达二级蓝绿—橙，见图4（b）。

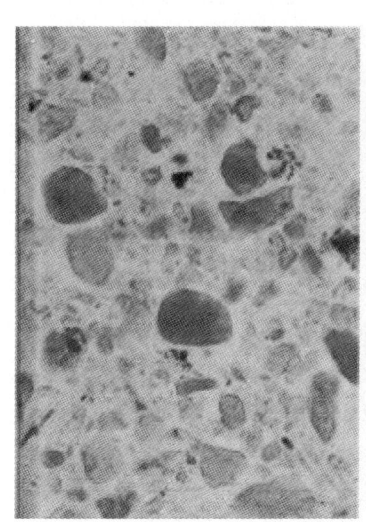

(a) 绿土自然光显微照片 (500×) 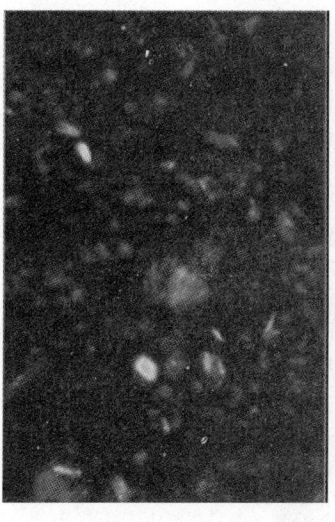　　(b) 偏光显微照片 (500×) 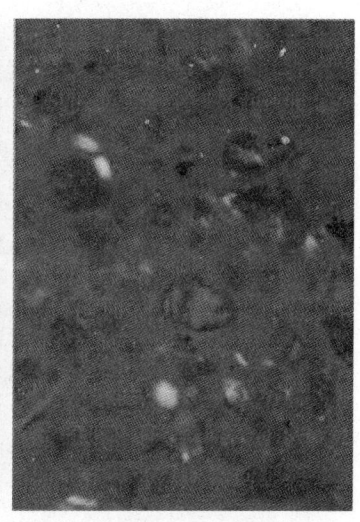　　(c) 偏光加复合波片显微照片 (500×)

图3　绿土显微照片[3]

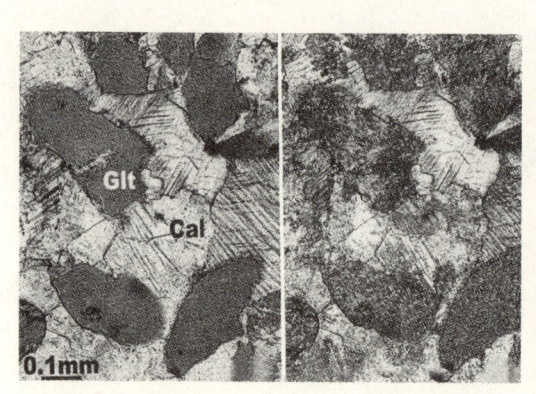

(a) 单偏光下海绿石（Cal）　(b) 正交偏光下海绿石　　　(c) 单偏光下绿鳞石（Cdn）
　　　　　　　　　　　　　　　　　　　　　　　　　(d) 正交偏光下绿鳞石

图4　绿土矿物薄片偏光照片[5]

运用光学显微镜观察绿土矿物的形貌快捷有效，较其他鉴别方法更为经济实惠。

2）扫描电子显微镜分析

在扫描电子显微镜下，研究者观察到绿鳞石呈现针状团簇状。Buckley等[18]和Beutelspacher等在电镜下观察海绿石则呈针状，簇集成片状辐射集合体（图5）；海绿石则呈簇集的片状晶体，部分呈现规则的晶体状，晶体有纵纹，纹理尾部呈不规则断裂状，且有较高的含铁量而不透明。SEM配合能谱仪（energy dispersive spectrometer，EDS）可分析颜料元素组成及分布情况，在绿土中可检测到铁、铝、硅等元素[3]，有助于分析判断。

图5　纯绿鳞石SEM照片（2000×）[3]

图6　绿土颜料SEM照片（2000×）[3]

当所鉴别的绿土的取样量较少或和其他颜料混合使用时，运用扫描电镜观察其形态和微形貌，具有不可替代的优势。

2. 分析化学鉴定法[3]

一般来说，绿色矿物颜料的呈色离子为Cu^{2+}，如氯铜矿和石绿等绿色，均不含铁离子。利用绿土中含有Fe^{2+}和Fe^{3+}的特殊性可以鉴定绿土。绿土可部分溶解于酸，经Plesters[19]和Grissom[3]证明，运用盐酸处理绿土较好。鉴定绿土的化学方法主要是显色反应，下面介绍几种化学方法。

1）Fe^{2+}鉴定

（1）a，a联吡啶法。a，a联吡啶是一种有机碱，在酸性环境下和Fe^{2+}发生络合反应，生成一种稳定的深红色阳离子，此反应具有高灵敏性，且不易受其他价态铁离子的影响。滴一滴乙醇稀释过的2% a, a 联吡啶溶液于酸化处理后置于载玻片上的绿土上，在显微镜下可观察到稳定的深红色物质。

（2）强碱溶液法。Fe^{2+}可以和游离态的OH^-反应生成白色的$Fe(OH)_2$，在空气中$Fe(OH)_2$迅速氧化为$Fe(OH)_3$。生成物由白色逐渐变为灰白色，再变成黄色，最后变成红褐色沉淀。这一颜色变化过程是检测Fe^{2+}的简易方法。

2）Fe^{3+}鉴定

（1）亚铁氰化钾法。亚铁氰化钾化学式为$K_4Fe(CN)_6·3H_2O$，亚铁氰根离子在酸性环境可和Fe^{3+}发生显色反应生成$Fe_4[Fe(CN)_6]_3$（普鲁士蓝）。当Fe^{3+}量较多时，生成深蓝溶液，而Fe^{3+}量较少时，生成较为明亮的蓝色溶液。

（2）硫氰酸根检测法。在酸性条件下硫氰酸根离子[$(SCN)^-$]可以和Fe^{3+}发生显色反应，生成血红色溶液。该方法灵敏、快捷且有效。

古代艺术品上的绿土颜料层，其组成不单一，存在混杂、晕染、杂绘、重绘、叠绘等现象，造成分析化学方法在检测绿土时的适用性较差。

3. 光谱化学分析法

1）X射线衍射分析

海绿石和绿鳞石，其晶体均属单斜晶系。根据1982年国际衍射数据中心发布的这两种矿物的标准峰谱图衍射峰谱图（图7、图8），无论是绿鳞石，还是海绿石，在衍射角2θ约为10°和26°时，二者均有较强的衍射峰10.0Å和3.33Å。Grisssom[3]对巴尔多山地区的绿土样品做了X射线衍射峰图（图9），可以看出，绿土在10.0Å和3.33Å处有两个强峰，这与海绿石和绿鳞石具有云母状晶体结构相吻合。运用

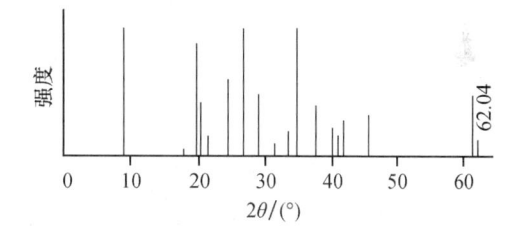

图7 海绿石X射线标准峰谱图

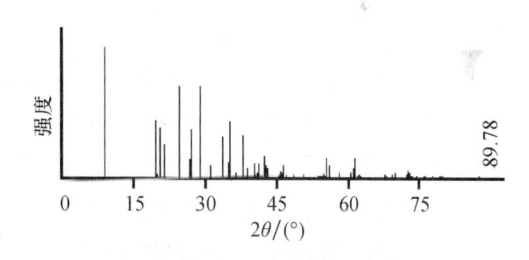

图8 绿鳞石X射线标准峰谱图

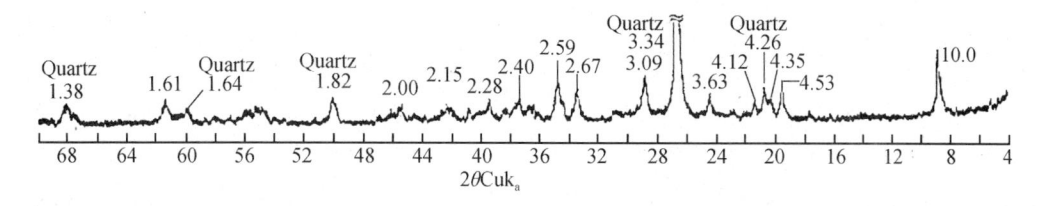

图9 绿鳞石和海绿石的混合物（内含少量石英杂质）的XRD衍射峰谱图[3]

XRD技术可以区分绿鳞石和海绿石，Buckley[18]等认为绿鳞石特征谱线在1.507~1.509Å处，海绿石在1.512~1.517Å处。

值得注意的是，绿鳞石和海绿石系属硅酸盐体系，和云母等其他硅酸盐相似的结构特征影响了绿鳞石和海绿石的检测，特别是样品混有其他硅酸盐如石英、方解石、蒙脱石，而绿鳞石或海绿石含量较少时，其衍射

峰易被杂质峰淹没，检出是很困难的。

XRD技术具有无损、无污染、快捷、测量精度高、能得到有关晶体完整性信息等优点。但由于绿土中显色物相含量较低，且调色时常加入了其他颜料，更有历史中的污染成分渗入颜料层，当取样量少时，给 XRD 分析造成困难：绿鳞石和海绿石的衍射主峰（10.0Å 和 3.33Å）及绿鳞石特征峰（1.508Å）和海绿石特征峰（1.514Å）被其他物相衍射峰所叠加淹没，给分析造成困难。故 XRD 这种颜料分析的绝佳手段，不易用于绿土分析。

2）傅里叶变换红外光谱分析

Farmer[20]、Aliatis 等[7] 在用红外光谱分析了绿土后得到如下结论：绿鳞石和海绿石的红外吸收峰比较尖锐而清晰，它们主要有三个吸收带：$3700\sim3500cm^{-1}$ 区域、$1110\sim950cm^{-1}$ 区域和 $800\sim650cm^{-1}$ 区域。由于绿鳞石和海绿石结晶程度及内部金属离子（主要是 Fe 离子和 Al、Mg 等离子的替代）不同，两种矿物可通过其红外指纹特征区分。绿鳞石结晶度高，在第一吸收带谱峰呈现窄、尖的特性；而海绿石的谱峰则较宽。两种矿石都有其各自的指纹峰谱（图10）。Wainwright[8] 在加拿大土著居民遗迹样品中均观察到相应区域的明显特征峰。

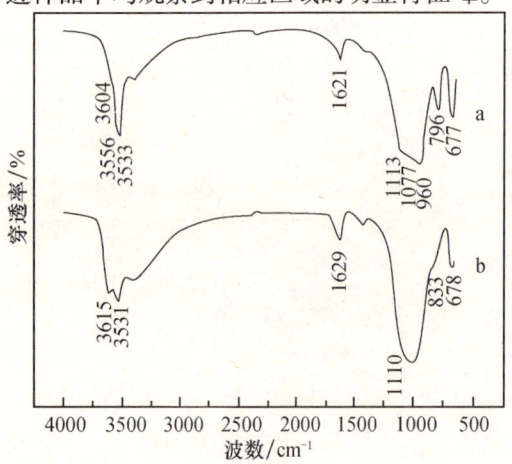

图 10　绿鳞石（a）和海绿石（b）的红外吸收光谱[7]

绿鳞石在 $3533cm^{-1}$、$3556cm^{-1}$ 和 $3604cm^{-1}$ 处有羟基的伸缩振动吸收峰；在 $1640cm^{-1}$ 处有羟基的弯曲振动吸收峰；在 $1105cm^{-1}$、$1075cm^{-1}$ 和 $975cm^{-1}$ 处有 Si—O 键的伸缩振动峰；在 $845cm^{-1}$、$800cm^{-1}$、$746cm^{-1}$ 和 $681cm^{-1}$ 处有 R—O—H 键（其中 R 代表铁离子等具有正八面体电子结构的离子）的弯曲振动吸收峰；在 $494cm^{-1}$、$457cm^{-1}$ 和 $442cm^{-1}$ 处有 Si—O—R 和 R—OH 的弯曲振动吸收峰[3]。Van der Marel 和 Beutelspacher[21] 认为 $3672cm^{-1}$、$3650cm^{-1}$、$970cm^{-1}$、$956cm^{-1}$、$799cm^{-1}$ 和 $743cm^{-1}$ 是绿鳞石区别于海绿石的特征峰。Buckley 等[19] 则强调在 $3700\sim3500cm^{-1}$ 区域内绿鳞石有羟基的窄且尖锐峰，及 $800cm^{-1}$ 处的振动峰是二者区别的主要特征。Grissom[3] 认为绿鳞石在 $1100\sim900cm^{-1}$ 具有特征性双峰。Darchuk 等[10] 在阿根廷一批史前颜料红外分析光谱中检测到了绿土在 $1115\sim985cm^{-1}$ 区域有明显的吸双峰。但是 Van der Marel 和 Beutelspacher[21] 则认为此双峰极易受影响显示为宽双峰，甚至变成单宽峰，因而此特征用来区分绿鳞石和海绿石并不很适用。

海绿石在第一区域内的峰明显比绿鳞石的宽且不够尖锐。Van der Marel 和 Beutelspacher[21] 认为海绿石在 $872cm^{-1}$、$813cm^{-1}$ 和 $566cm^{-1}$ 处的特征峰可用来区分海绿石和绿鳞石。

相对其他分析技术，显微红外光谱技术在分析绿土物质结构和成分上更加成熟可靠，微小取样量就可敏锐地检测出绿土矿物的红外特征峰。意大利、美国、英国、德国的科学家广泛采用该方法分析古代艺术品上绿土。

3）激光拉曼光谱分析

Aliatis 等[7] 测定了庞培古城绿土的拉曼光谱（图11）。绿鳞石拉曼谱峰主要在 $1200\sim100cm^{-1}$，其中 $800\sim300cm^{-1}$ 对应

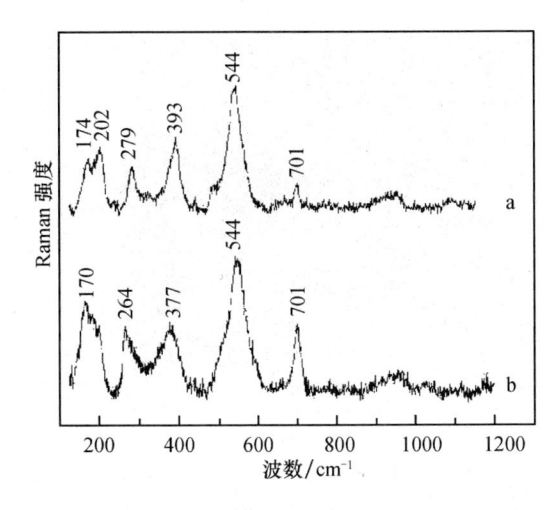

图 11 绿鳞石（a）和海绿石（b）的拉曼光谱图[7]

SiO_4 四面体的吸收谱带；$300\sim100cm^{-1}$ 对应绿鳞石晶体内层结构的正八面体金属氧化物离子团（MeO_6）的吸收谱带；海绿石拉曼谱峰主要集中在 $800\sim100cm^{-1}$，在更高波段仅有微弱吸收。

绿鳞石和海绿石有各自的特征拉曼光谱。绿鳞石在 $174cm^{-1}$ 和 $202cm^{-1}$ 处有明显双峰，海绿石在 $200\sim170cm^{-1}$ 则仅有一宽峰；此外，绿鳞石和海绿石在 $280\sim260cm^{-1}$ 均有一个中等强度的特征峰，一般来说，绿鳞石在 $279\sim272cm^{-1}$，而海绿石则在 $266\sim263cm^{-1}$。

RM 技术在分析绿土应用也较多，但受文物样品特点的影响，实际上获得的绿土信号通常较弱，且受杂质荧光影响，淹没了绿土特征峰，因而只能作为重要辅助手段。

X 射线衍射技术[7,8,10,11]、傅里叶变换红外光谱分析技术[6~11]和拉曼技术[7,9~12,23]是当前分析绿土所用的主要手段。除此之外，X 射线照相技术[3]、X 射线能谱（EDS）[10,11]、能量色散型 X 射线荧光（EDX）[7]、电子探针显微分析（EPMA）[11]、激光诱导击穿光谱（LIBS）[23]、中子活化分析[3]、穆斯堡尔谱（Mössbauer-effect spectroscopy）[3]、微区衰减全反射分析[9]等技术，也用作这种复杂矿物颜料的辅助分析。

五、绿土在中国的发现与分析

绿土在西方美术史上有大量使用，并且历史相当悠久。但在中国发现较少，夏寅先生曾提到在陕北定边郝滩东汉壁画墓葬中偶有绿土发现[24]。

在中国东北地区古代贵族墓葬壁画研究过程中，我们利用光学显微镜法结合显微红外光谱法对绿色颜料进行分析，发现了此类绿土的颜料。

1. 显微镜观察

选用德国徕卡 DM4000M 数码金相显微镜观察壁画颜料剖面情况。图 12（c）和图 12（d）分别为可见光和紫外光照射下壁画绿色颜料样品的剖面照片。其中绿色圆形颗粒被地仗材料和结晶盐包裹的情况清晰可见。图 12（b）显示偏光显微粉末法观察到绿土显色颗粒与石英、碳酸钙等地仗材料混杂一起。绿土的颜料颗粒度为 $5\sim20\mu m$。显色矿物主要是一种接近圆形透明绿色颗粒，并时常混有黄色和灰色杂质。该矿物折射率是 1.62，小于并接近常用包埋树脂的折射率 1.662，因此颗粒边缘并不明显。

2. 显微红外光谱分析

为了减少取样过程对残存壁画的损伤，且由于画面潮湿，取样困难，故仅得到若干颜料颗粒物。鉴于样品量非常微小，选择了显微红外光谱法分析其矿物类型。

测试范围：$4000\sim600cm^{-1}$

仪器型号：美国 Thermo Scientific 产 Nicolet iN10 MX

检测器：MCT/A

分束器：KBr/Ge

(a) 样品取样位置照片 (b) 偏光显微镜下的绿土颗粒

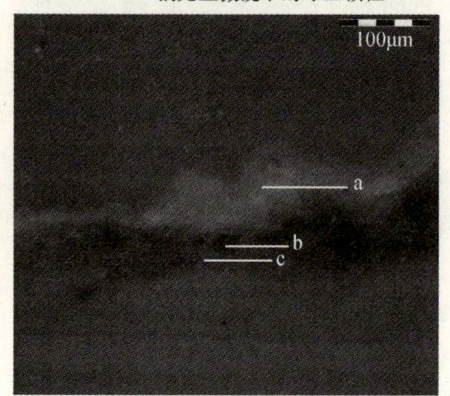

(c) 样品剖面显微照片（可见光） (d) 样品剖面显微照片（紫外光）
a 结晶盐层；b 绿土颜料层；c 地仗层

图12 绿色样品（编号0925）显微照片

扫描次数：64 次

分辨率：4cm^{-1}

制样方法：将微量样品放置在金刚石测试窗片表面压平后测试。

绿色颜料样品 0828 的红外光谱图（图13），其特征峰有：

（1）3601cm^{-1}、3551cm^{-1}、3525cm^{-1} 处尖峰，为—OH 伸缩振动；

（2）1635cm^{-1} 处尖峰，为—OH 弯曲振动；

（3）1104～977cm^{-1} 处宽峰，为 Si—O 伸缩振动；

（4）798cm^{-1}、679cm^{-1} 处尖峰，为 R—O—H 弯曲振动，R 代表正八面体内金属离子。

与图10 绿鳞石和海绿石标准红外光谱对比，判断该绿色样品为绿土，其中根据 3601cm^{-1}、3551cm^{-1}、3525cm^{-1} 处尖峰及 798cm^{-1}、679cm^{-1} 处尖峰判断，该绿色颜料更趋向于绿鳞石。由于该红外光谱仪采谱范围下限为 600cm^{-1}，故一般在 494cm^{-1}、457cm^{-1} 和 442cm^{-1} 处的 Si—O—R 和 R—OH 的吸收峰未能检谱。

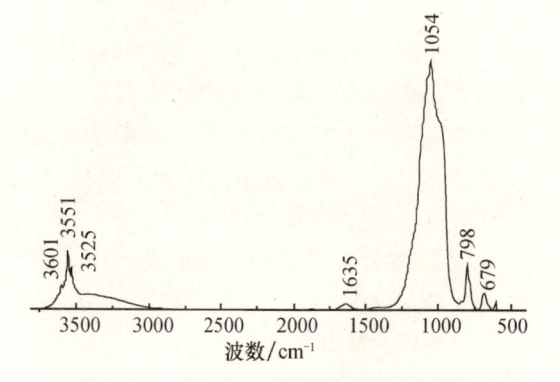

图13 绿色颜料样品（编号0828）的红外光谱图

经分析和鉴定，发现中国东北地区古代墓葬壁画较多使用了绿土，且持续时间约200年。这是继陕北定边后使用绿土的又一重要发现。

六、结　　论

绿土矿物颜料的分析鉴定通常需综合运用多种分析方法，受取样和矿物本身特点的限制，X射线衍射和拉曼光谱等方法并不适用鉴定绿土，而偏光显微镜和傅里叶变换显微红外光谱技术在东北地区墓葬壁画绿色颜料鉴定的结果表明，此法在微量取样情况下能够准确鉴别绿土，这一历史悠久的矿物颜料。

参 考 文 献

[1] 伊凡诺夫 А И. 天然矿物颜料. 戚美琳译. 北京：地质出版社, 1957, 5.

[2] 万希章. 学艺集刊 (37)——矿物颜料. 北平：中华学艺出版社, 1935.

[3] Grissom C A. Green Earth in Artists' Pigments：A Handbook of their History and Characteristics. Cambridge：Cambridge University Press, 1987. 141～167.

[4] Ospitali F, Bersani D, Lonardo G D, et al. Green earth：vibrational and elemental characterization of glauconites, celadonites and historical pigments. J. Raman Spectrosc, 2008, 39：1066～1073.

[5] 常丽华, 陈曼云, 金巍, 等. 透明矿物薄片鉴定手册. 北京：地质出版社, 2006.

[6] Scott D A, Warmlander S, Mazurek J, et al. Examination of some pigments, grounds and media from Eyptian cartonnage fragments in the Petrie Meseum, University College London. Journal of Archaeological Science, 2009, 36：923～932.

[7] Aliatis I, Bersani D, Campni E, et al. Green pigments of the Pompeian artists' palette. Spectrochimica Acta Part A, 2009, 73：532～538.

[8] Wainwright I N M, Moffatt E A, Sirois P J. Occurrences of Green earth pigment on northwest coast first nations painted objects. Archaeometry, 2009, 3：440～456.

[9] Goodall R A, Hall J, Viel R, et al. Raman microscopic investigation of paint samples from the Rosalila building, Copan, Honduras. J. Raman Spectrosc, 2006, 37：1072～1077.

[10] Darchuk L, Tsybrii Z, Worobiec A, et al. Argentinean prehistoric pigments' study by combined SEM/EDX and molecular spectroscopy. Spectrochimica Acta Part A, 2010, 75：1398～1402.

[11] Daniilia S, Sotiropoulou S, Bikiaris D, et al. Panselinos' Byzantine wall paintings in the Protaton Church, Mount Athos, Greece：a technical examination. Journal of Cultural Heritage, 2000, 1：91～110.

[12] Daniilia S, Andrikopoulos K S. Issues relating to the common origin of two Byzantine miniatures：in situ examination with Raman spectroscopy and optical microscopy. J. Raman Spectrosc, 2007, 38：332～343.

[13] Hradil D, Grygar T, Hradilová J, et al. Clay and iron oxide pigments in the history of pigment. Applied Clay Science, 2003, 22：223～236.

[14] Gil M, Carvalho M L, Seruya A, et al. Pigment characterization and state of conservation of an 18th century fresco in the Convent of S. António dos Capuchos (Estremoz). X-Ray Spectrom, 2008, 37：328～337.

[15] Gettens R J, Srout G L. Painting Materials-A Short Encyclopaedia. New York：Dover Publications Inc., 1966：117.

[16] 中国新疆文物考古研究所. 日本佛教大学尼雅遗址学术研究机构. 丹丹乌里克遗址——中日共同考察研究报告. 北京：文物出版社, 2009：281～287.

[17] Mazzeo R, Joseph E, Minguzzi V, et al. Scientific investigations of the Tokhung-Ri tomb mural paintings (408 A. D.) of the Koguryo era, Democratic People's Republic of Korea. J Raman Spectrosc, 2006, 37：1086～1097.

[18] Buckley H A, Bevan J C, Brown K M, et al. Glauconite and celadonite：two separate mineral specied. Mineralogical Magazine, 1978, 42：373～382.

[19] Plesters J. Cross-sections and chemical analysis of paint sample. Studies in Conservation, 1956, 2：138.

[20] Farmer V C, Russell J D. The infra-red spectra of layer silicates. Spectrochimica Acta, 1964, 20：1149～1173.

[21] Beuelspacher H, Van der Marel H W. Atlas of Electron Microscopy of Clay Minerals and Their

Admixtures. Amsterdam: Elsevier Scientific Pub. Co., 1968: 121~122, 134~135.

[22] Van der Marel H W, Beutelspacher H. Atlas of Infrared Spectroscopy of Clat Minerals and Their Admixturea. Amsterdam: Elsevier Scientific Pub. Co., 1976.

[23] Bruder R, Detalle V, Coupry C. An example of the complementarity of laser-induced breakdown spectroscopy and Raman microscopy for wall painting pigments analysis. J. Raman Spectrosc, 2007, 38: 909~915.

[24] 夏寅. 偏光显微法在中国古代颜料分析中的应用研究及相关数据库建设. 西北大学硕士学位论文, 2006.

'Green Earth': Analysis and Identification of Historical Pigment

Zhao Dandan[1], Cheng Qian[2], Guo Hong[2]

(1. School of Archeology and Museology Peking University Beijing 100871)
(2. Chinese Academy of Cultural Heritage Beijing 100029)

Abstract Green earth is employed as a kind of green pigment in the artworks of the world since antiquity. Compared to the other mineral pigments, green earth is rarely found in China. This article gives an overview of the achievements of domestic and foreign scholars to show the history of application, nature and identification and analysis methods for green earths. In addition, the paper also demonstrates discovery and analysis of this pigment from wall paintings of the tomb sites in the northeast of China.

Keywords Green earth, Pigments of wall paintings, Analysis of pigment

激光清洗技术在大足石刻彩绘信徒像保护修复中的应用

张晓彤[1]　张鹏宇[2]　付永海[1]　范子龙[3]　冯太彬[4]

(1. 中国文化遗产研究院　北京　100029)
(2. 中国科学院自然科学史研究所　北京　100190)
(3. 龙门石窟研究院　洛阳　471023)
(4. 大足石刻艺术博物馆　大足　632360)

摘要　本文通过对大足石刻彩绘信徒像的病害调查、检测分析，确定了该件造像表面颜料及砂岩本体的保存现状，以及表面附着物的详细信息；按照文物保护修复原则对造像表面进行了常规清洗和激光清洗，并获得了相应的激光清洗技术参数，为国内开展相关文物的激光清洗研究提供了可靠依据。

关键词　激光清洗，彩绘，石质文物

一、保存现状

本文所及保护修复对象为大足石刻彩绘信徒像，编号为DZ-1（以下通称DZ-1）。DZ-1原保存于大足石刻宝顶山大佛湾内第15号父母恩重经变相左侧中间夹层的平台上，为圆雕造像，雕于南宋（1127～1279年），灰砂岩质地，高770mm，宽530mm，厚度为320mm，约117kg。该像保存基本完好，面容端庄、衣纹简练、线条流畅，脖戴佛珠，盘腿而坐，双手叠于腹前，通体饰彩，拇指残缺，石质表面彩绘最多处有4层。

二、病害调查

造像保存于半露天环境，表面存在不同程度的劣化。造像表面被污染物覆盖，面部污黑，衣纹彩绘失去了原有的色泽，石质表面污黄。经过调查该造像彩绘病害主要包括积尘、起甲、空鼓、龟裂、颜料脱落、变色[1,2]；石质表面病害包括粉化脱落、表面泛盐、残缺、黑色结壳、生物病害等[3]。病害示意图见图1、图2。

图1　彩绘、石质病害

---

*　基金项目：中国文化遗产研究院基本科研业务费资助课题。

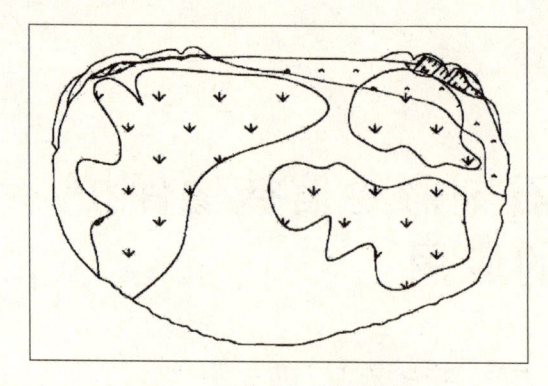

图2　表面泛盐和生物病害

三、检测分析

1. 显微视频观测、分析

此次调查主要是利用便携式显微视频拍照观测分析彩绘层位关系、粉化石质本体的显微形貌和彩绘表面污染物显微形貌（图3、图4）。

2. 彩绘工艺调查与样品分析

根据现有资料，石刻造像的彩绘工艺，是在较粗糙岩体表面涂抹薄层石膏作为地仗，然后把矿物颜料混入动植物胶中进行妆彩。彩绘不仅是研究彩塑制作材料、制作工艺的重要对象，而且彩绘中应用的某些颜料还是考证彩绘完成、重修、重绘时间的重要依据之一，同时对文物修复具有实际的指导意义。红外分析由北京大学造山带与地壳演化教育部重点实验室分析完成。采用PE983型红外分光光度计，使用溴化钾压片法对较有代表性的样品进行成分分析，主要目的是与扫描电镜分析得到的样品元素结果相互印证。溴化钾压片需要样品0.6～0.8mg，KBr 200mg，抽真空两分钟后加压到7～8t，加压3min，得到半透明溴化钾压片。仪器工作条件为室温27℃，湿度52RH，扫描范围180～4000cm^{-1}，分辨率3cm^{-1}。经检测该造像表面颜料多为矿物颜料，绿色、蓝色分别为孔雀石和群青。详见表1、图5、图6。

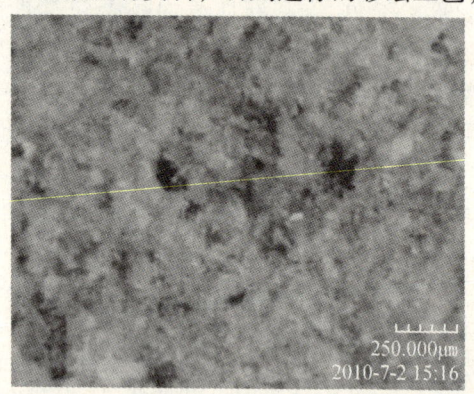

图3　左上臂石质粉化（50×）

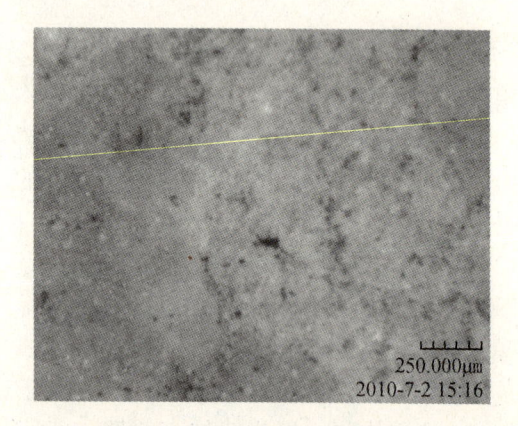

图4　绿色彩绘颜料（50×）

表1　大足石刻彩绘造像 DZ-1 样品编号及分析结果

样品编号	采样位置	种类	分析结果	分析方法	备注
DZ-1-1	底座下面	砂岩本体		岩相	待测
DZ-1-2	右手大拇指	绿色	孔雀石/石膏、石灰	红外光谱	
DZ-1-3	佛珠碎片	红色	ochre	红外光谱	有草酸钙
DZ-1-4	左臂弯	砂岩风化样	含有大量硫酸盐	离子色谱	SO_4^{2-}：6378.14mg/kg
DZ-1-5	右耳侧发梢	黑色	烧过的炭颗粒	红外光谱	

续表

样品编号	采样位置	种类	分析结果	分析方法	备注
DZ-1-6	右腹佛珠	蓝色		红外光谱	
DZ-1-7	底座下面	凝胶	桐油/China wood oil	红外光谱	
DZ-1-8	右脸	黑色	群青	红外光谱	
DZ-1-9	腰带坑窝内	白色	ochre	红外光谱	待测
DZ-1-10	腹部	绿色	孔雀石/石膏	红外光谱	掺杂有石膏
DZ-1-11	头顶	红色	ochre	红外光谱	

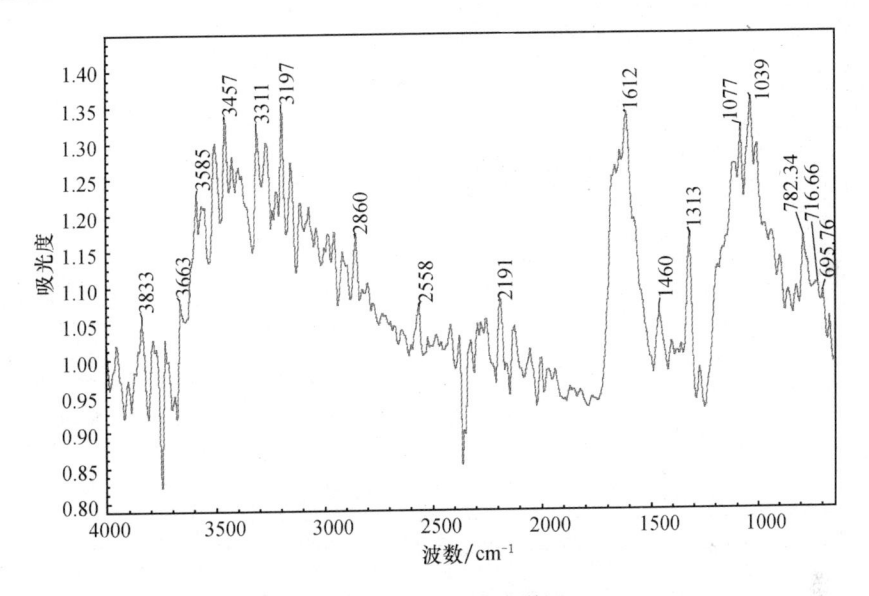

图 5 DZ-1-8 红外光谱图

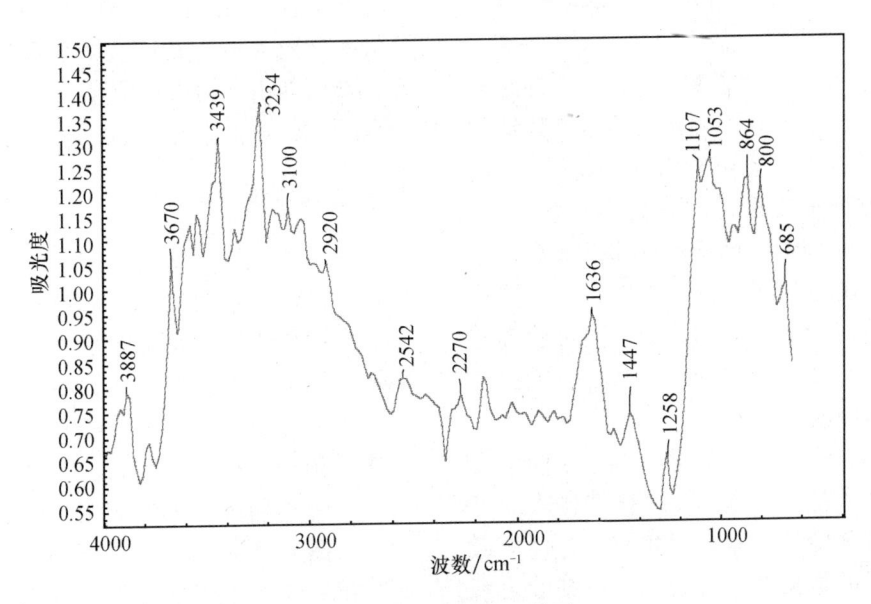

图 6 DZ-1-10 红外光谱图

四、清洗试验

根据检测分析结果，按照文物修复的相关原则，分别对该件造像无表面装饰的砂岩本体层、彩绘及地仗层进行了包括化学、机械、激光等方法在内的综合清洗试验。

1. 裸露砂岩清洗

对于无表面装饰的裸露砂岩本体的清洗，预先选取造像左下侧不显眼的位置进行清洗试验，根据表面保存状况，分别采用了化学清洗和激光清洗技术，表 2 详细记录了相关的技术参数及效果。

表 2　大足石刻彩绘造像 DZ-1 砂岩清洗试验

清洗区域编号	脉冲波长/nm	P_{wr}	Q_{div}	能量密度/(J/cm²)	作用时间/s	清洗病害描述	效果	清洗后效果图
左侧下部	532	180	2	0.04	430	石质表面棕黑色污染物覆盖	污染物减薄	
	532	175	2	0.02	200		污染物去除，石质表面发黄、粗糙	
	2A 溶液，棉签滚擦						仅能清除洗表面浮土	
	4A 溶液，棉签滚擦						仅能清洗掉表面浮土，效果比 2A 差	
	碳酸铵+去离子（20g/L）						污染物清洗掉，表面颜色均匀	
	碳酸铵+去离子（40g/L）						污染物清洗掉，石质表面部分发白	
	碳酸铵+EDTA						污染物去除，石质表面发白	

注：P_{wr} 指放电光源电压分数；Q_{div} 指放电光源重复频率与调 Q 频率之商（根据仪器说明书翻译）。

通过对 2A、4A、碳酸铵+去离子和激光清洗等多种清洗材料和工艺的筛选，确定了裸露砂岩选择较低浓度的碳酸铵+去离子水用宣纸贴敷清洗的材料和方法。棉签蘸取 2A 在裸露的石质表面轻轻滚动清洗残留的浮土，碳酸铵+去离子水（20g/L）浸湿宣纸贴敷吸附软化石质表面浅褐色物，5 分钟后揭取宣纸，用棉签蘸 2A 将残留于石质表面的贴敷溶液清洗干净，防止溶液对石质造成二次污染和破坏，同时棉签上带下浅褐色物。完成清洗后，石质表面浅褐色整体减淡。

而激光清洗在本试验中的显效性大大高于化学方法，但是由于本件造像表面已经在岁月的变迁中整体呈现棕黑色，而激光清洗后的效果会使文物长久以来的表观风貌发生巨大改变，因此本件造像不建议采用激光清洗。正如国外文献记载所言，对于砂岩清洗的适用性有待进一步研究，Q 开关激光器清洗石质文物表面出现的黄变问题可能由于污染物中存在铁的氧化物、有机质残留或由于光聚集效应。

2. 彩绘及地仗清洗

由于彩绘保存状况较差，对彩绘的表面污物清洗试验时发现，彩绘颜料极易脱落，且颜色浑浊；改用彩绘表面预加固后的清洗工艺，不但增加了清洗难度，而且棉签上也带下了少量的彩绘颜料，其效果与未做预加固相当。因而，放弃常规清洗法在本件彩绘造像上的应用，确定清洗中引入了激光清洗法。表 3～表 6、图 7、图 8（图版 5）分别详细记载了相应的清洗参数及目测清洗效果。

表3 激光清洗参数及效果

清洗区域编号	脉冲波长/nm	P_{wr}	Q_{div}	能量密度/(J/cm²)	作用时间/s	清洗病害描述	效果
底部绿色1	1064	160	6	0.11	34	颜料表层被灰黑色、灰黄色污染物覆盖,只能隐约看见原始颜色	污染层减薄,表层颜料出露
底部绿色1	1064	170	4	0.18	83		污染层去除,表层颜料出露,表面薄层泛黄
底部绿色2	1064	170	3	0.18	78		污染层去除,表层颜料出露,无损伤,效果良好
右最后蓝珠	532	180	4	0.03	65		污染层去除,表层颜料出露,无损伤,效果良好
右最后蓝珠	532	185	4	0.05	88		污染层去除,表层颜料出露,无损伤,效果良好
左耳侧白色	1064	170	4	0.18	57		污染层去除,表层颜料出露,无损伤,效果良好
头发黑色	355	185	5	0.02	86		污染层未去除,表层颜料未出露
头发黑色	355	190	3	0.03	27		污染层未去除,黑色颜料似有损失
头发黑色	532	185	3	0.05	32		污染层去除,黑色颜料损失
头发黑色	355	185	2	0.02	68		污染层去除,黑色颜料损失,表面泛黄,不建议使用激光

表4 激光清洗参数及效果

清洗区域编号	脉冲波长/nm	P_{wr}	Q_{div}	能量密度/(J/cm²)	作用时间/s	清洗病害描述	效果
前胸左侧衣领内	532	180	2	0.04	200	表面污黄	污染层去除,表层颜料出露,无损伤,效果良好
前胸左侧衣领内	532	180	2	0.04	179	表面污黄	污染层去除,表层颜料出露,无损伤,效果良好
衣领下	532	180	2	0.04	1535	表面污黄	污染层去除,表层颜料出露,无损伤,效果良好
念珠右侧腰带	532	180	2	0.04	110	表面污黄	污染层去除,表层颜料出露,无损伤,效果良好
念珠左侧腰带	532	180	2	0.04	192	表面污黄	污染层去除,表层颜料出露,无损伤,效果良好
念珠下方左侧	532	180	2	0.04	320	表面污黄	污染层去除,表层颜料出露,无损伤,效果良好
前胸左侧衣领外	532	180	2	0.04	527	表面污黄	污染层去除,表层颜料出露,无损伤,效果良好
前胸左侧	532	180	2	0.04	336	表面污黑	污染层去除,表层颜料出露,无损伤,效果良好

表5 激光清洗参数及效果

清洗区域编号	脉冲波长/nm	P_{wr}	Q_{div}	能量密度/(J/cm²)	作用时间/s	清洗病害描述	效果	清洗后效果图
左侧珠1	532	180	3	0.04	70	表面被污染物覆盖，可隐约见覆盖层下的蓝色，常规清洗试验可导致颜色晕染，选择预加固但可能由于本件造像早期做过表面加固并成膜，加固剂无法渗入	污染物减薄，但清洗效率较低	
	532	180	4	0.04	60		污染物减薄，但清洗效率较低	
	532	185	3	0.05	23		污染层去除，表层颜料出露，无损伤，效果良好	
左侧珠4	532	185	3	0.05	54		污染层去除，表层颜料出露，无损伤，效果良好	
左侧珠7	532	185	2	0.05	53		污染层去除，表层颜料出露，无损伤，效果良好	
左侧珠10	532	185	2	0.05	151		污染层去除，表层颜料出露，无损伤，效果良好	
左侧珠13	532	185	2	0.05	67		污染层去除，表层颜料出露，无损伤，效果良好	
左侧珠16	532	180	2	0.04	68		污染层去除，表层颜料出露，无损伤，效果良好	
左侧珠19	532	180	2	0.04	46		污染层去除，表层颜料出露，无损伤，效果良好	
左侧珠22	532	180	2	0.04	136		污染层去除，表层颜料出露，无损伤，效果良好	
左侧珠25	532	180	2	0.04	60		污染层去除，表层颜料出露，无损伤，效果良好	
左侧珠28	532	180	2	0.04	162		污染层去除，表层颜料出露，无损伤，效果良好	
左侧珠31	化学方法沾160g/L碳酸氨+40g/lEDTA垫宣纸刷						表面颜料发生晕染，模糊，污染物未能完全去除	
左侧珠34	532	180	2		158		污染层去除，表层颜料出露，无损伤，效果良好	

表6 激光清洗参数及效果

清洗区域编号	脉冲波长/nm	P_{wr}	Q_{div}	能量密度/(J/cm^2)	作用时间/s	清洗病害描述	效果	清洗后效果图
左侧珠2-3	532	180	2	0.04	22	颜料层表面被灰黑色、灰黄色污染物所覆盖，只能隐约看见原始颜色	污染层去除，表层颜料出露，无损伤，效果良好	
左侧珠5-6	532	180	2	0.04	90		污染层去除，表层颜料出露，无损伤，效果良好	
左侧珠8-9	532	180	2	0.04	90		污染层去除，表层颜料出露，无损伤，效果良好	
左侧珠11-12	532	180	2	0.04	95		污染层去除，表层颜料出露，无损伤，效果良好	
左侧珠14-15	1064	165	4	0.15	27		根据小试经验，采用此波长，表面污染物去除，但表面发黄	
	532	180	2	0.04	37		无法改变发黄现象，说明波长使用1064nm会损伤彩绘	
左侧珠17-18	532	180	2	0.04	201		污染层去除，表层颜料出露，无损伤，效果良好	
左侧珠20-21	532	180	2	0.04	271		污染层去除，表层颜料出露，无损伤，效果良好	
左侧衣领靠念珠处	532	180	2	0.04	535		表面污染物脱落，能够清晰看到原有的白色条带装饰和绿色装饰颜料层，无损伤，效果良好	

(a) 清洗前

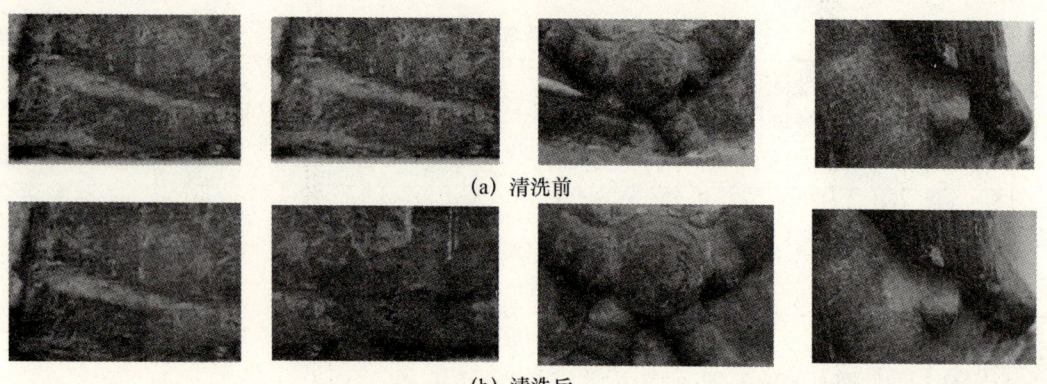

(b) 清洗后

图7 局部清洗前后对比效果图

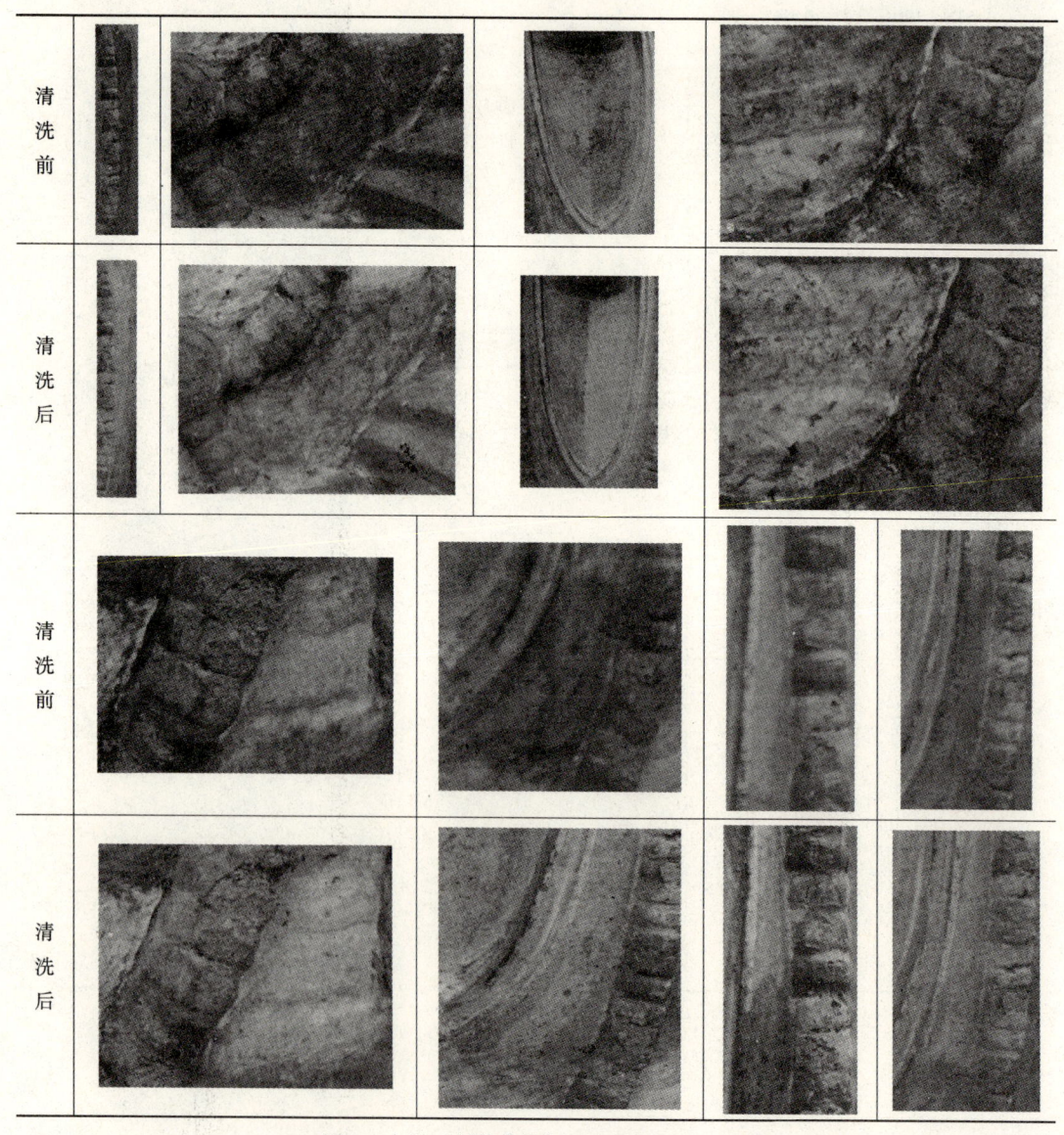

图8 大足石刻信徒像躯干清洗前后对比图

通过试验，针对本件造像表面所分布的颜料，可见白色颜料表面适用1064nm、P_{wr}为170、Q_{div}为4的激光清洗参数，能量密度控制在0.18J/cm²；蓝色颜料适用532nm、P_{wr}为180~185、Q_{div}为4的清洗参数，能量密度控制在0.03~0.05J/cm²；黑色颜料对激光吸收较强，不适于使用本机所包含的三种波长；绿色使用1064nm波长有损失。激光操作时都需要在物体表面轻涂去离子水，便于观察、降温。

通过试验，本件造像白色、绿色均采用532nm、P_{wr}为180、Q_{div}为2的参数，能量密度维持在0.04J/cm²左右时清洗效果好，清洗效率高，明显优于化学清洗。另外依靠拉大激光头与清洗对象的距离70cm左右，可缩小集中光斑，提高清洗效率，但需要根据彩绘表面的保存状态而定。为了保证光斑落点的准确性，操作时应该"先近后远"。激光操作时都需要在物体表面轻涂去离子水，便于观察、降温。

3. 针对石刻彩绘造像左侧蓝色念珠清洗试验

通过试验，本件造像蓝色"念珠"采用532nm、P_{wr}为180、Q_{div}为2的参数，能量密度控制在0.04J/cm²时清洗效果好，清洗效率高，明显优于化学清洗。另外，在确定颜料表面保存状态较好的情况下，在激光头的焦距范围内，依靠拉大激光头与清洗对象的距离，可缩小集中光斑，增大能量密度，提高清洗效率。为了保证光斑落点的准确性，操作时应该"先近后远"。激光操作时都需要在物体表面轻涂去离子水，便于观察、降温，且随着水分的蒸发，会带走部分污物。

4. 针对绿、白色念珠的清洗试验

通过试验，发现本件造像念珠排列依次为蓝色、绿色、白色，采用532nm、P_{wr}为180、Q_{div}为2的参数，能量密度控制在0.04J/cm²清洗效果好，清洗效率高，明显优于化学清洗。在小块模拟清洗时，绿、白色颜料采用1064nm、P_{wr}为175、Q_{div}为4的参数，效果较好，所以本次尝试使用，但念珠表面出现发黄现象，换回原有参数也不能改变，说明1064nm波长会损伤本件造像的彩绘，故本件造像激光清洗将禁止使用1064nm波长。

整件造像彩绘除黑色外均采用用激光清洗，收到非常好的效果（图9、图10）。激光操作时都需要在物体表面轻涂去离子水，便于观察、降温。

图9 造像清洗前

图10 造像修复后

五、结　论

（1）大足石刻彩绘信徒像裸露砂岩不建议用激光进行清洗，传统的低浓度的碳酸铵+去离子水配合2A溶液，用宣纸贴敷清洗的材料和方法能够很好地清洗掉砂岩表面污染物。

（2）由于彩绘保存状况较差，对彩绘的表面污物清洗试验时发现，彩绘颜料极易脱落，且颜色浑浊；改用彩绘表面预加固后的清洗工艺，不但增加了清洗难度，而且棉签上也带下了少量的彩绘颜料，其效果与未做预加固相当。因而，放弃常规清洗法在本件彩绘造像上的应用。使用THUNDER系列第四型掺钕钇钕石榴石Q-SWITCH开关激光器（Nd∶YAG），经过对各种颜色彩绘的激光清洗试验，选择采用波长532nm、P_{wr}为180、Q_{div}为2的参数，能量密度控制在0.04J/cm^2，进行清洗能满足本件文物修复的要求，取得较为满意的效果，且操作效率高、安全性高、可控程度高。

（3）针对头部黑色彩绘激光清洗试验中发现，由于黑色吸收各种光波能量较强，激光对黑色颜料造成一定的损失，因此用常规清洗法清洗头部黑色彩绘上污物。碳酸铵+去离子水（20g/L）浸湿宣纸贴敷吸附软化黑色彩绘上污物，5min后揭取宣纸，用棉签蘸2A将黑色彩绘上的残留溶液清洗干净，黑色彩绘上的灰色污物略有减淡。

参 考 文 献

[1]　古代壁画病害与图示 WW/T 0001 – 2007.
[2]　古代建筑彩画病害与图示 WW/T 0030 – 2008.
[3]　石质文物病害分类图示 WW/T 0002 – 2007.
[4]　Siano S, Gamello M, Bartoli L, et al. Phenomenological characterization of stone cleaning by different laser pulse duration and wavelength. LACONA VI Proceedings, Vienna, Austria, Sept., 21~25, 2005.

Laser Cleaning Technology in the Conservation of Paintings Buddhist Statue of the Dazu Rock Carvings

Zhang Xiaotong[1], Zhang Pengyu[2], Fu Yonghai[1], Fan Zilong[3], Feng Taibin[4]

(1. China Academy of Cultural Heritage　Beijing　100029)
(2. The Institute for the History of Natural Sciences, Chinese Academy of Sciences　Beijing　100190)
(3. The Institute of Longmen Grottoes　Luoyang　471023)
(4. Dazu Rock Carvings Museum　Dazu　632360)

Abstract　Based on the investigation and analysis of the paintings Buddhist statue of The Dazu Rock Carvings, we get a lot of information about the pigment on the surface of the statue, the condition of the sandstone and the attachment on the surface of the statue. According to the rules of cultural heritage conservation, we cleaned the statue with common cleaning technology and Laser cleaning technology. The different parameters of the Laser cleaning technology we got could be a reliable basis for the domestic research of Laser cleaning on related artifacts.

Keywords　Laser cleaning, Painting, Stone artifacts

新疆库木吐喇石窟 58 窟壁画制作工艺与材料分析

王力丹[1]　叶　梅[2]　徐永明[2]　杨　杰[2]　郭　宏[3]

(1. 北京科技大学　北京　100083)
(2. 新疆龟兹博物馆　库东　842000)
(3. 中国文化遗产研究　北京　100029)

摘要　壁画制作工艺与材料研究既是壁画病害原因与机理研究的重要环节，也是筛选壁画保护修复材料与工艺的重要依据。本文对新疆库木吐喇石窟 58 窟壁画颜料、白粉层、地仗等进行了 X 射线衍射、X 射线荧光、剖面显微分析，以研究该窟壁画制作工艺与所用材料。结果表明，58 窟壁画制作工艺是先在陡峭的沙砾岩崖壁上开凿成形洞窟，之后在洞窟围岩上用掺有麦秸的黏土泥抹平砂砾岩壁面，待这层泥质地仗层完全晾干后用石膏涂刷形成白粉层；最后线描添彩。所用颜料红色是铅丹，且铅丹未变色，蓝色颜料使用的是青金石；绿色颜料是绿铜矿；白色颜料是白垩、石膏；均为常见壁画颜料。

关键词　库木吐喇石窟，58 窟，制作工艺，材料

一、引　言

库木吐喇石窟位于新疆维吾尔自治区库车县城西北 25km 处，库车县位于天山南麓和塔里木盆地北缘，为古丝绸之路的要冲，汉属龟兹国。龟兹国强盛时，其疆域包括现在的轮台、库车、拜城、新和、沙雅、阿克苏、温宿、阿瓦提、乌什、柯坪等县市。库木吐喇石窟开凿于 5～11 世纪，兴盛于唐代，延至回鹘时期，现有洞窟 114 个，其中保存有壁画的洞窟 40 余个，保存有丰富而独特的石窟建筑、壁画、塑像和题记等，是新疆境内规模仅次于克孜尔石窟的第二大佛教石窟寺，其开窟造像的延续时间较克孜尔长了三个世纪，保存的龟兹晚期石窟较多，尤其是汉风洞窟，是研究新疆地区佛教石窟及壁画艺术发展、演变不可缺少的资料。

库木吐喇 58 窟为中心柱纵券顶窟，由前室、主室和后室组成，前室已塌毁，现存主室、左、右、后三甬道。主室平面呈方形，宽 496cm，深 482cm，高 514cm。正壁中部开拱形大龛，宽 256cm，深 90cm，高 280～300cm，龛底距地坪高 85cm，内宽外窄，龛顶前低后高。左右甬道结构相同，尺寸大致相等，宽 95cm，深 252cm，高 193cm。后甬道横宽 520cm，纵深 103cm，高 192cm，如图 1 所示。

数百年来，库木吐喇石窟已有不少洞窟毁于岩体崩塌，现存的大部分洞窟，其前室已塌毁；水害也损害了许多壁画；风沙、干湿交替的环境无时无刻地对壁画保存产生不利影响。同时，现存的壁画因洞窟岩体风化、地仗层空鼓、酥碱，颜料层起甲、粉化、虫害、霉变、烟熏等病害，严重威胁着壁画的长期保存与研究。为了治理库木吐喇石窟壁画病害，中国文化遗产研究院和中国地质大学（武汉）共同承担了库木吐喇石窟壁画抢救性保护修复方案的设计工作。为此，对 58 窟壁画进行了

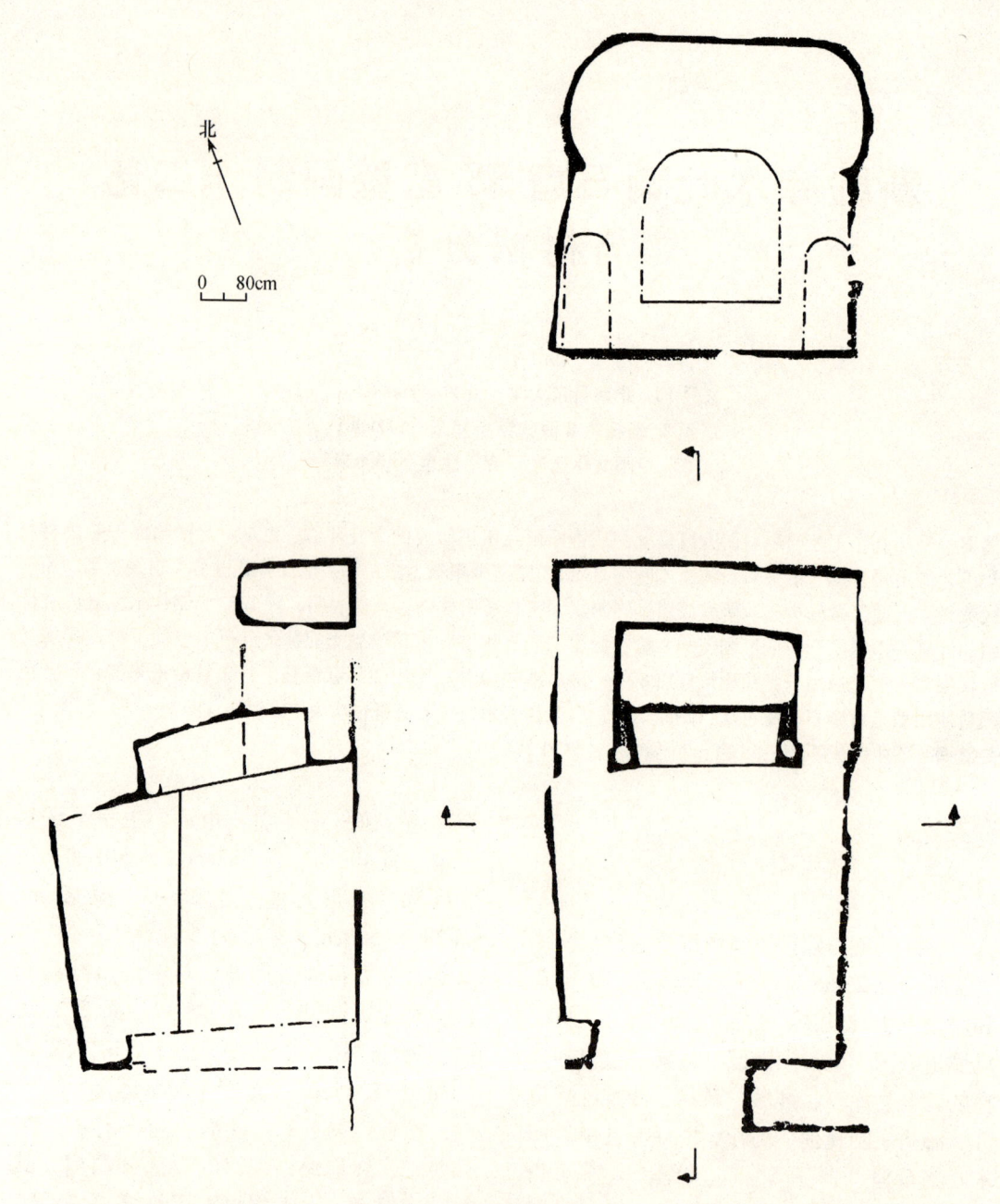

图1 58窟平、剖面图

取样分析，以了解壁画制作工艺和材料，为保护修复方案设计提供依据。

二、样品分析结果

1. 取样

由于颜料是壁画的精华所在，取样时应尽可能在不破坏文物的前提下进行。为此，首先将壁画颜料层表面尘土用软毛刷清除干净后，用手术刀片在颜料层表面轻轻刮取5mg样品于光滑清洁的纸张上，并对样品进行编号后折叠包装。为研究库木吐喇58窟壁画绘画所用颜料的化学成分，分别对各色颜料、白粉层及地仗层进行取样,共取样品7个,其中颜料样品5个(红、蓝、绿、黑、白等颜色各1个),白粉层样品1个,地仗层样品1个。

2. X射线衍射分析

分析仪器:日本理学 RINT 2000,铜靶,DS = 1°,SS = 1°,RS = 0.15mm,管电压40kV,管电流40mA。

制样方法:由于所取颜料样品较少,采用常规的 XRD 分析制样方法无法获得可靠的分析结果。为此,在实验室中将少量的颜料样品移到单晶硅样品板上,并用无水乙醇将颜料粉末固定在样品板上后,上机测试。

样品 X 射线衍射分析结果见表1。

表1 库木吐喇石窟58窟壁画颜料样品 X 射线衍射分析结果

样品编号	色彩	取样位置	分析结果	显色成分
Kmtl58-1	红色	右券前部	石英、铅丹、钠长石、石膏	铅丹
Kmtl58-2	蓝色	右券前部	石英、青金石、钠长石、石膏	青金石
Kmtl58-3	绿色	右券前部	石英、绿铜矿、钠长石、石膏	绿铜矿
Kmtl58-4	黑色	右券后部	石英、二氧化铅、钠长石、石膏	二氧化铅
Kmtl58-5	白色	右券后部	石英、白垩、钠长石、石膏	白垩、石膏
Kmtl58-6	白粉层	右券后部	石英、白垩、钠长石、石膏	

注:石英:α-SiO_2,钠长石:$1/2(Na_2O\ Al_2O_3\ 6SiO_2)$,白垩:$CaCO_3$,青金石:$(Na,Ca)_8(AlSiO_4)_6(SO_4,S,Cl)_2$,绿铜矿:$Cu_2(OH)_3Cl$,二氧化铅:$PbO_2$,铅丹:$Pb_3O_4$。

3. X射线荧光分析

分析仪器:SHIMADZU EDX-800HS 型能量散射 X 射线荧光分析仪,管电压为50kV,测量时间为100s,Rh 靶。

将颜料和地仗层样品磨制成粉末后进行测量,样品分析结果见表2、表3。

表2 库木吐喇石窟58窟壁画颜料样品 X 射线荧光分析结果 [单位:%(质量分数)]

编号	Ca	Pb	Si	Fe	K	P	Al	Cu	S	Mn
Kmtl58-1	8.32	85.69	2.41	1.74	0.64	0.56	0.37	0.28	—	
Kmtl58-2	44.96	1.03	10.29	6.59	6.55	11.05	2.92	2.39	13.21	
Kmtl58-3	19.41	1.16	4.75	4.42	2.40	0.51	0.78	51.70	6.15	
Kmtl58-4	5.12	24.93	0.98	—		0.58		0.50	67.88	
Kmtl58-5	50.55	21.72	3.56	3.48	2.47	9.91	0.45	0.21	7.67	—
Kmtl58-6	41.90	20.02	15.91	20.02	6.87	1.03	3.21	0.27	8.33	0.45

表3 库木吐喇58窟壁画地仗层样品 X 射线荧光分析结果 [单位:%(质量分数)]

元素	Ca	Fe	Si	S	K	Al
含量	23.505	14.787	28.62	0.787	7.064	22.184
元素	Mn	Mg	Zn	P	Ti	Sr
含量	0.322	0.993	0.041	0.451	1.145	0.101

4. 剖面显微分析

运用剖面显微分析可以了解壁画地仗制作、颜料层厚度、重层壁画情况、绘画技法、各层间的接合情况、壁画病害等信息。

预先准备硅橡胶模具，用 Bio-Plastic USA 树脂 10mL，滴加 8 滴 Catalyst USA 固化剂配成混合液。先在样品格中倒入一半高度树脂液体，用钢针轻轻搅拌均匀，以免形成颜料层不平，然后将模具放在 50℃ 的烘箱静置 1~2h，待树脂完全固化后，用镊子夹取壁画样品，将带有颜料的一面朝下平放于样品格的中上部。重新配制树脂倒入另一半液体，继续放在 50℃ 的烘箱中静置 1~2h，待其完全固化。

取出样块将夹有颜料的固化树脂一端磨平，直至露出颜料层。用不同型号的砂纸由粗到细顺次将颜料剖面磨光滑。

对 58 窟壁画样品各种色彩的颜料进行了剖面显微镜分析。

图 2（图版 6）是白色和红色颜料的偏光显微镜剖面分析结果。壁画红色颜料层厚度 0.01mm，白粉层中夹杂有蓝色颗粒、厚度 0.05~0.12mm，而红色颜料层下方的白粉层厚度 0.07~0.10mm。

图 3（图版 7）是红色（上有黑色）颜料的偏光显微镜剖面分析结果。壁画红色颜料层厚度 0.02~0.10mm，白粉层厚度极不均匀、为 0.15~0.28mm，而红色颜料层上的黑色颜料层极薄，厚度为 0.01mm。

图 2　壁画白色和红色颜料剖面显微照片（单偏光，100×）

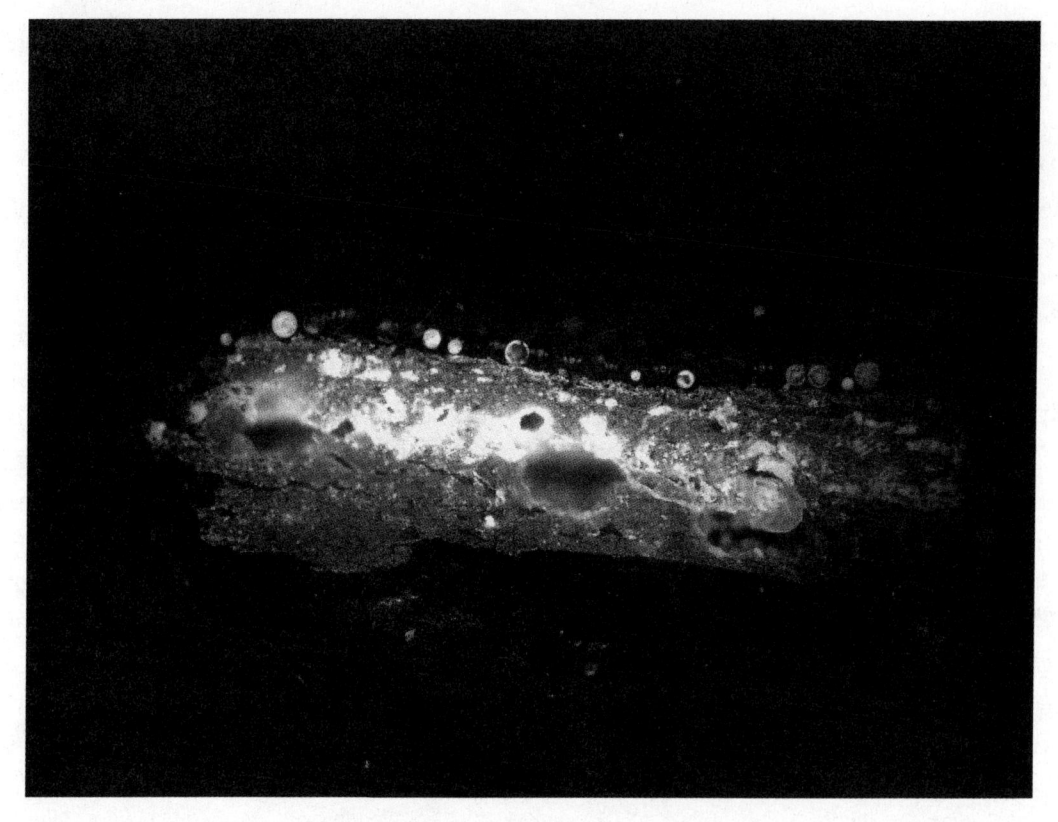

图 3　壁画红色颜料剖面显微照片（单偏光，100×）

三、结果与讨论

1. 库木吐喇石窟第 58 窟壁画制作工艺和材料

经现场调查及颜料样品的剖面显微镜分析可知，库木吐喇石窟壁画制作工艺是先在陡峭的砂砾岩崖壁上开凿成形洞窟，之后在洞窟围岩上用掺有麦秸的黏土泥抹平砂砾岩壁面，待这层泥质地仗层完全干燥后涂刷白粉层；最后进行线描添彩。因此，库木吐喇石窟壁画的制作工艺也属于古代干壁画的形式，其基本组成为四部分，即基础支撑体（洞窟围岩岩体）、地仗层、白粉层、颜料层。

2. 壁画的基础支撑体

库木吐喇石窟的开窟崖体的地层为第三系上新统和第四系上更新、全新统地层。第三系上新统地层，主要由砂岩、砾岩、泥岩互层组成，为河湖相沉积，厚度巨大，是区内石窟开凿的主要地层。依据 58 窟壁画地仗层脱落处的裸露岩石可以判断，其开窟崖体为层状交互的沉积砂岩和砾岩。

3. 壁画地仗层

壁画的地仗层下与支撑体黏结，上又是颜料层的载体，地仗层的性质是决定壁画能否长期保存的关键因素之一。库木吐喇石窟壁画的地仗大部分为两层，即粗泥层、细泥层。粗泥层一般厚 2～4cm，以黏土、沙土掺加麦秆制成；细泥层厚 0.2～0.5cm，以黏土掺加麻、毛等纤维制成。

58 窟壁画地仗层地仗层材料系当地河水沉积的黏土，经 X 射线衍射分析，其主要成分是石英、长石、方解石，参见表 3。

4. 壁画白粉层

壁画白粉层是在细泥层上涂刷一层厚0.01~0.02cm的石膏层，待干燥后形成白色底层，以利于勾线添彩。白粉层材料经X射线衍射分析，其成分是$CaSO_4 \cdot 2H_2O$。

5. 壁画颜料层

近年，采用现代分析技术研究壁画制作材料的成分、工艺等相关研究结果报道较多。其中敦煌石窟、云冈石窟、克孜尔石窟、麦积山石窟、天梯山石窟、炳灵寺石窟、阿尔寨石窟壁画所用的颜料大多数为天然矿物颜料，常见的红色颜料主要有朱砂、铅丹、土红（铁红）；蓝色颜料主要有青金石（天然与人造）、石青及群青；绿色颜料主要有石绿、氯铜矿；黑色颜料主要有炭黑、墨；白色颜料成分较较多，主要有白垩、石膏、石英、高岭土、滑石、云母等[1~8]。

由壁画颜料样品的X射线衍射分析结果可知，库木吐喇58窟壁画所使用的颜料大部分为矿物颜料，其中使用的红色颜料是铅丹，且铅丹未变色，蓝色颜料使用的是青金石；绿色颜料是绿铜矿；白色颜料是白垩、石膏；均为常见壁画颜料。样品中的石英和钠长石，系壁画长期受风沙侵蚀而残留在壁画颜料中的杂质。

6. 关于壁画颜料中的胶结材料

壁画中所使用的胶结材料种类主要有动物胶、植物胶、蛋青等天然的胶结材料。分析古代绘画或壁画中胶结材料的成分，面临的困难较多，首先受分析样品量极少的限制；其次，文物历经千百年的自然环境的侵蚀和胶结材料的老化，为分析工作带来了极大的难度。因此在国内，壁画颜料中胶结材料的分析一直滞后于对颜料和其他壁画制作材料的分析研究，有关报道较少。近年，苏伯民应用反相高效液相色谱法对龟兹克孜尔石窟壁画颜料中的胶结材料进行了分析研究。依据对12个克孜尔壁画颜料样品的分析结果，克孜尔石窟壁画在制作时，使用了牛皮胶作为颜料的胶结材料[9]。李实对敦煌壁画的胶结材料进行定量分析[10]，认为壁画颜料中胶结材料的含量与壁画病害存在相关性。

克孜尔石窟和库木吐喇石窟属古代龟兹国的两个重要石窟，克孜尔石窟属早期壁画，它的开凿年代早于库木吐喇，石窟形制、壁画的内容具有沿承关系。两个石窟壁画制作工艺极为相似。因此，从壁画颜料以及胶结材料的分析数据可以推断，与克孜尔石窟具有传承关系的库木吐喇石窟，其壁画颜料中使用的胶结材料也应为动物胶中的牛皮胶。

四、结 论

（1）58窟壁画的地仗层为一层厚2~3cm的粗泥层，以黏土、沙子加麦草制成。

（2）在粗泥层上涂刷一层厚0.02~0.04cm的石膏层，形成白粉层，最后在白粉层上起稿、勾线、添彩作画。

（3）壁画所用的颜料主要是矿物颜料，均为常见壁画颜料。

参 考 文 献

[1] 徐位业，周国信，李云鹤. 莫高窟壁画、彩塑无机颜料的X射线的剖析报告. 敦煌研究，1983，(10)：187~197.

[2] 郭宏. 敦煌莫高窟第85窟壁画制作材料及工艺研究. 西北大学学报（自然科学版），2000，(4)：53，54.

[3] 周国信，程怀义. 云冈石窟古代壁画颜料剖析. 考古，1994，(10)：948~951.

[4] 苏伯民，李最雄，马赞峰，等. 克孜尔石窟壁画颜料研究. 敦煌研究，2000，(1)：65~75.

[5] 周国信. 麦积山石窟壁画、彩塑无机颜料的X射线衍射分析. 考古，1991，(8)：744~755.

[6] 于宗仁，赵林毅，李燕飞，等. 马蹄寺、天梯山和炳灵寺石窟壁画颜料分析. 敦煌研究，2005，

(4): 67~70.

[7] 夏寅, 郭宏, 王金华, 等. 内蒙古阿尔寨石窟壁画制作工艺和颜料的分析研究. 文物保护与考古科学, 2007, (5): 41~46.

[8] 赵林毅, 李燕飞, 于宗仁, 等. 丝绸之路石窟壁画地仗制作材料及工艺分析. 敦煌研究, 2005,

(4): 75~82.

[9] 苏伯民, 真贝哲夫, 胡之得, 等. 克孜尔石窟壁画胶结材料 HPLC 分析. 敦煌研究, 2005, (4): 57~61.

[10] 李实. 敦煌壁画胶结材料的定量分析. 敦煌研究, 1995, (3): 25~46.

Analysis on the Production Process and Materials of Murals in the Cave 58 of Kumutula Grottoes Xianjiang Province

Wang Lidan[1], Ye Mei[2], Xu Yongming[2], Yang Jie[2], Guo Hong[3]

(1. University of Science and Technology　Beijing　100083)
(2. Xinjing Qiuci Museum　Kuqa　842000)
(3. Chinese Academy of Culutural Heritage　Beijing　100029)

Abstract　Production process and material research murals both cause and mechanism research murals diseases, but also the indispensable data protection and restoration of screening mural important basis of material and craft. So testing mural pigment, grounding layer and plaster layer of 58 cave by X-ray diffraction, X-ray fluorescence and profile microscopic analysis, so and so forth, to study its Grotto mural's production artistry and materials and also provide reference materials to study grotto's condition of that period. The results show that, the grotto mural's making processes of ku mu tu la are as follows: first, to cut a cave on the steep conglomerate cliff; second, using clay soil which are mixed with wheat straw to wipe the surface of sandstone to be smooth; third, after this muddy plaster layer totally dry, using plaster to brush it; finally, to draw lines and add colors. What's more, the red pigment is read lead and didn't change countenance, blue pigment is lapis lazuli, green (pigment) is green copper and white (pigment) are chalk and plaster, all the pigments are commonly used in mural-painting.

Keywords　Grotto of Kumutula, 58 cave, Production artistry, Materials

先秦时期金珠颗粒制品的考古发现与初步研究

黄 维[1,2] 陈建立[2] 吴小红[2] 王 辉[2,3] 周广济[3]

(1. 中国钱币博物馆 北京 100031)
(2. 北京大学中国考古学研究中心 北京 100871)
(3. 甘肃省文物考古研究所 兰州 730050)

摘要 总结了中西方早期金珠颗粒制品的基本情况,并就器物装饰风格进行了探讨,初步利用体视显微镜和扫描电子显微镜,对马家塬墓地金珠颗粒制品进行技术研究,以期揭示先秦时期金器所反映的中原地区与北方草原甚至西方文明在文化和技术上的交流情况。

关键词 先秦,金珠颗粒,制作技术,文化交流

表面用金珠颗粒装饰的金制品,在先秦考古发现中不多见,直至战国时期,这种器物才出现在中国北方地区,汉代张骞通西域建立专门的官方通道以后,这种在西方广为流行的金珠颗粒细金复合制品开始大量传入中国。在新疆、内蒙古、甘肃、河北、山东等地发现的战国时期金珠颗粒细金制品,艺术风格相似,不仅表现出它们之间存在一定的文化联系,而且可能共同受到外来文化因素的影响。甘肃张家川马家塬墓地出土的金耳环、管状金饰和扇形金饰上有极为细密的小金珠堆积,工艺精湛,代表了较高的金器制作技术水平,然而,目前还未见对这类早期细金复合制品进行较为深入的系统研究。

一、中国先秦时期的金珠颗粒制品

在目前为止的考古发现中,先秦时期的金珠颗粒细金饰品,除马家塬墓地出土的金耳环、金项坠和金管饰外(图1;图版8),还有新疆乌拉泊水库出土的战国至西汉(前500~前100年)的金耳坠(图2)、新疆阿合奇县库兰萨日克出土的战国至西汉的金耳坠、新疆特克斯县出土的战国至西汉的葡萄形金耳坠[1~3],内蒙古杭锦旗阿鲁柴登出土战国晚期的金耳坠[4](图3),山东临淄商王墓出土的战国晚期金耳坠[5](图4),河北易县辛庄头出土的战国晚期金耳坠、金珌[6](图5)。这些金饰品上的金珠颗粒呈线形、曲面形或堆积的"品"字形排列。然而,马家塬墓地的金珠颗粒制品,还有呈三角形锯齿装排列的特殊图案,这是在上述地方未见的。金珠颗粒细金复合制品在战国以前的北方草原和中原地区几乎未见,而在汉代张骞通西域建立专门的官方通道以后,这种在西方广为流行的金珠颗粒细金复合制品才开始大量出现在中国,至唐代达到最高峰。

---

* 本文为教育部人文社会科学重点研究基地重大项目《战国时期西北地区的文化交流——张家川马家塬墓地出土文物的综合研究》(IOJJD770014)的阶段研究成果。

图1 马家塬墓地金管饰（M14:4-11）表面形貌

图2 乌鲁木齐乌拉泊水库出土
金耳环（前500~前100年）[3]

图3 内蒙古杭锦旗阿鲁柴登出土
战国金耳坠[21]

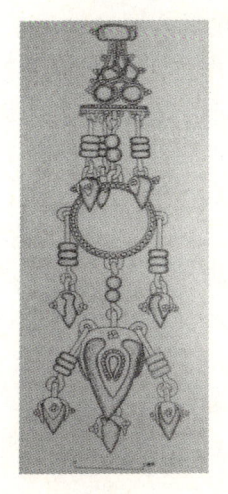

山东临淄商王墓出土
战国金耳坠[5]

图5 河北易县辛庄头墓出土
战国金耳坠与珌[6]

· 71 ·

新疆、内蒙古、河北、甘肃、山东等地发现的这类战国时期的金珠颗粒制品，可能反映了这些地方存在共同的文化因素，如马家塬墓地所在地区与秦可能有一定的关系。临淄商王战国晚期一号墓中出土了秦国器物三件，有铜蒜口瓶一件（为秦国典型器物，普遍见于秦国贵族墓），银耳杯两件（均刻有秦国铭文），可能是在秦统一六国的战争期间，秦贿赂齐国重臣的礼品[7]。另外，具有金珠颗粒装饰的耳坠也出自该墓，很可能是与三件秦国器物一起来到齐国的，这类金器在以前的中原文化中未曾出现，因此，这件齐国的金耳坠出自秦的可能性极大。这类金器并不多见，马家塬墓地、鄂尔多斯阿鲁柴登战国墓也出土这类金耳环和金耳坠，说明秦与马家塬墓地所在地区，甚至北方草原存在金器制作技术或产品方面的交流。

这种在战国晚期出现在中国北方地区的金珠颗粒制品从何而来、是否本地制作？要回答这类问题，需要对世界上早期金珠颗粒制品的情况有所了解。

二、中亚、西亚及地中海周边地区早期金珠颗粒制品

约在前2000年，地中海东部及近东地区的金属饰品中就已经出现了金珠颗粒焊接而成的细金复合制品，自前8世纪晚期至前7世纪的伊特鲁里亚（Etruscan）时代发展到最高峰。金珠颗粒细金复合制品最早的例子是乌尔王陵出土的约前2500年的金饰件[8]，其上的金珠颗粒直径约为2mm，出土的粒状金珠环（grain ring-bead）可能是已知最早利用熔结法（sintered granulation）焊接金珠颗粒的例子[9]。金珠颗粒焊接技术在约前2000年的埃及就已经得到了发展，现藏于开罗博物馆埃及第12王朝（前2000～前1900年）的金珠焊接细金复合制品，金珠颗粒大小均一，但有的不光滑且有凹痕，排列也不是很整齐，有的地方使用焊料较多；开罗博物馆收藏的一件约前1600年的匕首，柄部装饰了很多粗大的金珠颗粒[10]。

在特洛伊发现的约前2000年的耳环（年代比埃及稍晚），装饰有金珠颗粒，其尺寸比伊特鲁里亚时代的要大，呈不规则状，排列也不整齐；现藏于雅典国家博物馆的迈锡尼时期的一些垂饰上装饰有大量的小金珠颗粒；在Cyprus岛上发现的约前1300年的垂饰物和耳环上有小金珠颗粒；迈锡尼晚期的Cyprus、埃及和伊朗西部的Susa，这种用小金珠颗粒装饰的珠宝十分普遍，器类有耳环、手镯、链子、垂饰等。

伊特鲁里亚时代，成百上千的金珠颗粒被用于装饰珠宝的表面，最小的直径约达0.15mm[11]。约前600年的金碗，其上装饰了约137 000个金珠颗粒[12]。

在中亚这种金珠颗粒焊接复合制品也有不少的发现，Marlik（波斯）出土的约前1000年的耳饰，其上焊接的小金珠呈多面体形[13]；乌尔出土的前7世纪的球形戒指上有粒状小金珠[14]。

判断金珠颗粒复合制品的质量好坏，有诸多细节要考虑：①器物本身的艺术性；②金珠颗粒的大小；③金珠颗粒的制作精度——是否为规整的圆形；④装饰品上金珠颗粒的大小是否一致；⑤所用焊料的多少；⑥各个金珠之间的连接情况——分离或成排连在一起。金珠颗粒可能经过了打磨或抛光处理，这可在两块玻璃或金属之间滚动金珠来进行，这与特定的时代和地域文化有关，有的金珠颗粒表面粗糙、无光泽，可能没有经过抛光处理[10]。

例如，前2000年特洛伊耳环上的金珠颗粒较大[15,16]，直径约为1.1mm；迈锡尼工匠

所用的金珠更小①，约为0.5mm；前7世纪伊特鲁里亚的金珠[17]直径约为0.14mm；约前650年的伊特鲁里亚扣针上装饰的金珠[18]，其直径约为0.18mm。

从金珠大小分布的地理特征来看，自意大利向东至希腊、特洛伊，其直径从小到大，以伊特鲁里亚金珠颗粒的直径为最小（0.14~0.28mm），这种地域特征一方面说明当时的伊特鲁里亚作为金珠生产中心具有较高的技术水平，另一方面也显现了技术可能具有自西向东移动的趋势。根据目前中西方为数不多的测量结果来看，马家塬墓地出土金管饰上金珠颗粒的直径（0.5mm）与希腊出土的金珠颗粒大小较为接近。

在前2000~前700年的地中海沿岸和中亚、西亚、欧亚草原，动物形状牌饰、带钩、耳坠、手镯、链、扣针、项饰、戒指等金饰品上较多地采用金珠焊接工艺，至前700年的伊特鲁里亚达到以金珠直径为0.14mm的制作技术的最高水平，以后这种技术继续在地中海周边地区得到发展，直至中世纪以后，装饰有金珠颗粒的金饰件才不再流行。虽然金珠颗粒制作和焊接技术的具体起源地仍不清楚，但其在地中海及周边地区有着悠久的发展历程，以马家塬墓地为代表的中国北方地区出土的金珠颗粒焊接细金复合制品，其数量、器物类型都较西方逊色，出现的时间相对较晚。从时空特征来看，地中海文明和中亚的金珠颗粒细金复合制品有向东方传播的可能性，可经欧亚大陆中北部的贸易路线来到中国[19]。金珠颗粒的装饰风格可为这种器物自西向东传播的可能性提供证据。

三、中西方早期金珠颗粒上的三角纹锯齿形装饰风格

马家塬墓地（M14、M57等）出土的其他同类管状金饰上，金珠颗粒细金复合制品的图案形制呈锯齿状对称的三角形（图1），这与俄罗斯西西伯利亚Filippovka出土的公元前400年管状饰上的金珠颗粒排列方面相同[20]：图6中有金帽装饰的圆柱形玛瑙珠子，长2.7cm，现藏于Ufa考古博物馆（831/1204），珠子中空，金帽上有金珠颗粒焊接成三角形。

图6　金帽装饰的圆柱形玛瑙珠（俄罗斯西西伯利亚Filippovka出土，前400年，长2.7cm）[20]

在前1900~前1800年埃及的金项链上布满了金珠颗粒，管状装饰品中有一系列"之"字形的金粒带，在前1500年的叙利亚，也发现有这种装饰"之"字形金珠颗粒图案的管状装饰品[12]。这种锯齿状对称的立体三角形图案或"之"字形图案为近东地区自前2000年以来典型的装饰风格[10,20]：

---

① Athens National Museum, from tombs 88 and 103, Mycenae.

在迈锡尼时期，金珠颗粒装饰品的数量和质量都得到了提高，但仍然有些金珠颗粒并不是完全规整的球形，使用焊料也较多，Old Pylos 的一座墓中出土了一个直径约 2.4cm 盘子，周边有一排金珠颗粒，其中有四颗排列成三角形图案指向盘子中心。约前 1300 年或更晚的塞浦路斯，出土有金珠颗粒焊接金垂饰和金耳环，有一件石榴形状的金垂饰上的金珠颗粒呈三角形状排列。在迈锡尼时代晚期，塞浦路斯、埃及、苏萨（伊朗西南部），金珠颗粒装饰品都十分普遍，来自埃及的两件耳环和两件镯子，金珠颗粒呈三角形排列，与塞浦路斯金垂饰上的三角形图案完全一样，这是一个重要特征。约前 1250 年埃及第 19 王朝拉美西斯时期的两个镯子，金珠颗粒最显著的排列特征是三角形和偏菱形。前 12～前 9 世纪苏萨（伊朗西南部）珠宝上的金珠颗粒也排列成三角形状。如图 7 中洛杉矶 the J. Paul Getty 博物馆藏帕提亚人的金饰件上的金珠颗粒就排列成三角形（或呈"之"字形）。

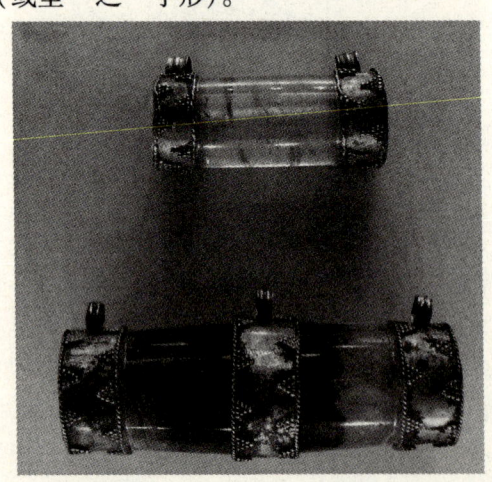

图 7　帕提亚人的金饰品（前 200～前 1 年）

前 8 世纪中期金珠颗粒细金复合制品在欧亚大陆重新繁荣起来，三角形的图案设计是金珠颗粒装饰风格的重要特征。这个时期以后，尤其在希腊半岛，上述金珠颗粒装饰品及其三角形（或锯齿状）图案特征被考古大量发现所证实。

因此，先秦时期出现在中国北方地区、以马家塬墓地为代表的金珠颗粒焊接细金复合制品，金珠颗粒大小与希腊出土的金珠较为相近，金珠颗粒和焊接技术较为成熟，这种材质的器物及装饰风格在战国以前北方和中原地区找不到渊源，而且年代晚于中亚、西亚、古埃及和古希腊，用这种器物装饰的习俗很可能受到了上述西方文化直接的或间接的影响。

四、金珠颗粒的焊接技术

马家塬墓地出土的各类金饰件（如金管饰、金扇形饰、金耳环等）上的金珠颗粒，经过测量，大小一致，直径约为 0.5mm。关于金珠颗粒的基本制作方法和可能的连接工艺，已经进行了初步的探讨[22]，这些金珠可能是使用焊料焊接而成的。

从焊接技术理论上来说，熔结法比使用焊料焊接更不易控制温度和金珠颗粒的形变，加热温度持续过高，会使金珠颗粒发生形变。若使用焊料进行焊接，由于其熔点与基体相近且稍低，当焊料开始熔化时即将达到被焊物熔点，这时可停止升温，既可顺利焊接又不会使金珠颗粒发生较大的形变，当然，在实际操作过程中有的金珠颗粒还是会发生形变，这也是生产过程中很难避免的。

其次，使用焊料与熔结法进行焊接所得金珠颗粒的外观形貌不同。Diane Lee Carroll 进行了这方面的模拟试验研究发现，使用焊料进行焊接的金珠颗粒表面粗糙、球面不能完全相切且有填充物，而熔结法焊接得到的金珠颗粒表面光滑、球面相切且没有填充物（图 8）。

马家塬墓地金珠颗粒制品的外观形貌符合上述使用焊料焊接的试验现象，而且中间堆积物（焊料）与基体的银含量存在一定的差异，明显与基体有不同的合金组成，应为焊料。

在此，又对 M14 金管饰上的金珠颗粒和金饰件进行了微区成分无损分析（表1、表2、图9、图10），发现连接部位的银含量较基体高，而铜含量没有明显差异。有的金珠表面如图9中I点的成分与连接处接近，可能是因为焊料熔化扩散至表面引起的。

(a) 使用焊料（金珠表面粗糙且有填充物）　　(b) 熔结焊接（金珠表面相对光滑且无填充物）

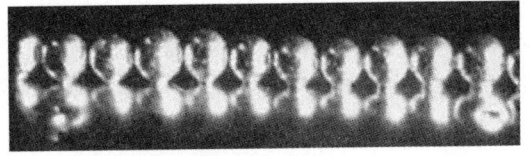

图8　使用焊料与熔结法焊接所得金珠颗粒表面形貌差异[17]

表1　M14 金管饰上金珠及连接处微区成分分析结果 ［单位:%（质量分数）］

分析部位	Ag	Au	Cu	Bi
金珠 G	7.0	93.0	0.0	
金珠 H	9.5	89.6	0.9	
金珠 I	15.7	84.3	1.1	
连接处 J	13.8	82.9	1.7	1.6

表2　M14 金项饰组件及连接处微区成分分析 ［单位:%（质量分数）］

分析部位	Ag	Au	Cu
"S"形（8）	7.3	90.8	1.9
中间连接处（9）	14.4	84.3	2.3
管基体（10）	9.7	87.6	2.8

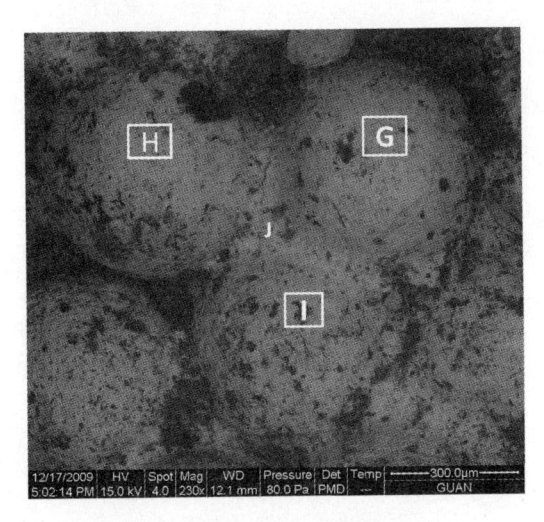

图9　金管饰金珠表面微区分析　　　　图10　M14 金项饰连接处微区成分
　　　（背散射电子像）　　　　　　　　　　　　（背散射电子像）

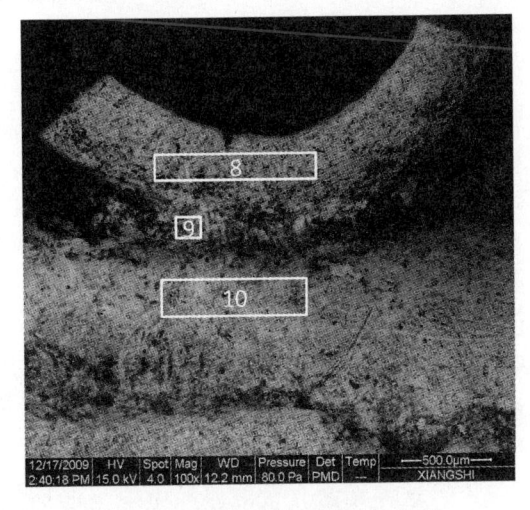

对马家塬 M16 出土金管饰上金珠颗粒的研究表明,金珠颗粒可能使用银含量较高的金-银-铜合金焊料。M14 金管饰上金珠颗粒所用焊料的成分特征也与 M16 相同,前者焊料中有少量的铋,这与所用焊料的材质有关,铋作为杂质元素的出现可能暗示着焊料与被焊物有不同的原料来源。焊料和基体铜含量的成分差异并不明显。这种焊料也在 M14 出土的金项饰中得到使用,这种焊料的熔点比被焊物低,在加热熔化时焊料熔化,然后与被焊物连接在一起,从而实现复杂细金复合制品的生产。当然,在这一过程中,如果对加热过程的温度控制不当,就会造成无法焊接或达到金珠颗粒的熔点,导致金珠颗粒变形。马家塬墓地金饰品焊接技术的研究表明,焊料与基体的银含量有较为明显的差异。由于焊料熔化扩散至金珠颗粒表面使检测到的成分差异变小,实际上焊料比基体的熔点可能更低。焊料与基体的熔点既有一定的差异又相近,保证了在焊接时既不会变形,又能焊接在一起。西方早期金珠颗粒制品,主要使用含铜较高的合金焊料,而马家塬墓地所用焊料的性质可能与之不同。

上述检测结果是利用带能谱的扫描电镜对实物进行无损分析所得,尽管有一定的误差,而且有的金珠颗粒之间可能由于当时制作的原因焊料未能完全填充,或者由于焊料在金珠颗粒表面的扩散,连接处的银含量与金珠基体相近,但在能谱的采集与分析过程中发现,有明显焊料堆积的连接处,其银的浓度明显高于金珠颗粒基体,如 M14 金项饰组件中,连接处焊料的银含量比基体高约 4.7%,这种元素含量的差异应能为能谱分析检出。

参 考 文 献

[1] 新疆文物考古研究所. 乌鲁木齐市乌拉泊古墓葬发掘研究. 新疆:新疆人民出版社,1995:326.

[2] 新疆文物考古研究所. 阿合奇县库兰萨日克墓地发掘简报. 新疆:新疆人民出版社,1995:445~446.

[3] 穆舜英,祁小山,张平. 中国新疆古代艺术. 新疆:新疆美术摄影出版社,1994:图版 140、图版 149.

[4] 田广金,郭素新. 内蒙古阿鲁柴登发现的匈奴遗物. 考古,1980,(4):333~338.

[5] 临淄市博物馆,齐故城博物馆. 临淄商王墓地. 山东:齐鲁书社,1997:46.

[6] 河北省文物研究所. 燕下都(上、下). 北京:文物出版社,1996:715~721.

[7] 淄博市博物馆,齐故城博物馆. 临淄商王墓地. 山东:齐鲁书社,1997:137.

[8] Wolters, J. The ancient craft of granulation: a reassessment of established concepts. Gold Bulletin, 1981, (14iii): 119~129.

[9] Moorey P R S. Materials and Manufacture in Ancient Mesopotamia: The Evidence of Archaeology and Art. England: BAR International Series 237, 1985: 89.

[10] Curtis C D. Ancient granulated Jewelry of the VIIth century B. C. and earlier. Memoirs of the American Academy in Rome, 1915~1916, (1): 63~85.

[11] Williams D, Ogden J. Greek Gold Jewellery of the Classical World (exhibition catalogue). London: British Museum Press, 1994.

[12] Singer C. 王前,孙希忠译. 技术史(第Ⅰ卷)——远古至古代帝国衰落(史前至公元前 500 年左右). 上海:上海科技教育出版社, 2004:441.

[13] Smith C S. Art, technology, and science: notes on their historical interaction. Technology and Culture, 1970, (11): 493~549.

[14] Plenderleith H J. Metals and metal techniques. In: Woolley C L, Ur Excavations II: The Royal Cemetery. Londen: Brittsh Museum, 1934: 297.

[15] Schliemann H. Ilios, the City and the Country of the Trojans. New York: Harper & Brother, 1881: 489, 842, 843.

[16] Institution S. Art Treasures of Turkey. Washington D. C.: Smithsonian Institution, 1966: 74.

[17] Carroll D L. A classification for granulation in ancient metalwork. American Journal of Archaeology, 1974, (78): 33~39.

[18] Smith C S. Metallurgical footnotes to the history of art. Proceedings of the American Philosophical Society, 1972, (116): 97~135.

[19] Koryakova L, Epimakhov A V. The Urals and Western Siberia in the Bronze and Iron Ages. Cambridge: Cambridge University Press, 2007: 335.
[20] Aruz J, Farkas A, Fino E V. The Golden Deer of Eurasia: Perspectives on the Steppe Nomads of the Ancient World. New York: Metropolitan Museum of Art, and New Haven: Yale University Press, 2006: 88, Plate 17.
[21] 田广金, 郭素新. 北方文化与匈奴文明. 南京: 凤凰出版社, 2004: 彩图.
[22] 黄维, 吴小红, 陈建立, 等. 张家川马家塬墓地出土金管饰的研究. 文物, 2009, (10): 78~84.

Archaeological and Technical Study of Gold Granulation Artifacts in Pre-Qin Period China

Huang Wei[1,2], Chen Jianli[2], Wu Xiaohong[2], Wang Hui[2,3], Zhou Guangji[3]

(1. China Numismatic Museum Beijing 100031)
(2. The Center for the Study of Chinese Archaeology Peking University Beijing 100871)
(3. Gansu Institute of Archaeology and Cultural Relics Lan Zhou 730050)

Abstract Archaeological gold granulation artifacts excavated from Xinjiang, Inner Mongolia, Gansu, Hebei, Shandong are reviewed. In ancient China, gold granulation works came into being from Warring States period (476~221BC) suddenly in north area, followed by lots of such artifacts imported on western Han Dynasty afterwards. The way of arrangement for granulation shows similar style which indicates the same cultural element. Technical study are carried out on the gold granulation objects excavated from Majiayuan site Gansu province using stereomicroscope, scanning electron microscope with energy dispersive spectrometry to reveal the appearance, composition of granulations and solder. This study provides some new evidence and viewpoint to reveal the relationship between north China and western world in early times.

Keywords Pre-Qin period, Gold granulation, Manufacturing technique, Cultural communication

古代出土玻璃器保护修复技术研究
——以南京大报恩寺玻璃盏为例

宋 燕[1] 于 宁[2] 王 军[3] 王昌燧[2] 马清林[1]

(1. 中国文化遗产研究院 北京 100029)
(2. 中国科学院研究生院 北京 100049)
(3. 南京市博物馆 南京 210004)

摘要 本文从我国古代玻璃的起源、化学成分及演变过程、腐蚀产物及机理,以及古代玻璃的保护修复等方面,综述了古代玻璃的发展和研究现状。同时,以南京大报恩寺遗址地宫出土的一件玻璃盏(编号为TN5)的保护修复为例,阐述了玻璃器的保护方法和过程。首先,通过多种分析测试方法研究了此件古代玻璃器及其风化产物的化学组成,以及玻璃碎片的微观形貌,并分析了器物风化原因。结果表明,这件器物为典型的高铅玻璃,风化原因主要为硅流失和铅析出导致的硅氧结构破坏;其次,分析了器物整体保存状况,并根据玻璃器病害表现种类及分布情况绘制了病害图;最后,在成分、微观结构以及病害分析的基础上,根据文献和实验室试验筛选出适宜的黏结材料,并根据中国文物古迹保护准则的要求制定了此件玻璃器的保护修复方案。

关键词 南京大报恩寺,北宋,地宫,古代玻璃,高铅玻璃,成分分析

一、引 言

玻璃,古称"璆琳"、"陆离"、"琉璃"、"药玉"、"料器"等。战国时期的《尚书·禹贡》[1]以及《楚辞》[2]中都有关于玻璃的文字记载。"玻璃"一词则是在魏晋南北朝时期随着印度佛经汉译出现的。有些学者考证了史料中记载的玻璃器名称和发展规律,并论证了中国古代玻璃的发展过程以及与之相关的中西方交流问题[3~8]。考古发掘资料证明我国先民在西周时期就能够制造玻璃制品,但由于中国古代崇尚玉器,且以陶瓷器作为实用容器,因此玻璃制造业始终未能发展为主要手工业门类,而以饰物及赏玩摆件为主。

古代玻璃的制作原料主要为石英砂(SiO_2),以及适量助熔剂(如纯碱、草木灰或铅丹等)、着色剂(如含铁或铜矿物)和稳定剂(如石灰石)等。通常情况下,玻璃制品比较稳定,但如果保存环境不当,尤其在墓葬、地宫等复杂的地下环境中,玻璃也容易出现断裂、破碎以及各种各样的风化现象。自20世纪以来,关于古代玻璃化学成分、微观结构、腐蚀原因及机理以及保护和修复等方面的研究一直是国内外学者关注的热点之一。

---

* 基金项目:国家科技支撑计划课题"南京报恩寺遗址地宫及出土文物保护技术研究";课题任务书编号:2009BAK53B07;课题负责人:白宁、马清林。宋燕,1974年出生,理学博士,现主要从事文物保护科学及应用研究。

二、古代玻璃的起源及发展

古代玻璃一直是上层社会的奢侈品，其价值可与黄金、宝石媲美。玻璃的发明诞生于西亚两河流域，随后，古埃及人和古罗马人将之发扬光大。中国在西周时期即已出现了玻璃制造业。春秋时期出现的铅钡玻璃在化学组成上与国外玻璃截然不同，具有自己的独特风格。同时，西亚、地中海地区生产的玻璃亦通过贸易或其他渠道输入中国，成为古代中国与外国文化技术交流的实物见证。目前，对于中国古代玻璃制造技术的来源，主要有以下几种观点：①干福熹[9,10]、伏修锋[11]、李青会等[12]认为中国古代钾玻璃是经原始瓷釉、玻砂、釉砂逐渐演变而来，玻璃烧制工艺与原始瓷釉技术具有密切关系；②杨伯达[13]认为中国玻璃起源与商周时期发达的青铜冶炼技术密切相关，很可能是在冶炼排渣过程中偶然产生的。周双林等[14]分析了河南登封东周阳城铸铁遗址熔炉壁残块上附着的黑色琉璃层，证实其为 K(Na)-Ca-Si 玻璃，其制作水平已经高于商代冶铜遗址中发现的石英-玻璃混合物，并进一步推断玻璃制造业可能源自春秋战国时期冶铁技术的发展；③赵匡华[15]认为中国的高铅玻璃可能与早期的炼丹术有关，安家瑶[16]也认为炼丹原料可能用于烧制玻璃。熔炼玻璃的耐火坩埚，在夏商周时期青铜冶炼中已经广泛应用，而在原始瓷烧造和青铜器冶铸中发展起来的高温窑炉技术为古代玻璃制作工艺的发展提供了有力支持。

早在 19 世纪，西方学者已经开始研究古代玻璃的化学成分。例如，Sayre 和 Smith[17]根据主要金属氧化物成分（MgO、K_2O、MnO、Sb_2O_5 和 PbO）将古代玻璃划分为5个体系：前 15～前 7 世纪，埃及高镁钠钙玻璃；前 6～4 世纪，低钾低镁高锑玻璃；前 4～9 世纪，罗马玻璃；8～10 世纪，早期伊斯兰钠钙玻璃；8～10 世纪，伊斯兰铅玻璃。20 世纪 70 年代末，国内对古代玻璃的科技研究也逐渐发展起来。干福熹、张福康、史美光等学者检测了大量古代玻璃样品，并按照玻璃成分构建了中国古代玻璃体系。目前，国内学术界一般将古代玻璃划分为以下体系[18]：① $PbO-BaO-SiO_2$ 体系；② $PbO-SiO_2$ 体系；③ $Na_2O-CaO-SiO_2$ 体系；④ K_2O-SiO_2 体系，此类玻璃成分中 SiO_2 含量达 75% 以上，K_2O 含量（质量分数）一般为 10%～17%；⑤ $K_2O-CaO-SiO_2$ 体系；⑥ $K_2O-PbO-SiO_2$ 体系；⑦ $K_2O-CaO-PbO-SiO_2$ 体系。在此基础上，干福熹先生还根据玻璃成分的演变过程，将中国古代玻璃的发展历程划分为五个阶段[19]：①春秋至战国前期（前 800～前 400 年）：$K_2O-CaO-SiO_2$ 系统，其中 $K_2O/Na_2O > 1$；②战国至东汉时期（前 400～200 年）：$BaO-PbO-SiO_2$ 体系和 K_2O-SiO_2 体系；③东汉至唐代时期（200～700 年）：$PbO-SiO_2$ 体系；④唐代至元代时期（600～1200 年）：$K_2O-PbO-SiO_2$ 体系；⑤元代至清代时期（1200～1900 年）：$K_2O-CaO-SiO_2$ 体系。

三、古代玻璃风化原因及机理研究

玻璃和大气作用发生侵蚀称为风化，同时，埋藏在土壤里的玻璃所受的侵蚀，也同样称为风化。古代出土玻璃器在埋藏过程中，受到水、空气、土壤成分的侵蚀，使出土文物表面往往包有一层虹膜。

早在 20 世纪中后期，Walter 和 Adams[20]、Tsuchihashi 等[21]、Cox 和 Ford[22]、王承遇等[23,24]就对玻璃的风化机理以及影响玻璃风化的因素进行了系统研究。通常情况下，玻璃是相当稳定的，在一般条件下并不容易发生风化，但是，在制造过程中混入的杂质和不当处理过程会加速风化的产生。影响玻璃风化类型和速度的主要原因是玻璃成分和埋藏环境，除此之外，温度、时间、侵蚀液的pH、玻璃表面的液体量以及微生物、振动以及早期保护处理方法都可会影响玻璃的风化。由于玻璃化学成分、埋藏地环境和水文条件的不同，因而玻璃会呈现出不同的风化状态。此外，机械损伤也可能加剧化学风化。由于古代玻璃中常含有大量气泡，气泡部位比较容易破裂。玻璃表面出现破损后，环境中的二氧化碳、水分以及表面附着物可直接侵入玻璃内部，与内部的化学成分发生反应，加速玻璃风化。

水是玻璃在环境中发生风化的主要媒介，水解氢化作用对玻璃风化起主导作用。水分子既可以与玻璃的硅氧骨架直接发生反应，也可以通过水解氢化反应来破坏硅氧骨架，导致玻璃风化。尤其是对于含有碱金属氧化物的玻璃，水解氢化反应尤为突出。由于玻璃结构中碱金属离子和碱土金属离子活动性相对较大，因此容易与水中的氢离子发生离子交换，在玻璃表面形成水化层，并在玻璃表面形成碱液，从而导致碱对玻璃本体的侵蚀，其主要反应是高浓度的羟基导致了硅氧网络的断裂。风化结果取决于上述反应的速率，如果离子交换速率大于碱的侵蚀，则趋于形成富SiO_2膜层，反之，则形成溶解型腐蚀[25]。当环境湿度变化，壳层与底层形成张力，从而导致玻璃发生片状剥落。对于高铅硅酸盐玻璃，铅的析出和碳酸铅的形成是导致玻璃成分和结构发生变化的直接原因。

玻璃的化学稳定性随温度升高而剧烈变化。低于100℃时，温度每升高10℃，侵蚀介质对玻璃的侵蚀速度增加50%~150%；高于100℃时，侵蚀作用将始终非常剧烈。Newton等[26]提到，Pual认为温度每升高8~15℃，大部分硅酸盐玻璃单位时间滤出量将增加一倍。根据玻璃成分和金属离子种类，Bacon提出了以下公式：

$$lgt_1 = lgt_2 + (T_1 - T_2)/23.4$$

其中t_1和t_2分别是在温度T_1和T_2时的滤出时间，由此可知，温度每升高7℃，滤出速度增加一倍。

除氢氟酸外，一般的酸不直接与玻璃反应，主要通过水的作用来侵蚀玻璃。硅酸盐玻璃一般不耐碱，因为碱可以通过OH^-来破坏硅氧骨架，其侵蚀程度与侵蚀时间呈直线关系。

传统的风化程度测定方法是目测法，可通过浊度计测定玻璃表面的透明度。在风化不严重的情况下，可利用椭偏仪测定风化玻璃表面的膜厚和折射率。除此之外，还包括表面透过率法、反射率法、散射率法、表面吸附水法、表面析碱法。含碱硅酸盐玻璃可利用原子吸收分光光度计测定风化后玻璃表面的析碱量。红外反射、扫描电镜、电子探针、X射线光电子能谱、原子力显微镜等方法的出现和应用，更进一步推动了玻璃风化产物成分、结构及机理的研究[27~29]。

四、古代玻璃器的保护修复技术

根据修复目的和要求，通常把修复工作分为三类，即研究性修复、商品修复和展览修复。①研究性修复：目的是为考古专家和学者的研究工作提供较好的实物资料。因此，此类修复对损坏不严重的器物，一般只需将表面污垢清理干净，而无需进行其他方面的修复工作；对损坏严重的器物，将表面污垢清理干净后，只需把断裂的各部位重新粘在一起，必要时可把短缺严重的部位用石膏填平补齐，对风化严重的器物适当加固处理就可以。②商品修复：目的是将修复好的器物作为商品交易。为了取得较好的观赏效果并获得较高的商业利润，对此类修复的技术要求极高，不仅要将坏损的器物恢复到原状，而且还要通过一系列技术加工，使其表面色彩、纹饰、质感等呈现出完好无损的视觉效果。③展览修复：是为博物馆、展览馆提供理想的实物展品，以供广大观众参观鉴赏。此类修复的技术要求与商品修复基本相同，但对修复部位表面视觉效果的要求可略低于商品修复，所以修复后只要隔着展柜玻璃看不出大面积的损坏痕迹就可以了，有时还会有意留下少量损坏部位以供鉴赏。

由于玻璃制品一般比较稳定，而且出土量相对较少，因此，针对古代玻璃器的保护修复研究也相对较少。但是，如果玻璃器处于不利甚至较恶劣的环境（如墓葬、地宫）中，在内在因素和外界环境的双重影响下，玻璃器会出现诸如断裂、破碎、风化等损坏现象，因此，针对此类器物的保护研究也是势在必行。一般情况下，玻璃器的保护修复主要包括清洗、加固、黏结、补缺、做色等步骤。

1. 清洗

清洗是将器物表面及断裂部位的各种污垢、杂质清理干净，为器物修复做准备。目前，常用清洗方法主要有物理清洗法、化学试剂清洗法、超声波清洗法和激光清洗法，分别简述如下：物理清洗法不会引入其他离子，但无法满足高清洁度清洗的要求，也不能用于脆弱文物的清洗；化学试剂清洗主要是利用化学试剂清洗文物，对于玻璃，一般用蒸馏水溶解黏附的可溶性杂质，用稀酸（如质量分数为5%的柠檬酸）溶解表面沉积物，用有机试剂（如无水乙醇或丙酮）去除油性物质和其他有机污染物，但化学试剂清洁法的清洗能力有限，特别是污垢成分复杂时，必须选用多种清洗剂才能满足表面清洗的要求，而且容易引入其他离子而导致进一步风化；超声波清洗的清洗效果较好，但对亚微米级污垢无效，对于十分脆弱的文物，震动也可能导致进一步损伤；激光清洗法是一种选择性清洗方法，具有非接触性的特点，可准确定位，能够清除各种材料表面不同类型的污染物。以上几种清洗方法各有优缺点，实际操作时需要根据具体情况选择使用。在清洗过程中，器物接口处特别要处理干净，以防黏结时错位变形。经过清洗处理的玻璃碎片，需用蒸馏水彻底洗净，然后，放入无水乙醇中，以排出玻璃细微裂缝中的水分，最后，在90℃烘干。

2. 黏结

黏结过程是将器物破损或断裂的部位，用黏结剂重新粘在一起。在黏结前，根据玻璃器破损或断裂部位的形状、颜色、纹饰等拼对，确定碎片所在的位置，并做好编号，以便在黏结时做到准确无误。目前，比较常用的黏结方法有三种：

（1）直接对粘法。是最基本的黏结法，应用较广。其操作过程是把黏结剂均匀地涂敷在断面上，然后将两个断面正确地吻合、拼对在一起，用力按牢。在黏结剂固化前，要对黏结拼对后的各部位加以固定，防止移动错位。

（2）灌注黏结法。首先将需要黏结的各个部位拼对好，然后将黏结剂灌注到断裂的缝隙中。它适用于经过直接对粘法黏结后，在接缝处尚有小部分残缺，又无需配补修复的器物，以及各类非完全性断裂的器物。

（3）快速黏结法。是对破损面不严重器物进行的应急修复。常用的快速黏结方法有两种，一种是"502"瞬干胶的快速黏结，另一种是热固型环氧树脂胶的快速黏结。

在玻璃的黏结过程中，黏结材料的选择是影响修复效果的重要因素。通常情况下，黏结剂的选择主要取决于其颜色、黏结强度和固化时间等，以及被修复器物的大小、胎质的薄厚和破损程度。黏结材料基本要求是无色透明、黏性和韧性适中、固化速度适宜，并具有长期性、可逆性和可再操作性。对于玻璃这种材料，黏结剂的透明度和折射率更为重要，最好与玻璃的折射率接近，从而使黏结后的缝隙痕迹达到最小。目前，常用于玻璃黏结加固的材料主要有硝酸纤维素、环氧树脂、丙烯酸酯类树脂（包括氰基丙烯酸盐黏结剂、光敏或紫外线固化黏结剂）和有机硅树脂。分别简述如下：

（1）硝酸纤维素类黏结剂对木材、纺织品、玻璃、金属、陶瓷等都具有很好的黏结作用，但硝酸纤维素本身对紫外光很敏感，所以极少用于珍贵艺术品的保护。

（2）环氧树脂具有黏着力强、收缩率低、操作性能优良、低蠕变性和高韧性、稳定性较好以及毒性低且易于改性等优点。但是，环氧树脂的脆性较大，耐热性较差，而且内聚力较大，在黏结脆弱玻璃的时候，玻璃本体可能由于应力而发生新的断裂。

（3）丙烯酸酯类树脂黏结剂主要是乳液型聚合物，主要包括丙烯酸甲酯、丁酯、丙烯酸乳液以及氰基丙烯酸酯，具有无色透明、机械性能较好、柔软性和弹性较好、化学稳定性较好以及耐水、耐弱酸弱碱等优点，在低温下仍有较好的强度。文物修复中常用的聚甲基丙烯酸丁酯具有良好的柔韧性、耐水性和耐老化性能。氰基丙烯酸树脂无色，抗拉强度高，毒性小，在常温常压下不加固化剂亦可快速固化，但韧性、抗冲击强度和抗剥蚀强度略低。其中，B72是艺术品保护中研究最多和应用最广的材料。

（4）有机硅聚合物介于有机高分子和无机材料之间，既具有一般高聚物的抗水性，又具有透气、透水性能，通过物理、化学作用在被保护器物表面形成稳定的有机硅化物，从而起到明显的加固作用。其中，最常用的是含硅氧键和硅碳键的聚硅醚树脂。

Chapman等[30]全面评估了Paraloid B-72在彩绘玻璃保护方面的应用，认为Paraloid B-72适用于玻璃质文物的修复。在陕西法门寺出土玻璃器修复工作中，陕西省考古研究所与德国日耳曼中央博物馆开展了很好的合作研究。修复人员首先用快干胶（环氧树脂或氰基丙烯酸酯胶粘剂）临时固定玻璃器，然后将XW396型阿拉尔狄特胶（环氧树脂）和XW397型阿拉尔狄特胶的混合胶涂于裂缝处，利用其黏滞度低的特点，使其渗入裂缝，一旦胶完全渗入，裂缝将几乎或完全看不见[31]。此外，硅树脂具有良好的可逆性且与玻璃折射率相近[32]，也曾用于玻璃修复。

近年来，黏结材料的更新换代及其性能的提高，对提高修复质量起着极其重要的作用。多功能黏结剂，如耐高温黏结剂（180~200℃）、耐低温黏结剂（-80℃）、液体环氧树脂、可剥离环氧树脂、紫外线固化树脂黏结剂等黏结材料的开发和运用，大大促进了文物修复工作的开展，提供了更多可供选择的文物修复材料。

3. 补缺及做色

补缺是为了填补玻璃器缺失的部分。玻璃器的补缺有两种方法：一种为玻璃补缺，即烧制与原器物相似的残缺部分补缺，但从工艺和技术角度来看，操作的难度较大；另一种为合成材料（如石蜡）补缺，如咸阳国际机场北周王士良墓出土淡黄绿色磨花琉璃碗[33]的补缺，这是目前行之有效的方法之一。在文物修复中，玻璃器皿的补缺技术难度较高，其中原因是器皿的透明效果不易把握，因此修复材料的选用至关重要。由于玻璃表面比较光洁，不易黏结，因此补缺材料既要有牢固度又要有硬度、表面要光洁，而且具有一定透明度。在国外修复案例中，Technovit404A[34]也曾成功地应用于古代玻璃的修复补缺。补缺黏结后，最后要做色，用机械喷绘施釉，玻璃质釉面要厚薄均匀、光亮剔透，使表面有玻璃质感。

五、南京大报恩寺出土玻璃盏（TN5）的保护修复

1. TN5保存现状及病害分析

2008年7月~2009年4月，南京市博物馆对南京大报恩寺遗址地宫进行了考古发掘，出土了以铁函、七宝阿育王塔、金

棺银椁为代表的宋代佛教文物，其中包括四件制作精美、保存相对完整的玻璃质地文物（图1；图版9）：出土于铁函内，编号为 TH1 和 TH5 的玻璃瓶；出土于七宝阿育王塔内，编号 TN5 的玻璃盏以及编号为 TN9 的玻璃净瓶。四件玻璃器物的出土状况及保存现状简述如下：TH1 葫芦瓶［图1（a）］出土时上半部分缺损，瓶体断面酥松多孔，糟朽严重，整体未清理；TH5［图1（b）］保存较完整，因瓶内可能盛有舍利等，暂时未做处理；TH9［图1（c）］保存较好，正在展出；TN5 玻璃盏［图1（d）］出土时底部开裂，内盛香料，目前香料已取出，整体断裂为三部分。根据四件器物的保存现状，选择 TN5 作为古代玻璃器保护修复研究对象。

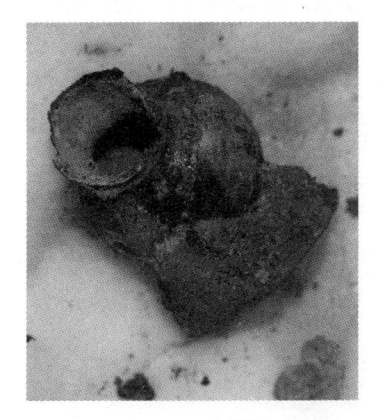

(a)TH1玻璃瓶 　　(b)TH5玻璃瓶 　　(c)TH9玻璃净瓶

(d)TN5玻璃盏

图1　南京大报恩寺出土玻璃器

TN5 玻璃盏出土于阿育王塔内，基体为深绿色。目前，TN5 玻璃盏整体保存状况较差，已断裂为三部分，包括残缺本体［图2（a）］及大、小两块残片［图2（b）、(c)］，此外，在残缺本体上还存在一条从口沿至底部的贯穿性裂缝［图2（d）］。根据初步测量，玻璃盏最大长度约 17.7cm，最宽处约为 10cm，高约 3cm。其中，较大残片长、宽约为 8.9cm 和 4.5cm，较小残片长、宽约为 5.6cm 和 4.9cm。从整体情况来看，玻璃器表面风化严重，布满黑色风化产物及附着物，从断裂部分来看，断口酥松多口，玻璃质地脆弱。

根据肉眼观察，TN5 表面几乎全部被黑色风化产物（图3）和泥土等附着物（图4）覆盖，已基本看不到玻璃的原始形貌。在未被覆盖的区域，可观察到深绿色的玻璃基体，透明度较好。除了黑色风化产物和附着物以外，玻璃表面多处出现虹彩现象（图5、图6；图版10、图版11），颜色以蓝色、黄色为主。玻璃表面的病害种类及分布情况见图7，主要表现为断裂、虹彩和风化产物覆盖。

(a) (b)

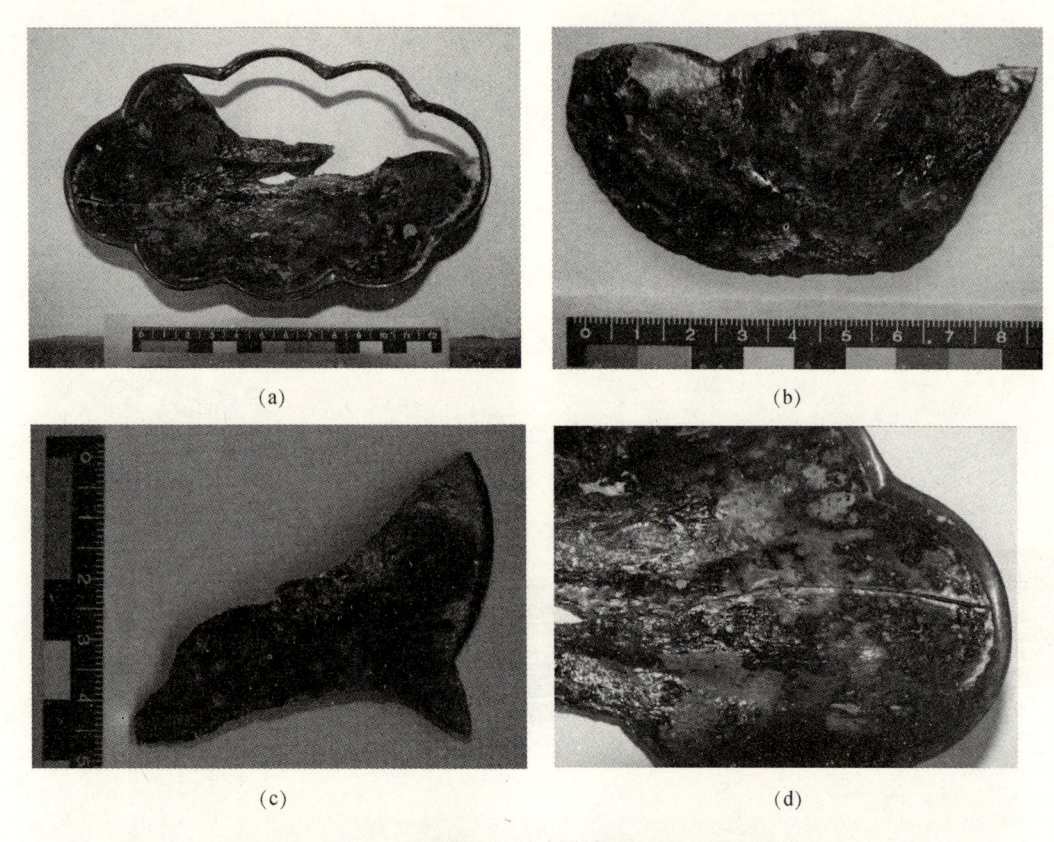

(c) (d)

图 2　TN5 保存现状

图 3　玻璃表面的黑色风化产物

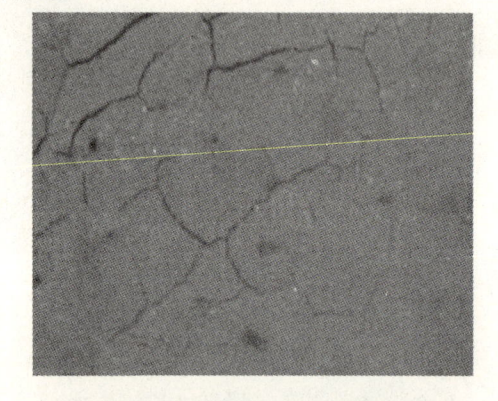

图 4　玻璃表面的泥土附着物

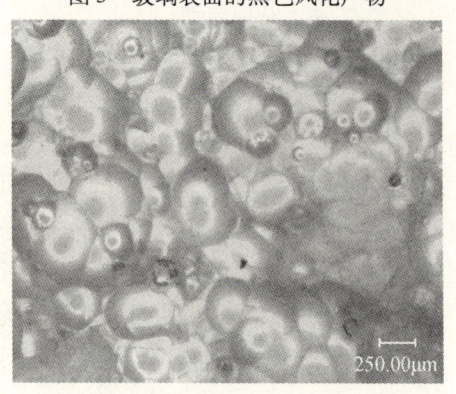

图 5　玻璃表面黄色虹彩

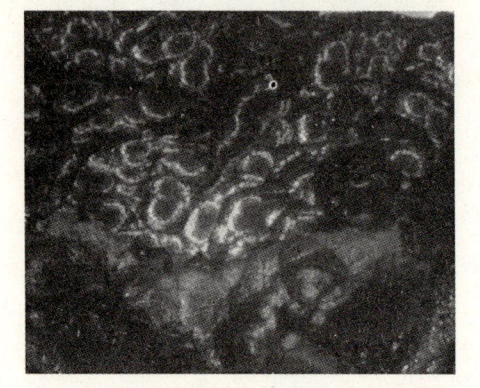

图 6　玻璃表面蓝色虹彩

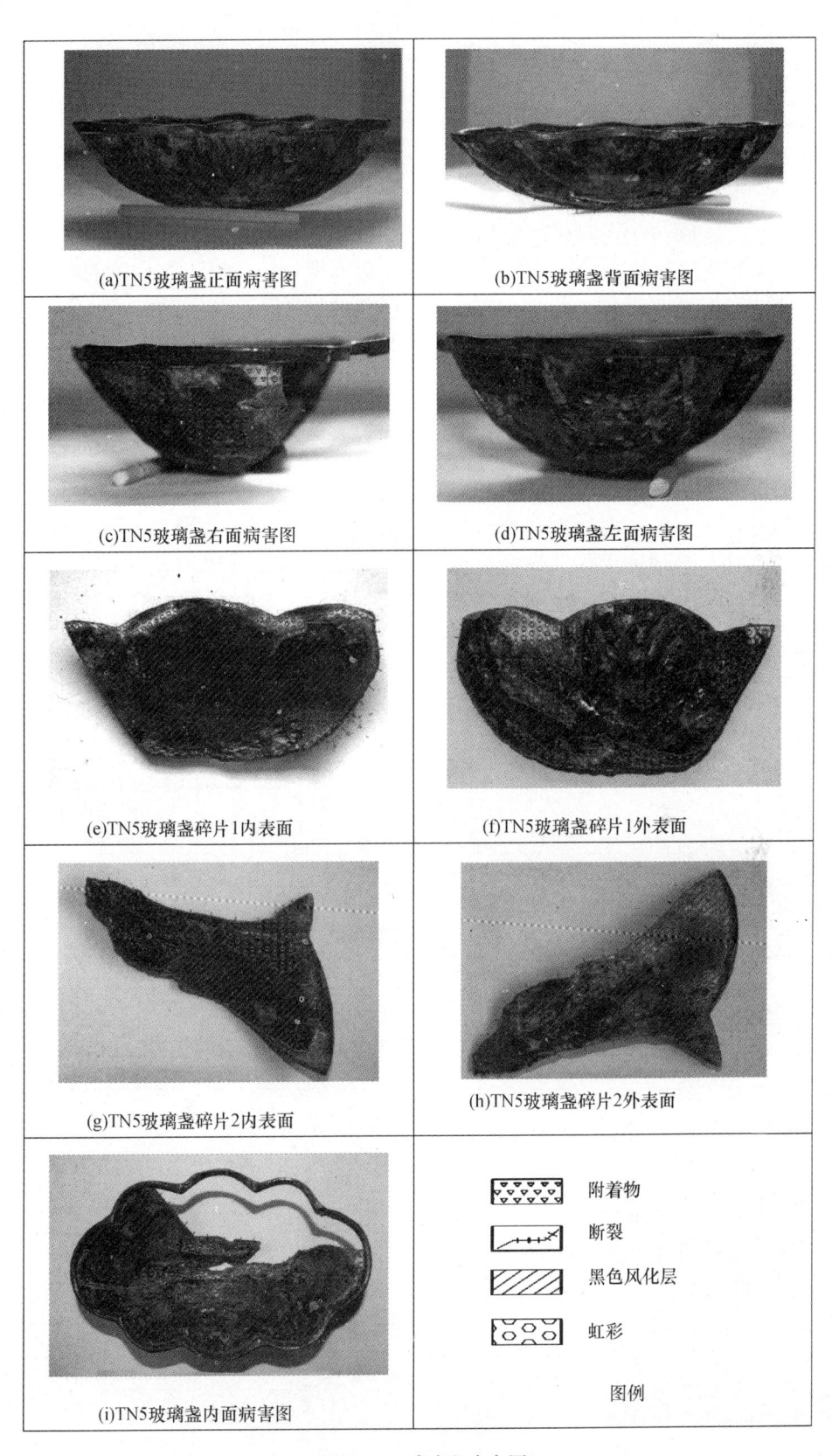

(a)TN5玻璃盏正面病害图　　(b)TN5玻璃盏背面病害图

(c)TN5玻璃盏右面病害图　　(d)TN5玻璃盏左面病害图

(e)TN5玻璃盏碎片1内表面　　(f)TN5玻璃盏碎片1外表面

(g)TN5玻璃盏碎片2内表面　　(h)TN5玻璃盏碎片2外表面

(i)TN5玻璃盏内面病害图

附着物
断裂
黑色风化层
虹彩

图例

图7　TN5玻璃盏病害图

2. TN5 化学成分及微观结构分析

为探明 TN5 玻璃盏及腐蚀产物的化学成分，利用 X 射线荧光光谱分析（XRF）、激光剥蚀等离子体发射原子吸收光谱（LA-ICP-AES）、扫描电子显微镜-能谱仪（SEM/EDX）等测试方法研究了 TN5 玻璃碎片的化学成分和微观结构，并初步探讨了玻璃的风化原因和机理。

1）化学成分分析

利用 XRF 和 LA-ICP-AES 分析了 TN5 玻璃碎片的化学成分。由于收集的玻璃碎片样品数量少、体积小，而且大多数碎片非常脆弱，无法将玻璃表面附着物完全剥离，因此 XRF 分析很难准确测试到玻璃基体的化学组成，测试结果仅作为参考。由测试结果（表1）可知，TN5 样品已经严重风化，铅含量高达 76%～83%，基体为绿色，显色元素为铜和铁。为进一步确定其化学组成，选取基体保存较好的碎片，进行 LA-ICP-AES 分析（表2），结果表明：TN5 玻璃盏的主要成分为 SiO_2 和 PbO，含量的质量分数分别为 15.6% 和 82.6%，推断为高铅硅酸盐玻璃；玻璃基体为绿色，呈色元素为 Cu 或 Cu 和 Fe 共同作用，其中 CuO 的质量分数为 0.4%，Fe_2O_3 的质量分数为 0.1%。同时，为更加细微地测定玻璃基体的成分，将样品碎片包埋、抛光后，利用 SEM-EDX 逐层分析了玻璃内部（基体保存较好）的元素组成（表3），进一步确定 TN5 为典型的铅玻璃，而且样品中硅含量较低而铅含量很高，说明风化严重，大部分区域出现了明显的层状腐蚀现象。总体来看，在风化过程中，发生了明显的铅析出及硅流失现象。此外，样品内部的铁含量明显高于外部风化区域，说明在风化过程中铁也发生了流失。

表1 TN5 玻璃样品的 XRF 分析结果 ［单位:%（质量分数）］

样品	SiO_2	Al_2O_3	CuO	PbO	CaO	Fe_2O_3	P_2O_5	SrO	ZrO_2
TN5-1	10.0	0.6	5.1	76.1	0.7	5.3	2.0	0.2	—
TN5-2	13.4	—	1.2	82.2	2.5	0.6	—	—	0.2

表2 TN5 玻璃样品的 LA-ICP-AES 分析结果 ［单位:%（质量分数）］

SiO_2	Al_2O_3	Fe_2O_3	MgO	CaO	Na_2O	K_2O	P_2O_5
15.6	0.3	0.1	0.1	0.5	0.09	0.06	0.03

CuO	PbO	BaO	SnO_2	ZnO	TiO_2	Sb_2O_5	
0.4	82.6	0.03	0.01	0.1	0.01	0.05	

表3 TN5 玻璃碎片剖面 SEM-EDX 分析结果

TN5 剖面能谱分析测试点

编号	Mg	Al	Si	Ca	Fe	P	Pb
1	0.4	0.6	4.1	—	2.2	5.3	87.4
2	—	1.2	5.2	—	2.3	4.7	86.6
3	—	0.8	4.2	—	1.9	4.7	88.4
4	—	0.9	5.3	—	2.2	4.6	87.0
5	0.8	1.2	5.2	—	2.3	4.2	86.3
6	—	0.6	3.0	1.3	5.3	5.1	84.7
7	—	0.6	4.0	1.0	5.7	3.8	84.9
8	—	—	3.2	0.9	5.5	4.9	85.5

2）表面形貌分析

由于玻璃碎片较小，首先在SMZ1500型体式显微镜（日本Nikon公司）下初步观察。TN5为绿色玻璃盏，在众多玻璃碎片中只观察到一片体积较大的绿色基体［图8（a）］，透明度较好，其中含有少量气泡；风化掉落的碎片薄如蝉翼，大多呈黑色，应该为风化产物等［图8（b）］；玻璃表面覆盖有土壤等附着物，有些已完全看不到玻璃的原始形貌［图8（c）］；在有些碎片上出现明显虹彩现象，说明玻璃已经发生风化［图8（d）］。在扫描电子显微镜下，可以更清晰地观察到玻璃碎片表面的微观形貌和保存状况［图8（e）、(f)］，整体来看，玻璃保存状况较差，表面附着物较多，基体残存极少，风化较为严重。

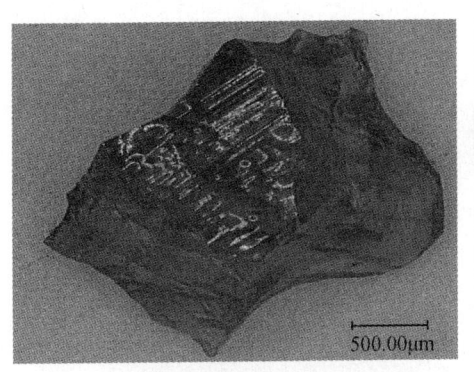

(a)玻璃基体保存较好的碎片

(b)黑色风化产物

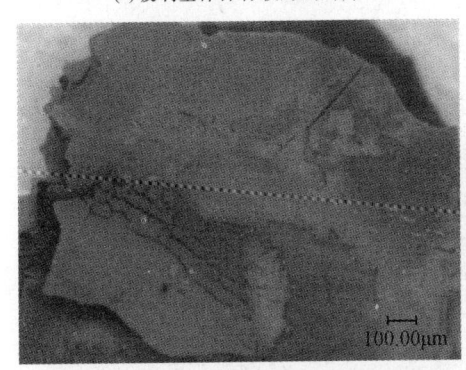

(c)玻璃表面覆盖的泥土

(d)玻璃表面的虹彩

(e)扫描电镜下的玻璃碎片

(f)扫描电镜下碎片的微观形貌

图8 TN5玻璃盏碎片表面形貌

3）玻璃内部微观结构及腐蚀原因分析

通常所言的玻璃侵蚀，是指在水、酸、碱的参与下，玻璃表面上产生的物理和化学变化[35]。玻璃埋在土中（如古墓内的葬品）所受的侵蚀，也称为风化。玻璃风化后，表面产生风化膜，由于膜层的折射率和玻璃基体不同，受光线照射后形成虹彩。多数情况是风化产物堆积在玻璃表面形成白色斑点或大片的雾状物，与物品发霉情况很相似，所以国内习惯上称为玻璃发霉"[36]。影响埋藏玻璃风化速率和类型的主要因素是玻璃成分和内部结构以及周围环境因素的影响，如温湿度、水分、微生物以及受到的震动等。在水、酸、碱、空气等物质的长期影响下，玻璃会从表面开始产生物理化学变化，如发生潮解、腐蚀、碱化、失透、粉化、晕色、虹彩、脱落甚至炸裂等现象。

将选取的 TN5 玻璃碎片样品在扫描电镜下观察，发现了明显的层状腐蚀现象（图9）。由于古代玻璃上经常存在铸造缺陷和气泡，在埋藏环境下，当气泡发生破裂时，环境中的水和其他污染物很容易富集在玻璃表面并侵入玻璃内部，从而加速玻璃风化过程。玻璃表面吸水后发生离子交换，表面脱碱形成水化层，随着 pH 的升高，反应由水或水合氢离子对玻璃的侵蚀变为碱溶液对玻璃的侵蚀，破坏了硅氧键，从而生成氢氧化物，而生成的氢氧化物可进一步生成碳酸盐或碱式碳酸盐化合物。由于 TN5 属于高铅玻璃，硅氧键的破坏造成了硅元素的流失，而铅析出和碳酸铅的形成则是玻璃成分和结构发生变化的直接原因。腐蚀产物白铅矿（$PbCO_3$）属于斜方双锥晶类，晶体常发育为板状或片状，故碳酸铅在形成过程中的取向生长可能导致玻璃侵蚀带呈现出层状分布。这与 TN5 表面和截面所表现出的化学成分变化以及风化层形态一致。

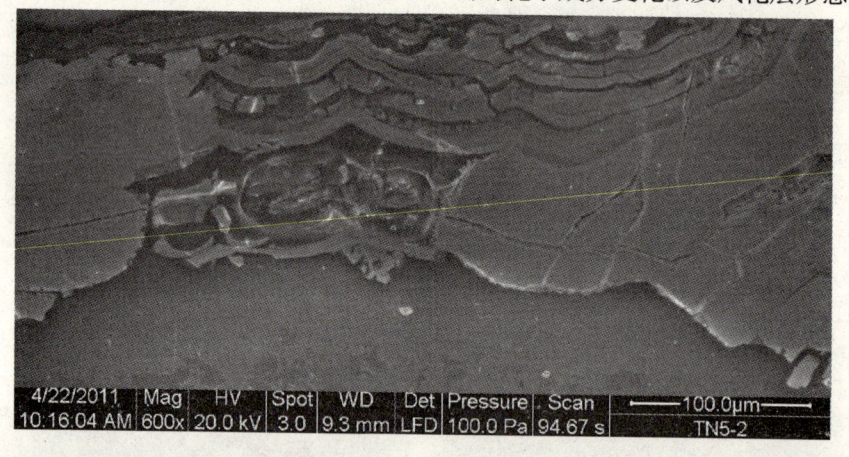

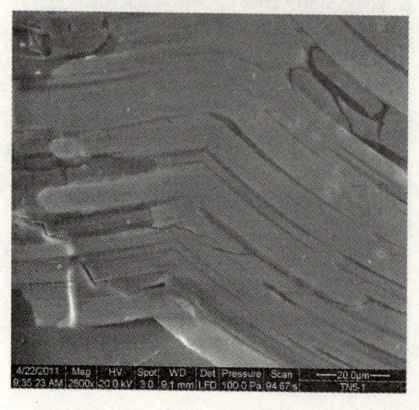

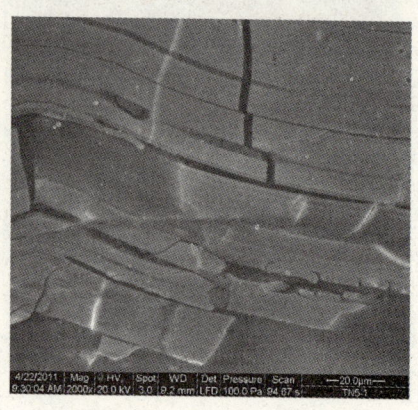

图9 TN5 剖面的微观形貌

3. TN5 保护方案

根据 TN5 的保存现状及未来的展示需求，拟对 TN5 进行展览修复，主要包括表面清洗、碎片黏结两项工作。

1) 清洗方法

据观察，TN5 器物表面附着的土壤和沉积物比较疏松，可以用物理清理法去除，主要是利用毛刷将器物表面的泥土和杂物等轻轻刷除。对于较坚硬的或存在于沟缝内的杂物，可以用刀锥、竹签或其他尖利工具小心翼翼地剔除。对于已经干硬的污垢和可去除的风化层，用棉花球蘸取无水乙醇，敷在附着物上，使之酥软后清除。由于玻璃基体材质较为酥脆，因此，在操作过程中需要特别仔细，不可损伤器物。对于表面的黑色物质，经分析其成分为高铅化合物，为玻璃的风化产物。秉承保留原貌的原则，仅仅将起翘严重的疏松部位剔除，而保留与基体紧密结合且表面较光滑致密的风化层。此外，在清洗过程中，器物的接口处特别要处理干净，以防黏结时错位变形。

2) 黏结剂的选择

黏结剂包括由各种树脂组成的黏料以及添加的部分辅助材料，如稀释剂、固化剂、促进剂、偶联剂、增韧剂、填料等[37]。遵循中国文物古迹保护准则中的相关原则，制定了保护操作中使用的黏结剂要求，主要为：黏结剂应具有较低的表面张力；黏度适中，易于扩展而不能漫流；固化时间适中；不改变文物外观；具有可再操作性，并且耐老化性能良好。

TN5 玻璃盏断面较为光滑，操作面厚度较薄，这对黏结剂的选择提出了较高要求。在 TN5 修复中使用的黏结剂必须具有适合的黏度和足够的强度，而且固化时间应该足够长以便有足够的操作时间，但又不宜过长而导致被黏结器物在固化期间发生偏移。此外，由于文物较为珍贵，黏结剂应具有较好的可逆性，流动性适中，在使用过程中不易漫流，且便于清理。由于 TN5 的特殊性，根据文献资料和模拟试验的结果，拟选择 RohmandHaas 公司生产的 Paraloid B72 作为黏结材料，溶剂为丙酮。B72 丙酮溶液的浓度经过反复试验，最终选定为 8%~9%。因为黏结剂的筛选过程较为复杂，将另外撰写文章。

4. 黏结

TN5 从底部断成三片，且断口明显极易拼对，因此可以直接拼对黏结。对于底部至口沿的贯穿性裂缝，则采用灌注黏结。具体操作方法如下：将黏结剂均匀地涂抹在已经清洁干净的断面上，然后，将两断口正确地吻合拼对在一起，用力按实，再用棉球蘸取少许溶剂并挤成半干，将溢出裂缝外的黏结剂擦拭干净。为了防止接口在黏结剂没有固化前出现移动错位，要对黏结部位加以固定，以确保黏结质量。待黏结剂完全固化后，除去固定用具和用品即可。

5. 保存及展示环境

玻璃在常温下为刚性体，硬度高，具脆性，因此，在保存和展示中尤其要避免挤压、碰撞、振动等机械性损伤。在水、酸、碱、空气等物质的长期影响下，玻璃会从表面开始产生物理化学变化，如造成潮解、腐蚀、碱化、失透、粉化、晕色、虹彩、脱落甚至炸裂等现象。因此，保存玻璃的基本环境条件是低温干燥，并保持周围空气的纯净度，避免酸碱性气体的污染。此外，潮湿环境对玻璃保存非常不利，其保存环境的相对湿度应以《馆藏文物保存环境质量检测技术规范》推荐的 40% 为宜。

六、结　　语

本文以南京大报恩寺遗址地宫出土玻璃盏的保护为例，分析了器物及其风化产物的化学组成和微观结构，确定了玻璃的化学成分，并分析了玻璃的风化原因和机理。然后，根据采集的玻璃碎片和器物的整体保存状况，绘制了病害图，明确了病害种类以及需要采取的保护措施和方法。同时，遵循中国文物古迹保护准则的相关条款，制定了详细的保护方案。

致谢：感谢南京市博物馆白宁馆长、华国荣副馆长、祁海宁副主任、周保华、巩巨平等先生在取样和研究过程中的协助和配合！感谢中国文化遗产研究院课题组成员张治国、沈大娲的帮助！

参 考 文 献

[1] 孔安国，孔颖达，黄怀信. 尚书正义. 上海：上海古籍出版社，2007.
[2] 屈原. 楚辞. 林家骊译注. 北京：中华书局，2010.
[3] 沈从文. 玻璃史话. 沈阳：万卷出版公司，2005.
[4] 萧炳荣. 我国古代玻璃的名称问题. 玻璃与搪瓷，1984，12（5）：56~59.
[5] 张维用. 琉璃名实辨. 故宫博物院院刊，1986，（2）：64~69，96.
[6] 李素桢，田育诚. 中国古代诗文中的玻璃史料. 故宫博物院院刊，1986，（2）：70~73.
[7] 程朱海. 试探我国古代玻璃发展. 硅酸盐学报，1981，(9)：96~194.
[8] 干福熹，黄振发，肖炳荣. 我国古代玻璃的起源问题. 硅酸盐学报，1978，6（1,2）：99~104.
[9] 干福熹. 中国古代玻璃技术的发展. 上海：上海科学技术出版社，2005：220，221.
[10] 干福熹. 中国古代玻璃的起源和发展. 自然杂志，2004，28（4）：187~193.
[11] 伏修锋，干福熹. 中国古代釉砂和玻砂. 硅酸盐学报，2006，34（4）：428~431.
[12] 李青会，干福熹，顾冬红. 关于中国古代玻璃研究的几个问题. 自然科学史研究，2007，（2）：10~16.
[13] 杨伯达. 关于我国古代玻璃史研究的几个问题. 文物，1979，（5）：76~78.
[14] 周双林，王军，李京华. 河南东周阳城炼炉玻璃样分析研究. 考古，1999，（7）：77~79.
[15] 赵匡华. 试探中国传统玻璃的源流及炼丹术在其间的贡献. 自然科学史研究，1991，10（2）：145~156.
[16] 安家瑶. 玻璃器史话. 北京：中国大百科全书出版社，2000.
[17] Sayre E V, Smith R W. compositional categories of ancient glass. Science, 1961, 133 (3467): 1824~1826.
[18] 黄启善. 广西古代玻璃研究概述. 见：广西壮族自治区文物工作队. 广西考古文集（第二辑）——纪念广西考古七十周年专集. 北京：科学出版社，2005.
[19] 干福熹. 中国古代玻璃的起源和发展. 自然杂志，2006，28（4）：187~193.
[20] Walters H V, Adams P B. Humidity and weathering of glass. J Non-Cryst Solids, 1975, 19: 183~198.
[21] Tsuchihashi S, Konishi A. Kawmoto Y. Chemical attach of optical glasses by formic acid vapor. J Non-Crysto Solids, 1975, 19: 221~239.
[22] Cox G A, Ford B A, The long-term corrosion of glass by ground-water. Journal of Materials Science, 1992, 5637~5647.
[23] 王承遇，周良知. 器皿玻璃的风化. 玻璃与搪瓷，1983，（5）：15~21.
[24] 陈敏，王承遇. 中铅品质玻璃表面风化的研究. 玻璃与搪瓷，1989，17（6）：12~16.
[25] 周良知，影响硅酸盐玻璃风化的主要因素. 大连轻工业学院学报，1984，（01）：34~44.
[26] Newton R, Davison S. Conservation of Glass. United Kingdom and United States and Canada: Butterworth & Co. Ltd, 1989.
[27] 王承遇，陶瑛. 硅酸盐玻璃的风化. 硅酸盐学报，2003，1（1）：78~85.
[28] 王承遇. 平板玻璃发霉的测试方法. 玻璃，1989，（5）：10~15.
[29] 王承遇，陈敏. 用X射线光电子能谱研究玻璃风化. 玻璃技术，1989，18（4）：1~5.
[30] Chapman S, Mason D. Literature Review: The use of paraloid B-72 as a surface consolidant for stained glass. Journal of the American Institute for Conservation, 2003, 42, (2): 381~392.
[31] 贾文忠. 古玩保养与修复. 北京：北京出版社，2000：175~181.
[32] Vogel N A, Achilles R. The Preservation and Repair

[33] 杨忙忙. 古琉璃器的保护研究与修复技术. 考古与文物, 1998, (6): 82~86.
[34] Wihr R. Repair and reproduction of ancient glass. Studies in Conservation, 1961, (6): 138~139.
[35] 张承志. 文物保藏学远离. 北京: 北京科学技术出版社, 2003.
[36] 王承遇, 陶瑛. 硅酸盐玻璃的风化. 硅酸盐学报. 2003, (01): 78~85.
[37] 周双林. 文物保护用有机高分子材料及要求. 四川文物, 2003, (3): 94~96.

Study of the Conservational Method of Ancient Glass: Take an Ancient Glass Calyx Unearthed from Bao'en Temple of Nanjing

Song Yan[1], Yu Ning[2], Wang Jun[3], Wang Changsui[2], Ma Qinglin[1]

(1. Chinese Academy of Cultural Heritage Beijing 100029)
(2. Graduate University of the Chinese Academy of Sciences Beijing 100049)
(3. Nanjing Municipal Museum Nanjing 210004)

Abstract This article summarized the development and the present research situation of ancient glass of our country from their origin, the chemical composition and evolution process, the corrosion product and mechanism, as well as the protection and repair, and discussed the conservational methods of an ancient glass calyx (TN5) unearthed from Bao'en Temple of Nanjing. Firstly, the chemical composition, microstructure and glass fragments of the ancient glass and its weathering products are analyzed through various analytical test methods. The results show that this object is a typical of high lead glass, and the loss of silicon and lead precipitation lead to structural damage. Secondly, the analysis of the conservation status of the whole object are analyzed, a disease map is drawn according to the performance of glass types and distribution of disease. Thirdly, based on the composition, microstructure and disease of the glass, and the literature and laboratory tests, appropriate bonding material has been selected, the glassware's protection repair plan is worked out according to the Chinese cultural relics protection criterion.

Keywords Bao'en Temple of Nanjing, North Song Dynasty, Underground palace, $PbO-SiO_2$ glass, Component analysis

南京大报恩寺地宫出土香料分析与保护研究[*]

周雷[1]　沈大娲[2]　王军[3]　白宁[3]　胡之德[1]　马清林[2]

(1. 兰州大学化学化工学院　兰州　730000)
(2. 中国文化遗产研究院　北京　100029)
(3. 南京市博物馆　南京　210004)

摘要　本文综述了中国古代香料的使用情况和出土香具香料概况,以及香料的分析方法等,在此基础上,运用多种分析方法对南京大报恩寺地宫出土香料样品进行了初步的分析与保护研究。南京大报恩寺地宫发掘过程中,出土了两类天然香料,一为木本香料,一为树脂香料。根据木材的微观结构特征,可确定木本香料为沉香。通过元素分析与红外光谱研究,确定树脂香料为乳香,并用光学显微镜和扫描电子显微镜表征了出土乳香的微观形态,发现其结构中存在大量孔洞。同时,尝试了采用硅胶脱水法和冷冻干燥法对出土乳香样品进行脱水保护。

关键词　南京大报恩寺地宫,出土香料,沉香,乳香,分析,脱水

一、引言

南京大报恩寺位于南京市中华门外秦淮河畔古长干里地区,该寺始建于明永乐十年,即1412年,系明成祖朱棣为纪念其母,感念生育之恩而建。大报恩寺内建有五彩琉璃宝塔,高约78m,九层八面,塔体全部用白石和五彩琉璃砖砌成,精美绝伦,被誉为"中世纪世界七大奇迹"之一。1856年,大报恩寺不幸毁于太平天国运动的战火中[1,2]。

2008年7月~2009年4月,南京市博物馆对南京大报恩寺遗址进行考古发掘,发现了一处地宫,根据地宫出土石函、丝绸发愿文的明确记载,以及铜钱、各种器物的时代特征,确定此地宫建于北宋大中祥符四年,即1011年,为北宋长干寺地宫[3]。地宫内出土了以铁函、七宝阿育王塔、金棺银椁为代表的宋代佛教文物。在对铁函和七宝阿育王塔的陆续清理中,发现了一批品类不同的香料。由于保存具有一定难度,我国考古出土的香料实物极少。因此本次发现的这批香料是研究中国香料史、用香史的珍贵实物资料,对于研究香料与佛教的关系,具有非常重要的价值。

二、出土香料分析研究现状

1. 古代香料的使用

香料是指具有香气和/或香味的物质,根据其来源可分为天然香料和人造香料,天然香料又可分为植物性天然香料和动物性天然香料,是从天然植物的花、果、叶、茎、根、皮或者动物的分泌物中提取的致香物质。香料使用的目的,主要是用于化妆美容、饮食调味、熏香除秽、杀菌防腐

---

[*] 基金项目:国家科技支撑计划课题"南京报恩寺遗址地宫及出土文物保护技术研究";课题任务书编号:2009BAK53B07;课题负责人:白宁、马清林。

和医药保健等方面。人类使用香料的历史悠久，中国、印度、埃及和希腊等文明古国是使用和记载香料最早的国家[4]。

中国使用香料的历史可追溯到5000年前，在黄帝神农时代，就已采集树皮草根作为医药用品来驱疫辟秽。在商周时期，香料已用于礼仪活动之中。汉代以后，随着宫廷用香的扩大，外国进贡的奇香珍品开始使用。隋唐以降，香料的使用更趋兴盛，特别是宋朝，香料贸易空前繁荣，经泉州的海上贸易之路进口的商品主要是香料和药物[4]。

我国与域外香料朝贡贸易历史悠久，宋代是香料通过贸易传入我国的顶峰时期，相当数量的香料品种由当时的域外传入国内[5~8]。据《诸蕃志》记载，宋朝时输入中国的香料主要品种约有二百余种，占全部舶来商品的半数以上，呈现出当时一种独特的社会和文化现象。夏时华[9]对宋代香药现象进行了比较系统的探讨，考察了宋代的香药来源、香药贸易概况、香药与宗教活动、香药与贵族平民的生活、香药在中医养生保健中的运用。在宋代，香在佛教、道教、祭祀天地祖先等宗教活动中使用相当盛行，既有焚香、香汤沐浴、香水浴佛，又有用香料制作佛像、念珠等。香料在当时已进入社会宗教活动的诸多方面，被赋予了一定的宗教功能，既丰富了当时的社会宗教活动，又增加了宗教文化内涵[10]。宋代官僚贵族在诸如饮食、焚香、熏衣、佩香、沐浴、待客、书写等日常生活的许多方面使用香料也极为兴盛[11]。宋代平民在医疗、饮食、佩香、化妆、建筑、婚育仪式、宗教活动、节日习俗等日常生活中广泛使用香药，香药成为人们生活中一种不可缺少的常物[12]。此外，在香料的长期使用过程中，人们不断地发现其药用价值，越来越多的香料入药治病，成为宋代医学的一大特色[13]。

2. 中国出土香具香料概况

香具是使用香料时所需要的一些器皿用具，我国考古发现中曾有大量的香具出土，佐证了香料在古代的广泛使用。1968年在河北西汉中山靖王刘胜墓中出土的错金博山炉，其造型和工艺已达到高峰。20世纪70年代马王堆一号汉墓出土大量香具，如香奁、香枕、香囊、熏炉和竹熏罩等。这些香具造型丰富，既可便于使用不同类型的香品，同时也是美观的饰物[14]。1987年，考古工作者在清理法门寺地宫文物时，发现熏香品9件，这是唐代皇帝在宫廷使用熏香器的明证[15]。随后各地又有大量瓷制香炉出土[16,17]。

除了香具之外，马王堆一号汉墓中还出土植物性香料十余种，分别为花椒、佩兰、茅香、辛夷、杜衡、藁本、桂、高良姜、姜等。它们基本代表了西汉初期贵族熏香习俗的物质概貌。汉代人对香料的使用，既有着美味饮食、宗教祭祀、香身、保健、防腐等实际用途，更有着对其所蕴含的精神气象的迷恋，反映了当时的用香习俗[14]。从马王堆一号汉墓出土香料看，西汉初期贵族所使用的香料均为国产香草，基本都比较常见，并无名贵香药。

关于出土香料，另一个极为重要的考古发现是在1974年6~8月，福建省文物考古工作者在泉州湾后渚港内，发掘出一艘沉没的宋代木造海船。舱内出土的文物很丰富，其中数量最多的是香料药物，未经脱水的总质量达4700斤。经有关方面鉴定，有降真香、乳香、龙涎香、槟榔、胡椒、檀香、沉香等，故被断定为一艘满载香料药物，由国外返回泉州的商船[18,19]。这些香料多为热带产物，不产于黄河流域和长江流域。异域香料的传入，不仅实现了量的扩张，而且品种更加丰富，标志着香料传入方式、利用方式开始向多元化方向发展。

3. 香料分析方法综述

限于分析科学技术的发展，早期出土香料的分析方法较为单一，主要是在经验鉴别的基础上，辅以简单的仪器分析方法如显微观察、紫外光谱分析和薄层色谱分析等。以1974年出土的泉州湾宋代沉船中香料的鉴定为例，陈瑞华等[20]在经验鉴别的基础上应用显微组织和微量化学鉴别方法，与收集到的降香样品对照，确定其中有降香。所用分析方法主要有显微镜观察，浸出物薄层荧光观察和紫外光谱分析等。福建师范大学化学系高分子研究室[21]也曾对泉州湾宋代沉船中的一种植物性香脂薄层色谱鉴定，通过未知物与多种植物性树脂的薄层色谱以及文献记载的其他天然树脂的薄层色谱对照，初步判断未知物是一种乳香。进一步通过未知物与十八种商品乳香（包括八种生乳香炒制品）的薄层色谱对照，发现未知物与商品乳香的薄层色谱基本相同，特别与索马里原乳香的薄层色谱更趋一致。在对照鉴定中，发现各种生乳香与其炒制品相比，其乙醇萃取液均由无色或极浅黄色变成黄色。未知物的乙醇萃取液呈黄色，表明它经过炒制。

随着现代分析科学的发展，香料的分析方法也取得了很大的进展，越来越多的技术手段可用于出土香料的鉴别、形态分析和成分分析等，为确定这些芳香物质成分提供了强有力的工具[22,23]。

香料初步检验包括物理形态、颜色、气味等；根据需要可测定的物理性质包括密度、熔点、沸点、凝固点、溶解度、旋光度等。

香料主要官能团定性与定量分析：香料所包含的化合物有醇、酚、醚、醛、酮、酸、酯及硝基化合物等，可以利用特征官能团来鉴别这些化合物。官能团鉴别反应要求试剂与样品迅速发生反应，有专一性，反应有明显外观变化。化合物官能团定量分析方法主要有六类：酸碱中和法、氧化还原法、沉淀法、滴定测水法、比色法、气体测量法。针对不同类型化合物可选用适当方法。

仪器分析方法可灵敏快速地对出土香料进行剖析，并从化学组成的角度做出定性、定量的解释，特别是对于微量、痕量组分进行深入剖析并了解其中的关键致香成分，使人们对香料的认识从宏观、感性的层次深入到分子水平。仪器分析的另一个优点是有些方法可以做到无损或少损分析，有助于出土香料的保护。出土香料的仪器分析方法主要可分为三个方面，即形态分析、光谱分析和成分分析。

形态分析：可利用光学显微镜、荧光显微镜、透射电镜（TEM）、扫描电子显微镜（SEM）和原子力显微镜（AFM）等对香料的外形性状和内部组织结构观察，以获取种类鉴别的第一手资料。

光谱分析：可利用紫外光谱、红外光谱、近红外光谱和拉曼光谱分析，以获取特征官能团化合物的信息。此类方法无论是在分析时间、灵敏度、准确度、样品需求量和损耗等方面均优于化学分析方法[24]。

成分分析：可利用各种色谱分离技术，特别是色谱-质谱联用技术，对香料的化学成分分析。如气相色谱法（GC）[25]、高效液相色谱（HPLC）[26]、气相色谱-质谱联用（GC-MS）和液相色谱-质谱联用（LC-MS）技术在较短的时间内就可以完成一个复杂的混合物的分析，单组分检测限可以达到10^{-11}g。所以GC-MS是目前香料分析中应用最多的一种手段，特别适合于化学组成复杂的天然香料分析[27~29]。目前所见文献中的出土香料成分分析也多采用GC-MS技术[30~33]。

4. 国内出土香料的分析与保护研究

国内首次将化学和仪器分析手段应用于鉴定出土香料是在对泉州湾出土宋代木船所载香料的研究。采用显微鉴定和薄层色谱方法鉴定了出土的降香[20,34]，采用薄层色谱方法鉴定了其中的乳香和龙涎香[21,35]。

泉州湾出土的木本香料采用与其他出土木质文物相同的保护方法，清洗后采用5%的NaCl和3%的NaF浸泡以防止霉变和白蚁咬噬，再用福尔马林消毒后干燥。其中的乳香和龙涎香用蒸馏水清洗表面附着的泥土，放在表面皿中自然风干，再置于玻璃瓶中密封保存[36]。

三、南京大报恩寺地宫出土香料初步分析

经过对地宫瘗藏文物的初步清理，香料主要发现于铁函和宝塔内的包裹、容器内。目前对已发现的12件香料进行了编号整理，编号以TH开头的香料出土于铁函内；编号以TN开头的香料出土于七宝阿育王塔内，这些香料经过简单清理，放置于保湿环境中。此外，尚有部分香料放于原器物中，如香囊、玉碗、玻璃杯等。目前发现的香料主要有两类，推测均为天然植物香料，一类呈植物根茎状，应为木本植物香料（图1）；另一类为黄白色块状（图2），应为树脂香料。

图1 南京大报恩寺地宫出土木本香料

1. 出土木本香料的分析

大报恩寺地宫出土的木本香料木质坚硬，颜色为淡黄褐色，有淡淡香气（图3）。木本香料样品委托中国林业科学院木材科学研究所鉴定。通过对木本香料的显微结构观察可知内含韧皮部甚多且明显；木材微观特征为2~3个径列复管孔及少数单管孔，导管分子单穿孔，如图4~图6所示。据此可判断大报恩寺地宫出土的木本香料为瑞香科白木香属白木香。白木香别名土沉香、香树，材色黄白或浅黄褐色，久露空气中材色转深，含有树脂的心材可以制成沉香。

图2 南京大报恩寺地宫出土树脂香料

图3 大报恩寺地宫出土木本香料

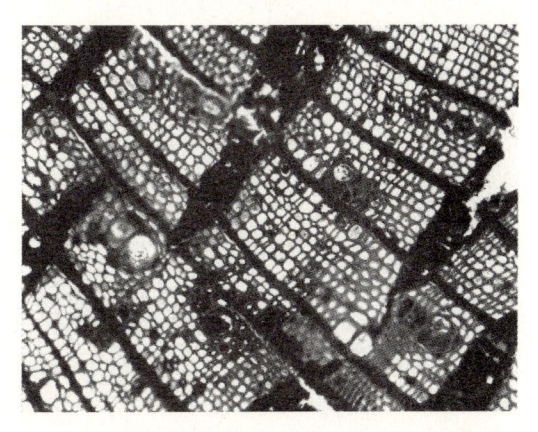

图4 大报恩寺地宫出土木本香料微观构造特征（横切面）

图5 大报恩寺地宫出土木本香料微观构造特征（纵切面）

图6 大报恩寺地宫出土木本香料微观构造特征（弦切面）

2. 出土树脂香料的初步分析研究

南京大报恩寺地宫出土的块状树脂香料较多，且存放于多种器物中，采样编号及样品描述列于表1。

表1 南京大报恩寺地宫出土树脂香料取样列表

样品编号	样品描述
TN8（总5029）	玉碗内盛香料
TH15	瓶内香料
TN15-4（总5032）	银盒内香料
TN19-2-3-1（总5012）	鎏金银盒内香料
TN19-2-6（总5031）	银香囊内容物
TN23-4	银樽座内香料
总5001	鎏金银净瓶内白色香料

续表

样品编号	样品描述
总5030-1	净瓶内黑色香料
总5030-2	净瓶内白色香料
总5030-3	净瓶内红色物
4：5-2	塔内5号器物（琉璃碗）内填充物
4：9-2	净瓶封口物
16-2-2	16-2包裹内香料
22-5	塔内丝绸包裹物

1）出土树脂香料的形态分析

在光学显微镜下观察，南京大报恩寺地宫出土树脂香料多呈黄白色，大小不等，表面有碎屑及大量孔洞（图7）。在环境中放置自然干燥脱水后表面呈粉末状。通过对树脂香料样品表面喷金处理，在扫描电子显微镜（日本电子，JSM-5600LV）下观察其表面形态，可进一步确认树脂香料样品中存在大量孔洞（图8）。

2）出土树脂香料的元素分析

出土树脂香料及乳香、制乳香、莪术的元素分析委托兰州大学功能有机分子化学国家重点实验室完成。所用元素分析仪为德国Elementar公司生产，型号为Vario EL，分析结果列于表2。表中数据可以看出，出土树脂香料样品的主要元素是C和H元素，含少量S元素（注：未测O元素），所有出土树脂香料样品中均不含N元素，说明样品是植物香料而不是动物香料。除编号为4：5-2的香料样品（C的质量分数为62.25%，H的质量分数为7.83%）之外，所有树脂香料样品的C和H含量基本相似，即C含量（质量分数）在75%左右，H含量（质量分数）在10%左右。出土树脂香料样品中C、H、N的元素含量与乳香和制乳香中C、H、N的含量比较接近，而与莪术中C、H、N的含量相差较大。

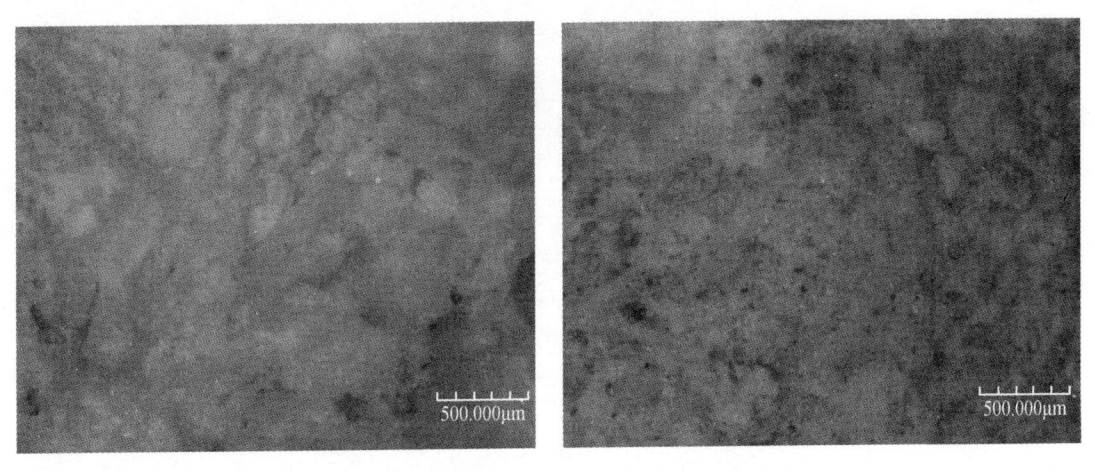

图7 出土树脂香料 TN15-4 三维视频显微照片
（100×）

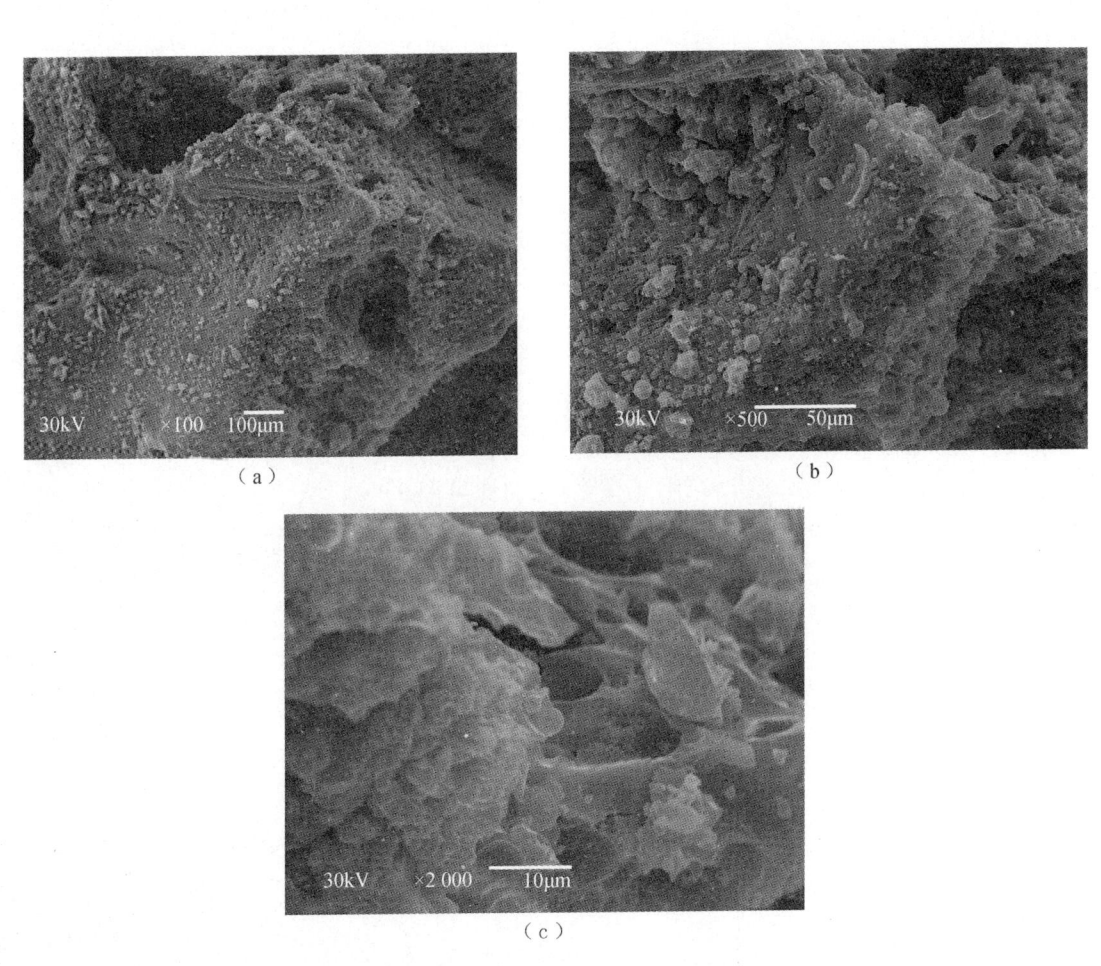

(a)

(b)

(c)

图8 出土树脂香料 TN15-4 SEM 照片

表2 出土树脂香料元素分析结果

样品编号	元素含量/% （质量分数）			
	C	H	N	S
4:5-2	62.25	7.83	0.00	0.15
总5001	74.51	10.14	0.00	0.15
TN8/总5029	75.29	10.41	0.00	0.17
总5030-2	76.48	10.47	0.00	/*
TH15	72.13	9.82	0.00	/*
TN15-4/总2032	77.37	10.66	0.00	0.09
22-5	74.07	10.12	0.00	/*
16-2-2	75.79	10.26	0.00	0.12
TN23-4	76.92	10.50	0.00	0.19
TN19-2-6/总5031	76.32	10.43	0.00	0.09
4:9-2	76.89	10.52	0.00	0.10
乳香	64.85	9.38	0.00	0.41
制乳香	63.34	8.96	0.00	0.21
莪术	42.39	6.34	0.99	0.36

注：由于样品量过少，未送检。

3）出土树脂香料的光谱分析

经冷冻干燥处理之后，对所有出土树脂香料样品进行了红外光谱分析，并与乳香、制乳香和莪术的红外光谱进行对比研究。测试所用仪器为 Nicolet NEXUS FTIR 光谱仪，在 $4000\sim400\,cm^{-1}$ 波数范围内测定，采用透射方式测试，KBr 压片（注：压片研磨时可闻到强烈香味）。结果显示，所有出土树脂香料样品的红外谱图基本相似，且树脂香料的红外谱图与乳香和制乳香的红外谱图高度相似，与莪术区别较大，据此可判断树脂香料为乳香类。以编号为 TN15-4 的出土树脂香料样品为代表，其与乳香、制乳香和莪术的红外谱图对比见图9。

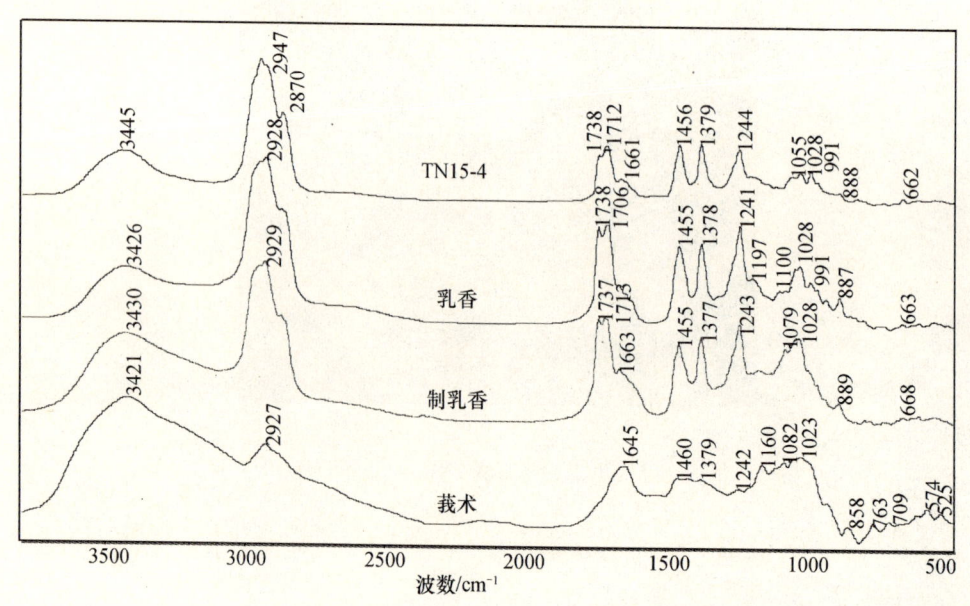

图9 出土树脂香料与乳香、制乳香、莪术的红外光谱图

乳香，主要产于北埃塞俄比亚、索马里以及南阿拉伯半岛，为橄榄科植物卡氏乳香树或鲍达乳香树及野乳香树皮部渗出的或经刀割渗出含有挥发油香味的树脂。乳香主要含大环二萜和五环三萜化合物。干燥后的树脂，多呈小形乳头状、泪滴状颗粒或不规则的小块，长 0.5~3cm，有时粘连成团块。淡黄色，常带轻微的绿色、蓝色或棕红色，半透明，表面有一层类白色粉尘，除去粉尘后，表面仍无光泽。质坚脆，断面蜡样，无光泽，亦有少数呈玻璃样光泽。气微芳香，味微苦。嚼之，初破碎成小块，迅即软化成胶块，黏附牙齿，唾液成为乳状，并微有香辣感。遇热则变软，烧之微有香气（但不应有松香气），冒黑烟，并遗留黑色残渣。与少量水共研，能形成白色乳状液。

3. 香料脱水保护初步研究

出土树脂香料含有部分水分，容易滋生霉菌，因此进行了脱水试验。

1）硅胶脱水干燥试验

将出土树脂香料样品放置于样品盘中称重后置于盛有硅胶的干燥器中（图10），定期称重，并观察样品外观，以判断脱水效果。

图10 出土树脂香料硅胶脱水试验

硅胶脱水干燥前后，样品外观没有明显变化，没有出现粉化或碎裂情况。三维视频显微镜观察样品微观形态没有显著变化（图11~图13）。以样品质量对干燥时间作图，如图14所示。样品干燥40天以内，有较明显的失重，40天后，质量基本无变化。硅胶脱水干燥结果表明，该方法没有引起香料外观变化，并可以脱除香料中残存水分，因此可以将该方法用于香料脱水干燥。

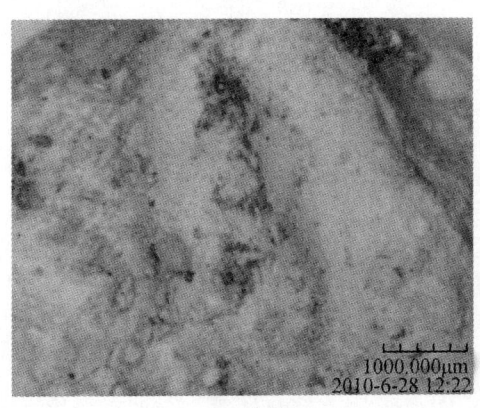

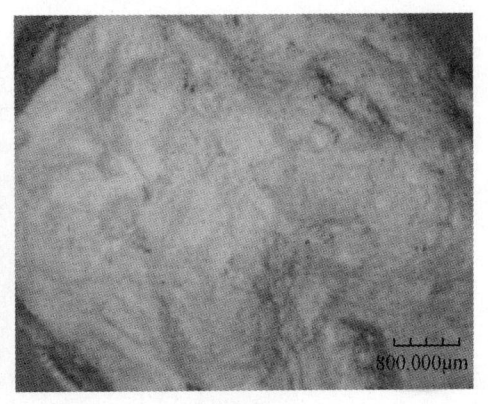

(a)干燥前　　　　　　　　　(b)干燥后

图11 TN8 干燥前后三维视频照片对比

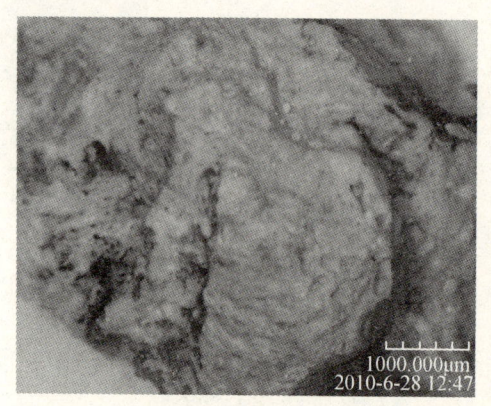

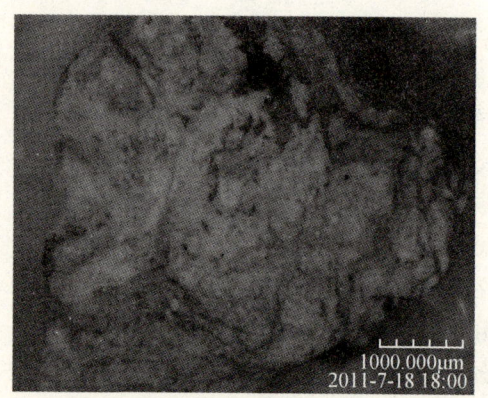

(a)干燥前　　　　　　　　　　　　(b)干燥后

图12　总5030-2干燥前后三维视频照片对比

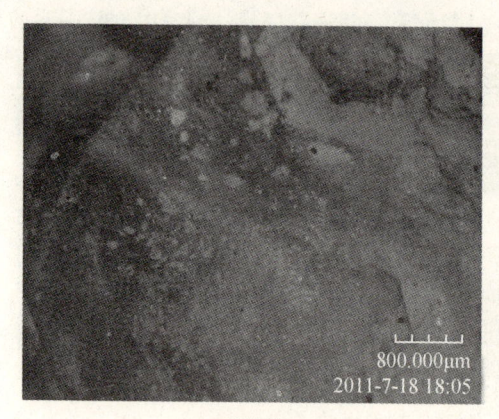

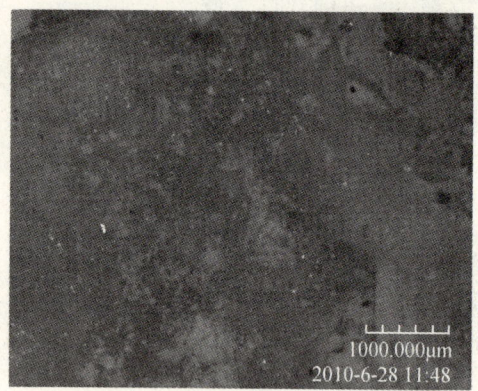

(a)干燥前　　　　　　　　　　　　(b)干燥后

图13　TN23-4干燥前后三维视频照片对比

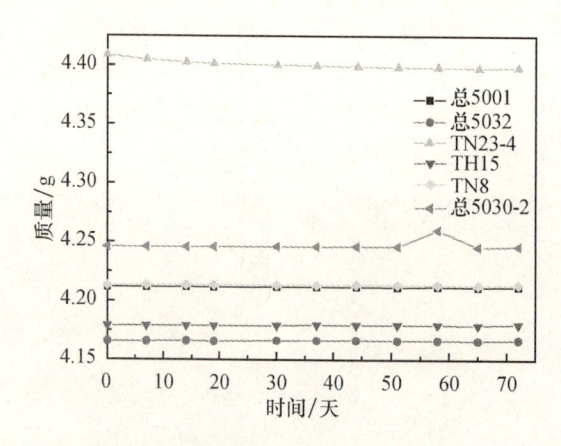

图14　树脂香料硅胶脱水试验失重图

2）冷冻干燥试验

采用冷冻干燥方法进行了脱水干燥试验。将出土树脂香料样品5031以及饱水后的现代乳香对照样在-20℃下冷冻，然后进行冷冻干燥脱除水分。干燥1周后称重，

· 100 ·

结果见表3。表中数据可以看出，出土香料样品5031的失水率远远小于对照样的失水率，说明香料中含水率较低，其结果与硅胶干燥法结果相同。香料冷冻干燥后未出现粉化、碎裂等现象，外观没有变化。利用红外光谱对比分析了干燥前后的样品（图15），干燥前后5031的红外光谱没有明显变化，说明冷冻干燥对乳香的化学成分没有造成破坏。

表3 出土树脂香料冷冻干燥脱水试验结果

样品	初始值/g	冷冻干燥后/g	失水率/%
乳香	2.2353	1.6871	24.52
总5031	0.1139	0.1129	0.88

综上，硅胶干燥法和冷冻干燥法均可有效脱除出土树脂香料样品中的水分，对出土香料外观和成分不会造成破坏。

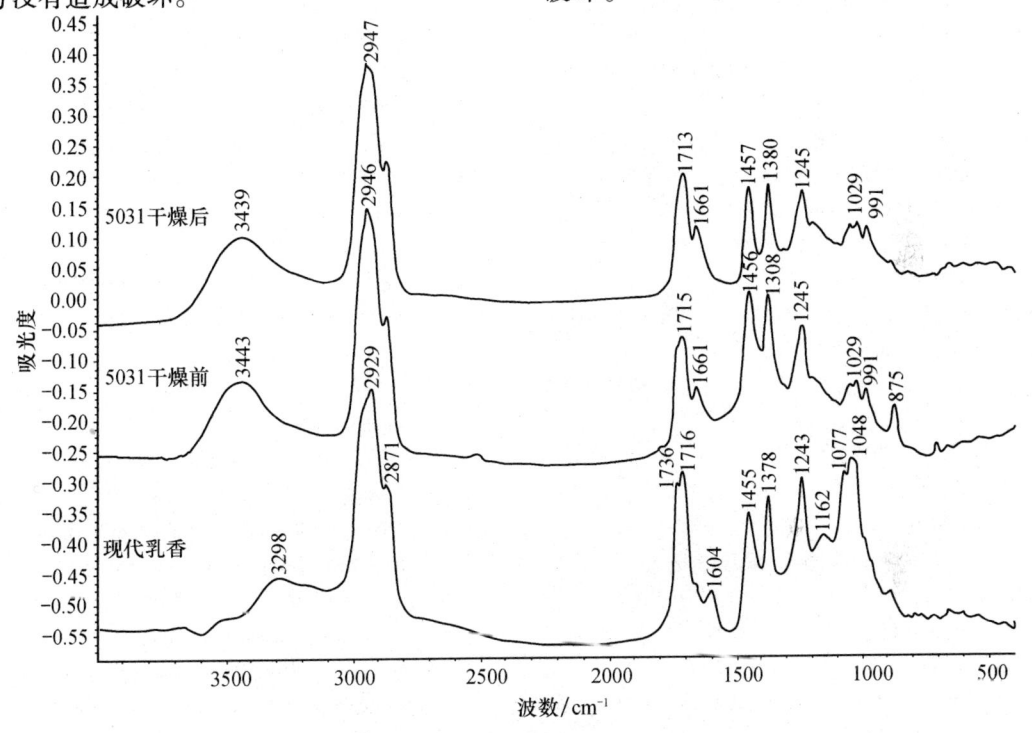

图15 出土树脂香料冷冻干燥脱水前后红外光谱对比

四、结　论

本文运用多种分析方法对南京大报恩寺地宫出土香料样品进行了初步的分析与保护研究。分析结果表明，大报恩寺地宫出土的木本香料为沉香；出土的树脂香料为乳香，用光学显微镜和扫描电子显微镜表征了出土乳香的微观形态，发现其结构中存在大量孔洞。此外，本文还尝试采用硅胶干燥法和冷冻干燥法对出土香料进行干燥脱水，结果表明，两种方法均可有效脱除出土乳香中的水分。

出土香料成分分析和保护研究还有待进一步深入，关于南京大报恩寺地宫出土香料的来源也是值得探讨的研究课题。

致谢：本文研究工作得到中国林业科学院木材研究所张立非教授、姜笑梅教授和许明坤高工，中国科学院化学研究所王德乾博士的大力支持与帮助。在此一并表示感谢！

参 考 文 献

[1]　纪盛鸿. 世界中古七大建筑奇迹之一 南京大报

恩寺琉璃塔成毁记. 文史杂志, 1997, (1): 61~62.

[2] 纪盛鸿, 胡华. 南京大报恩寺琉璃塔的毁灭与重建. 档案与建设, 2002, (8): 35~39.

[3] 郑宽涛. 南京大报恩寺地宫发掘情况综述. 郑和研究, 2008, (4): 40~44.

[4] 汪秋安. 中国古近代香料史初探. 香料香精化妆品, 1999, (2): 36~39.

[5] 陈宝强. 宋朝香药贸易中的乳香. 暨南大学硕士学位论文, 2000.

[6] 温翠芳. 唐代的外来香药研究. 江西师范大学博士学位论文, 2006.

[7] 严小青, 惠富平. 宋代香料贸易及其影响. 江苏商论, 2007, (4): 172~174.

[8] 景兆玺. 唐朝与阿拉伯帝国海路香料贸易初探. 西北第二民族学院学报 (哲学社会科学版), 2007, (5): 54~59.

[9] 夏时华. 宋代香药现象考察. 江西师范大学硕士学位论文, 2003.

[10] 夏时华. 宋代香料与宗教活动. 安徽广播电视大学学报, 2005, (4): 120~122.

[11] 夏时华. 宋代香料与贵族生活. 上饶师范学院学报, 2007, 27 (4): 64~68.

[12] 夏时华. 宋代香料与平民生活. 淮北煤炭师范学院学报 (哲学社会科学版), 2008, 29 (5): 87~90.

[13] 江俊伟, 陈云轶. 香典. 重庆: 重庆出版社, 2010.

[14] 陈东杰, 李芽. 从马王堆一号汉墓出土香料与香具探析汉代用香习俗. 南都学坛 (人文社会科学版), 2009, 29 (1): 6~12.

[15] 刘宁. 法门寺地宫出土的香囊. 文博, 2003, (1): 57~58.

[16] 马起来. 江南出土的三国西晋越窑青瓷香熏. 收藏界, 2008, (2): 79.

[17] 赵明璟. 明代青花瓷香炉综述. 南方文物, 1993, (4): 81~85.

[18] 吴鸿洲. 泉州出土宋海船所载香料药物考. 浙江中医药大学学报, 1981, (3): 44~47.

[19] 庄为玑, 庄景辉. 泉州宋船香料与蒲家香业. 厦门大学学报 (哲学社会科学版), 1978, (Z1): 170~177.

[20] 陈瑞华, 缪细泉, 戴金瑞. 泉州湾宋沉船中降 (真) 香的鉴定及考证. 上海中医药杂志, 1979, (5): 54~57.

[21] 福建师范大学化学系高分子研究室. 泉州湾宋代沉船中乳香的薄层色谱鉴定. 福建师范大学学报 (自然科学版), 1976, (1): 66~70.

[22] 董丽, 邢钧, 吴采樱. 香精香料的分析方法进展.

分析科学学报, 2003, 19 (2): 188~192.

[23] Surowiec I. Application of high-performance separation techniques in archaeometry. Microchim Acta, 2008, 162 (3-4): 289~302.

[24] Steuer B, Schulz H, Läger E. Classification and analysis of citrus oils by NIR spectroscopy. Food Chemistry, 2001, 72 (1): 113~117.

[25] 王钧, 赵日利. 色谱指纹图谱在香精香料质量控制中的应用. 分析测试技术与仪器, 2005, 11 (3): 192~196.

[26] 李皓, 陈长武, 张国阳, 等. HPLC 法同时测定食品中香草类香料的研究. 食品科学, 2008, 29 (10): 522~524.

[27] 夏华玲, 赵新杰. 乳香挥发油化学成分的 GC-MC 分析. 中草药, 2003, 34 (2): 119.

[28] 王勇, 潘国梁, 陈彦, 等. 4种方法提取乳香化学成分及其 GC-MC 研究. 中国药学杂志, 2005, 40 (14): 1054~1056.

[29] 王超, 王星, 季美琴. 气相色谱-质谱法分析化妆品中 16 种香精香料. 分析试验室, 2006, 25 (11): 118~122.

[30] Mathe C, Culioli G, Archier P, et al. Characterization of archaeological frankincense by gas-chromatography-mass spectrometry. Journal of Chromatography A, 2004, 1023 (2): 277~285.

[31] Modugno F, Ribechini E, Colombini M P. Chemical study of triterpenoid resinous materials in archaeological findings by means of direct exposure electron ionization mass spectrometry and gas chromatography/mass spectrometry. Rapid Communications in Mass Spectrometry, 2006, 20 (11): 1787~1800.

[32] Mathe C, Connan J, Archier P, et al. Analysis of frankincense in archaeological samples by gas chromatography-mass spectrometry. Annali di Chimica, 2007, 97 (7): 433~445.

[33] Ribechini E, Modugno F, Colombini M P. Direct exposure- (chemical ionisation) mass spectrometry for a rapid characterization of raw and archaeological diterpenoid resinous materials. Microchim Acta, 2008, 162 (3-4): 405~413.

[34] 上海市卫生局药品检验所, 福建省药品检验所. 泉州湾出土宋代木造海船舱内降香的化学鉴定. 福建泉州海外交通史博物馆. 泉州湾宋代海船发掘与研究. 北京: 海洋出版社, 1987: 163~167.

[35] 赵正山. 参加泉州古船出土香料鉴别记. 海交史研究, 1978, (1): 61~62.

[36] 黄乐得. 泉州湾宋代海船出土文物分类保护方案的初步分析. 泉州师专学报, 1983, (2): 121~130.

Preliminary Analysis and Conservation Studies on the Excavated Spices in the Underground Palace of Bao'en Temple, Nanjing

Zhou Lei[1], Shen Dawa[2], Wang Jun[3], Bai Ning[3], Hu Zhide[1], Ma Qinglin[2]

(1. College of Chemistry and Chemical Engineering of Lanzhou University　Lanzhou　730000)

(2. Chinese Academy of Cultural Heritage　Beijing　100029)

(3. Nanjing Municipal Museum　Nanjing　210004)

Abstract　This article reviews the usage of spices in ancient China, the excavated spices and containers in China and the analytical methods for spices. Then, the preliminary analysis and conservation studies on the spices excavated from the underground palace of Bao'en Temple, Nanjing were carried out using combined various analytical methods. Two kinds of spices had been discovered, one was woody spices and the other was resin spices. According to the microstructure characteristics, the woody spices were identified as eaglewood. By elemental analysis and FT-IR methods, the resin spices were identified as frankincense. Furthermore, optical microscope and scanning electron microscope were applied to observe the micro morphology of the excavated Frankincense and a large number of cavities were found within the spices. Finally, the preliminary dehydration tests for spices were performed with silica gel dehydration and freeze-drying method.

Keywords　Underground Palace of Bao'en Temple, Excavated spices, Eaglewood, Frankincense, Analysis, Dehydration

古代银器与鎏金银器保护技术与应用*

张治国[1]　马清林[1]　王　军[2]　白　宁[2]

(1. 中国文化遗产研究院　北京　100029)
(2. 南京市博物馆　南京　210004)

摘要　本文较为全面地概述了近年来国内外针对古代银器与鎏金银器所开展的分析检测、腐蚀影响因素、保护技术等方面所开展的研究工作,在此基础上,配合南京市博物馆开展了南京大报恩寺遗址地宫出土北宋时期阿育王塔鎏金银表层的除黑锈与保护工作,经过近一年的展览与效果跟踪评估,保护效果良好。
关键词　银器,鎏金银器,保护技术,大报恩寺遗址,地宫,阿育王塔

一、引　言

唐代金银器是我国金银器艺术最为辉煌的时代,其器形、纹样、工艺均达到前所未有的水平,西安何家村窖藏[1]和法门寺塔基地宫内均发现了大量金银器[2],出土器物数量之多、品种之全、等级之高当属考古之罕见。宋元明清时期,也出土了数量很多的银器与鎏金银器。

银器变色,大大影响了其感观效果和艺术价值,因此,银器防变色是银器保护研究的主要内容,一般针对银器变色的各种因素,通过清洗除锈、缓蚀封护、调控保存环境等措施,最大限度地降低外界不利因素的影响。

对于鎏金银器,主要的腐蚀主体仍然为银器胎体。另外,在潮湿环境下,鎏金层中金-银合金结构会产生腐蚀电池作用,银部分成为阳极牺牲而腐蚀。因此,鎏金银器中银器的腐蚀速率理论上会大于普通银器,其保护研究更值得关注。

本文对近年来国内外对银器和鎏金银器的分析和保护技术研究进行了较为详细的叙述,并配合南京市博物馆,对南京大报恩寺遗址地宫出土北宋时期阿育王塔鎏金银表层进行了保护处理,经过近一年的展览与效果跟踪评估,保护效果良好。

二、银器与鎏金银器分析研究

近年来,国内外文物保护工作者应用各种分析检测仪器对银器和鎏金银器的成分、制作工艺和腐蚀产物开展了一些研究工作。发现中国唐代鎏金银器的鎏金工艺多为金汞剂鎏金。如马清林等[3]利用金相显微镜、扫描电子显微镜、X射线衍射和X射线荧光等分析了甘肃省肃南裕固族自治县出土的唐代鎏金六棱银杯样品,发现鎏金层采用了金汞齐,系中国古代传统火法鎏金工艺制作,XRD分析结果表明鎏金层含金、银、汞、铜化合物,分子式为$Au_{0.36}Hg_{0.52}Ag_{0.09}Cu_{0.02}$。扫描电子显微镜显示鎏金层厚度为$4\sim6\mu m$。福建唐代陈元通

---

* 基金项目:国家科技支撑计划课题"南京报恩寺遗址地宫及出土文物保护技术研究";课题任务书编号:2009BAK53B07;课题负责人:白宁、马清林、张治国,1978年出生,工学博士,现主要从事文物保护科学及应用研究。

夫妇墓出土大量银质文物，银器出土时均色泽晦暗，有的薄脆易碎，很多纹饰是中东和波斯银器的装饰花纹，反映了唐代社会高度的对外开放程度。杨忙忙[4]分析了长安唐墓出土的9件鎏金银钗，扫描电镜测得鎏金层厚度约为5μm，银钗中均含有较多的铜。马菁毓等[5]利用金相显微镜、X射线衍射、扫描电镜及能谱仪和显微硬度仪等分析了其中银发饰残片的微观结构，发现样品银含量（质量分数）高达99%，鎏金层合金物质为$Au_{0.36}Hg_{0.52}Ag_{0.09}Cu_{0.02}$，说明也是采用中国古代传统火法鎏金工艺制作。

三、银器腐蚀及其影响因素

常见的银器腐蚀产物主要有硫化银（Ag_2S）、氯化银（角银，$AgCl$）和氧化银（Ag_2O），尤以黑色硫化银和灰色氯化银腐蚀最为普遍。例如，福建唐代陈元通夫妇墓出土银发饰残片的腐蚀产物经XRD检测主要为$AgCl$[5]。Bastidas等[6]使用原子吸收光谱（AAS）和X射线光电子能谱（XPS）分析得知前哥伦布时期银合金面具上的红色腐蚀产物为Ag_2S和Ag_2SO_4的混合物。Yang等[7]采用OM、SEM、EMPA、XPS和XRD等测试技术对变色的银纪念币进行分析，发现变色部位呈均匀浅褐色，局部有深褐色斑点。银币表面沿划痕密集分布蚀孔。银币表面有S和O元素。XPS和XRD测试结果发现，变色银币表面腐蚀产物为Ag_2S、Ag_2SO_3和Ag_2O。实验室加速变色试验表明，在含S气体环境中，Ag表面生成Ag_2S，导致银币表面变色，认为银币变色是由电化学腐蚀引起，S和O元素参与了腐蚀过程。Fukuda、Fukushima[8]使用电子探针仪（EMPA）、俄歇电子能谱（AES）、XPS、XRD，发现银器表面有硫化物、硫酸盐、氯化物和硝酸盐等腐蚀产物。杨忙忙等[9]分析和论证了法门寺博物馆所藏金银器自1988年开馆来的腐蚀因素，发现银器或鎏金银器的主要病害为硫化银和氯化银引起表面发晦、焊接部位绿锈生长蔓延，主要影响因素包括银器纯度、制作工艺等。

许多研究者较深入地探讨了银器的变色机理及腐蚀影响因素。Kleber等[10]通过石英晶体微天平（QCM）、原位敲击模式原子力显微镜（TM-AFM）和飞行时间次级离子质谱（TOM-SIMS）探讨了银在H_2S、SO_2等环境中相对湿度、有氧和无氧对银的腐蚀影响。研究表明，在SO_2、H_2S气体中，银的硫化程度与相对湿度、氧含量密切相关。在没有外加氧化剂的情况下，在含有SO_2的潮湿、含氧大气环境中，银表面生成Ag_2SO_3。在含有H_2S和高浓度O_2环境中，银表面生成Ag_2S。Kim[11]在对银变色及防变色研究中指出，H_2S吸附在银表面，与氧气一起与银反应生成硫化银。腐蚀行为遵守类抛物线规律，水在腐蚀反应中起到加速腐蚀的作用。Yang等[12]使用实验室加速腐蚀方法研究含硫腐蚀介质中温湿度对银的腐蚀影响，研究发现，相对湿度为54%时的腐蚀速率是相对湿度0和75%时腐蚀速率的2倍，且腐蚀速率随温度升高而增大。将银分别在含有H_2S、OCS（羰基硫）、CS_2、SO_2的精确调湿实验箱中进行挂片腐蚀试验，发现H_2S和OCS对银器的硫化速率比CS_2和SO_2大一个数量级，表明OCS和H_2S是大气中银发生硫化腐蚀的主要原因[13]。大英博物馆通过研究也发现在博物馆环境下，OCS是造成银器腐蚀的主要污染气体。紫外光可分解氧分子，产生活化态氧和离子化银，形成Ag_2O，加速银腐蚀变色[14]。可以看出，在地下埋藏环境中，银器的腐蚀行为主要是银器与土壤和地下水中酸、碱、盐长期作用而发生的腐蚀；在大气环境中，银器的腐蚀行为则主要是银器与大气中氧气、紫外线、湿度及微量含硫物质长期作用的腐蚀，银器尤其易受含硫物质侵蚀而变黑。另外，银器通常为银、铜合金，在相对湿度较高的环境中，Ag-Cu 发生腐蚀电池作用，铜含量较高的银器局部有时可见铜锈产生。如长安唐墓出土鎏金银钗由于铜含量较高，正反两面均覆盖绿色铜锈[4]。

四、银器与鎏金银器保护技术

银器与鎏金银器的保护，主要是将有损于器物形貌、遮盖器物花纹图案和重要考古标记的锈垢清除，如有必要，经符合文物保护原则的保护材料处理，以减缓水分和有害气体影响，并置于适宜温湿度环境中，有利于长期展示和保存。展陈时须注意展室、展柜、装具等材料的选择，避免人为引入病害因素。

关于银器与鎏金银器保护技术研究方面的文献较多，赵西晨等曾对银器变色原因、保护技术和保存环境进行了综述[15]。国内外文物保护工作者采用多种方法对一些银器与鎏金银器文物进行了保护处理工作。如祝鸿范等采用了添加了少量 1-苯基-5-巯基四氮唑（PMTA）的甲酸处理了银器表面锈垢[16]。张光敏等采用质量分数为 2% 柠檬酸溶液中加入质量分数为 0.2% PMTA 作为缓蚀剂，对上海松江西林塔地宫出土宋代至明代鎏金银佛像和鎏金银塔表面的"石碱锈"（碳酸钙）锈垢具有良好去除能力，又可减缓酸液对银的腐蚀[17]。雷峰塔地宫出土鎏金银塔、鎏金镂孔银垫、鎏金银盒、鎏金银腰带、银臂钏、银钗等银器与鎏金银器表层锈蚀系用质量分数为 5% 倍半碳酸钠溶液浸泡软化，后用超声波洁牙机除锈，直至将锈层清除干净[18]。肖璘等[19]利用扫描电镜和 X 射线衍射仪确定四川彭州窖藏银器表层灰褐色和黑色锈层主要为氯化银。根据银器锈蚀物特征，通过试验选择了化学清洗剂清洗锈层和包裹土，采用质量分数为 10% 硫代硫酸钠和氨水混合溶液清除了氯化银。对于胎质较好的银器，用 EDTA（乙二胺四乙酸）、NTA（氨三乙酸）等络合剂和硫脲、硫酸铁溶液清洗铜盐、CuO 和 Cu_2O，以及黑色银屑和角银。并用纸浆糊敷法，使清洗过程温和易控，其后用质量分数为 3% PB72 封护，控制相对湿度在 55% ~ 60%，并防止紫外线辐射，得到了较好保护效果。杨忙忙等[4]在保护处理长安唐墓出土的 9 件表面覆盖铜锈和铁锈的鎏金银钗时，采用化学方法除去了绿色铜锈，机械法去除铁锈，并对所有钗子进行加热增韧处理，对变形部位矫形，采用玻璃纤维布黏结和加固镂空钗的断裂部位，之后进行热封护保存。杨忙忙等[9]分析和论证了法门寺博物馆自 1988 年开馆来金银器的腐蚀因素，发现银器或鎏金银器的主要病害为硫化银和氯化银引起表面发晦、焊接部位绿锈继续生长并蔓延，主要影响因素包括银器纯度、制作工艺等，前期保护中金属工具划痕、化学药品残留、保护膜涂刷厚薄不匀，展柜内粉尘影响，以及人手接触和巡回展览搬运等。法门寺塔地宫出土银器在 1988 年保护后，至 2000 年左右又出现了表面发黑（有黑色硫化银和少量褐色或灰色氯化银锈斑），银器焊接部位长出新绿锈，直接影响展出效果。杨忙忙等[20]还于 2001 年对法门寺博物馆 52 件银器和鎏金银器采取了紧急保护措施，用丙酮等清除表面原丙烯酸酯类封护膜，采用机械擦除法去除不规则黑锈斑片，机械剔除焊接部位大量绿锈，化学去除锈层坚硬或机械工具难于操作的绿色铜锈和黑色硫化银，电化学法去除银器坑洞内氯化银或硫化银等。之后用去离子水浸泡清洗干净，干燥后进行封护处理。Pini 等[21]采用激光技术清洗了意大利出土因空气污染而蜕变的银币、盘、夹具等银器，采用不同激光体系和辐照条件，通过金相和光学观察，认为激光清洗技术具有高精度和优良选择性，可以保护文物表面精细纹饰和图案。由上可知，近年来，文物保护工作者对许多银器与鎏金银器文物进行了保护处理，在除锈时，针对氯化银、硫化银、铜锈、铁锈等不同锈蚀病害，进行了比较有针对性的处理，处理方法以化学法为主，机械工具、激光等机械法为辅。封护材料仍以近年来在各类文物材质上普遍使用的PB72为主。

与此同时，国内外学者还利用银器模拟样品，采用多种试验方法，开展了大量银器防变色技术研究。如Bernard等[22]使用电化学方法和石英水晶微天平等方法研究了银在0.01mol/L硫化钠溶液中的变色与保护，在质量分数为5%倍半碳酸钠溶液中使用阴极还原法除去银表面的硫化银，采用电沉积聚氨基三氮唑和十六烷基硫醇对银表面进行保护，发现十六烷基硫醇优于聚氨基三氮唑。Burleigh等[23]进一步优化了十六烷硫醇单分子层自组装技术，防变色性能优于表面沉积聚胺基三唑膜。McEwan等[24]将十六烷硫醇与质量分数为10%液体皂、异丙醇和亮银膏复配，质量分数由95%降低到了5%以下，甚至0.5%，经电化学交流阻抗法和色差仪测试，效果优于单组分十六烷硫醇，且克服了其价格高、不溶于水、残留溶液需要大量有机溶剂去除、需在高于25℃时操作、气味难闻等缺点。Burleigh等[25]研究认为，含氟的酰胺类硫醇F（CF$_2$）$_n$CONH（CH）$_2$SH（$n=6\sim8$）在银表面沉积成薄膜时容易形成氢键，增强了薄膜致密性和完整性，防变色效果优于含氟烷基硫醇和十六烷基硫醇。通过引入酰胺基团还减弱了硫醇的气味，增加了银表面涂膜后对水的浸润性，避免了接触角的增大对焊接性能的不利影响。Liang等[26]研究了水胶束溶液中十八烷基硫醇自组装单分子膜在银表面的防变色性能。在其中加入表面活性剂，得到性能更加优越的保护膜。Wang等[27]研究了银表面的三种自组装膜，3-巯基-三甲氧基硅烷、3-巯基-三甲氧基硅烷与十八硫醇混合自组装膜以及两者之上分别自组装有乙烯基咔唑与甲基丙烯酸乙酯共聚物的复合自组装多层膜。这些自组装膜可以抑制银表面的氧化反应。祝鸿范等[28]通过动电位极化曲线法评价多种银缓蚀剂在硫化钠溶液中的缓蚀性能，筛选出2-巯基苯并恶唑（MBO）、PMTA、2-巯基苯并咪唑（MBI）等性能较为优良的银缓蚀剂。同时，为探讨缓蚀作用机理，用原子发射光谱（AES）和X射线光电子能谱（XPS）研究了PMTA、MBO、MBI等几种缓蚀剂的成膜厚度和各组分化学状态，并利用表面增强拉曼散射光谱（SERS）研究缓蚀剂在银表面的成膜过程，发现这几种缓蚀剂与银表面存在较强相互作用，可有效防止银在腐蚀介质中的变色行为[29]。蔡兰坤等[30]通过紫外光照曝露等加速大气腐蚀试验，研究了唑系复合缓蚀剂成膜工艺，评估其对模拟文物银试片的防变色性能，表明缓蚀剂PMTA、MBI和MBO具有较好协同作用，银试片在50℃、pH3.0、组分MBO:PMTA:MBI为1:1.7:3（摩尔比）、复合缓蚀剂浓度为0.0189mol/L溶液中4h成膜处理后，经48h硫华气氛和36h紫外光曝露腐蚀试验，无色斑出现，表明缓蚀膜明显地提高了银试片的抗变色能力。张雯冰等[31]使用交流阻抗法和硫化钠腐蚀体系，比较了聚丙烯酸树脂、氟碳清漆和聚氨酯清漆三种聚合物涂料在添加缓蚀剂PMTA前后银的保护效果。结果表明，未添加PMTA时，聚氨酯清漆涂料防变色性能优于氟碳清漆和聚丙烯酸树脂；添加PMTA后，氟碳清漆的缓蚀效果更为出色，且三种涂料对银的缓蚀性能均明显提高。杨洪俊等[32]将聚氨酯改性有机硅作为户外鎏金文物保护材料，取得了较好保护效果。可以看出，国内外学者利用模拟银试样，开展了许多银器防变色材料研究，筛选了以烷基硫醇和硫基唑类缓蚀剂，以及聚氨酯改性有机硅、聚丙烯酸树脂、氟碳清漆和聚氨酯清漆等封护材料。

五、阿育王塔鎏金银表层保护处理

南京大报恩寺地宫出土七宝阿育王塔高度近1.2m，内部为檀香木质胎体，外部用银皮蒙覆，表面鎏金，并大量镶嵌水晶、玛瑙、琉璃等多种宝石。该塔由塔刹、塔身、塔座三大部分组合而成。塔刹根部、山花蕉叶内侧、塔身、塔座四面以及塔座顶部平面之上均錾刻铭文，提供了十分丰富、重要的文字记载。

阿育王塔鎏金银板外表面通体鎏金，大部分被黑色银锈和铁锈覆盖，锈层厚薄不一；内表面未鎏金，也普遍被黑色银锈和铁锈覆盖。黑色锈蚀覆盖严重影响了阿育王塔金碧辉煌外观，降低了它的艺术价值，而且疏松锈蚀层易吸收空气中的水分和氧气，会对银板腐蚀起到加速作用，因此需去除这些黑色锈蚀覆盖。

对取自阿育王塔脱落下的鎏金银残片样品进行扫描电镜分析。图1清晰地显示了鎏金层与银胎之间的关系，其中EDX1区域为鎏金层，EDX2区域为鎏金层与银胎间的过渡层，EDX3区域为银质胎体。鎏金层较薄，为4~5μm，为金、银、汞、铜的化合物。由各层的平均元素含量可以看出（表1），在鎏金层和过渡层中的汞含量高约20%（质量分数），说明鎏金过程系采用中国传统金汞齐鎏金工艺制作。银质胎体为Ag-Au-Cu合金，含银量约为94%（质

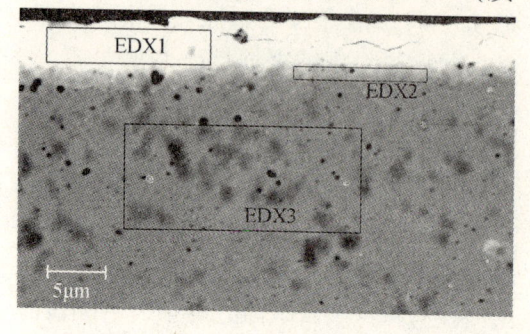

图1 阿育王塔银鎏金样品截面扫描电镜图

表1 阿育王塔银鎏金样品扫描电镜区域成分分析结果［单位:%（质量分数）］

元素编号	Mg	Al	Cu	Ag	Au	Hg	备注
EDX1	—	—	—	9.94	70.35	19.71	鎏金层
EDX2	—	—	1.31	70.32	7.07	21.30	过渡层
EDX3	1.25	1.04	1.15	94.08	2.47	—	银胎

量分数），含铜量为1.1%~1.3%（质量分数），含金量约为2.5%（质量分数）。

对阿育王塔塔身B号立侧板背面下沿铁红色锈蚀样品进行XRD分析（图2），分析结果表明，该锈蚀主要为碳酸铁$FeCO_3$，还有微量硫化银Ag_2S。由于阿育王塔出土前乃存放于铁函之内，铁函上主要锈蚀产物也为$FeCO_3$，阿育王塔鎏金银表层受到铁函上铁锈污染，应予以去除。同时，塔身鎏金表层产生了黑色锈蚀Ag_2S，遮盖了光亮的鎏金表面，严重影响了阿育王塔的历史与艺术价值，因此，表面黑色也应去除。

在对阿育王塔鎏金银表层进行保护处理前，将修复人员拆卸下来的每件阿育王塔鎏金银部件进行拍照和尺寸测量，并采用便携式无损X射线荧光光谱仪对每个部件进行无损元素成分分析，在充分留取保护前的原始信息资料后，开始进行保护处理。经除锈清洗与缓蚀封护处理，阿育王塔恢复了金碧辉煌的风采。

1. 除锈清洗

按照修旧如旧的文物保护原则，不易将锈蚀全部去除，因此，除锈以除去大部分黑色银锈和铁锈为原则，尤其注意要清除银板背面凹槽内块状铁锈。

对于银板基体来说，锈层很薄，而银本身质地较软，因此轻易不能采用金属类机械工具，除非在剔除银板背面凹槽内铁锈块时可以采用。经综合考虑，采用化学法为主，机械法为辅的除锈方法。化学除

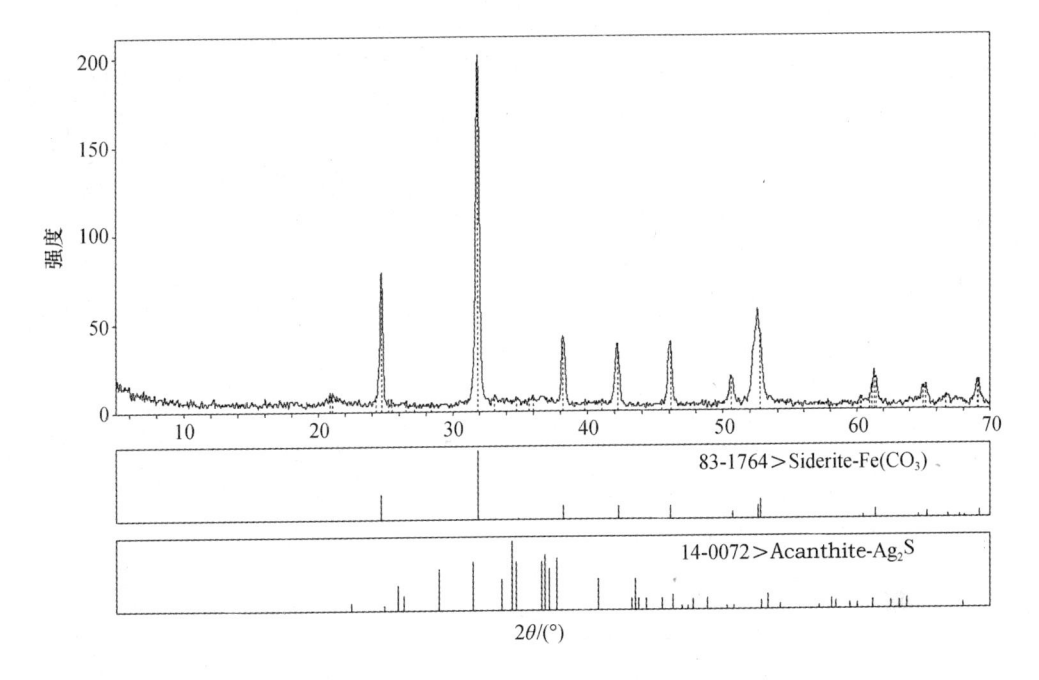

图 2 阿育王塔塔身侧板背面锈蚀的 XRD 谱图

锈材料采用硫脲复配除锈剂，其 pH 为 1~2，在 20min 之内的短期浸泡时间内，不会对银板本身和鎏金层造成腐蚀和损害，处理方法为浸泡法。机械方法主要采用硅藻土膏状材料、牙膏等细磨料，在棉签和牙刷等工具配合下使用。

在大批量处理阿育王塔鎏金银板之前，用小件进行了试验，这种化学法为主，机械法为辅的除锈方法效果良好，在除锈后的文物外观得到保护人员和博物馆考古人员的一致认可后，开始对鎏金银板进行批量处理。

由于除锈溶液处理一段时间后浓度会降低，因此鎏金银板在硫脲复配除锈剂中的浸泡时间控制在 2~20min，时间的选择主要看鎏金银板浸泡后的除锈效果，严格控制时间，一方面保证除锈效果比较均匀一致，另一方面减少除锈材料对鎏金银板可能造成的不利影响。

2. 缓蚀封护

为缓解阿育王塔鎏金银板在展出或保存过程中的腐蚀，对其进行了缓蚀封护处理。

由于常用封护材料 B72 在浓度较大时容易在鎏金银板表面形成眩光，因此试验了不同浓度的 B72。将小件鎏金银板浸入 1% B72 的丙酮溶液，随即取出，晾干后观察外观，经选择，选定 1% 的 B72 丙酮溶液作为封护材料。

为提高 B72 溶液的封护能力，在其中加入 0.1% BTA（苯并三氮唑）作为缓蚀材料，对小件鎏金银板试验后发现成膜均匀，外观理想，没有眩光产生，因此采用 0.1% BTA 和 1% B72 复配溶液作为保护材料，浸泡时间大约控制在 5s，对阿育王塔鎏金银板进行保护处理。丙酮挥发后，鎏金银板上残余锈蚀物较多的区域会出现小面积的白色析出物，应为少量 BTA 晶体析出，用棉签蘸取无水乙醇轻轻擦去即可。

图 3（图版 12）记录了阿育王塔鎏金银板局部与整体保护前后效果对比情况。

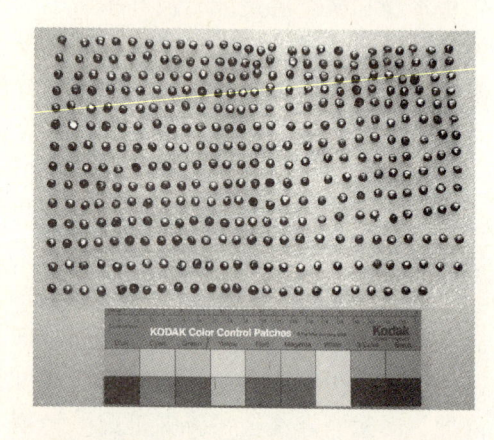

部位	处理前	处理后
阿育王塔鎏金表面		
铆钉		
底座侧板		

图3 阿育王塔鎏金银板局部与整体保护前后效果对照

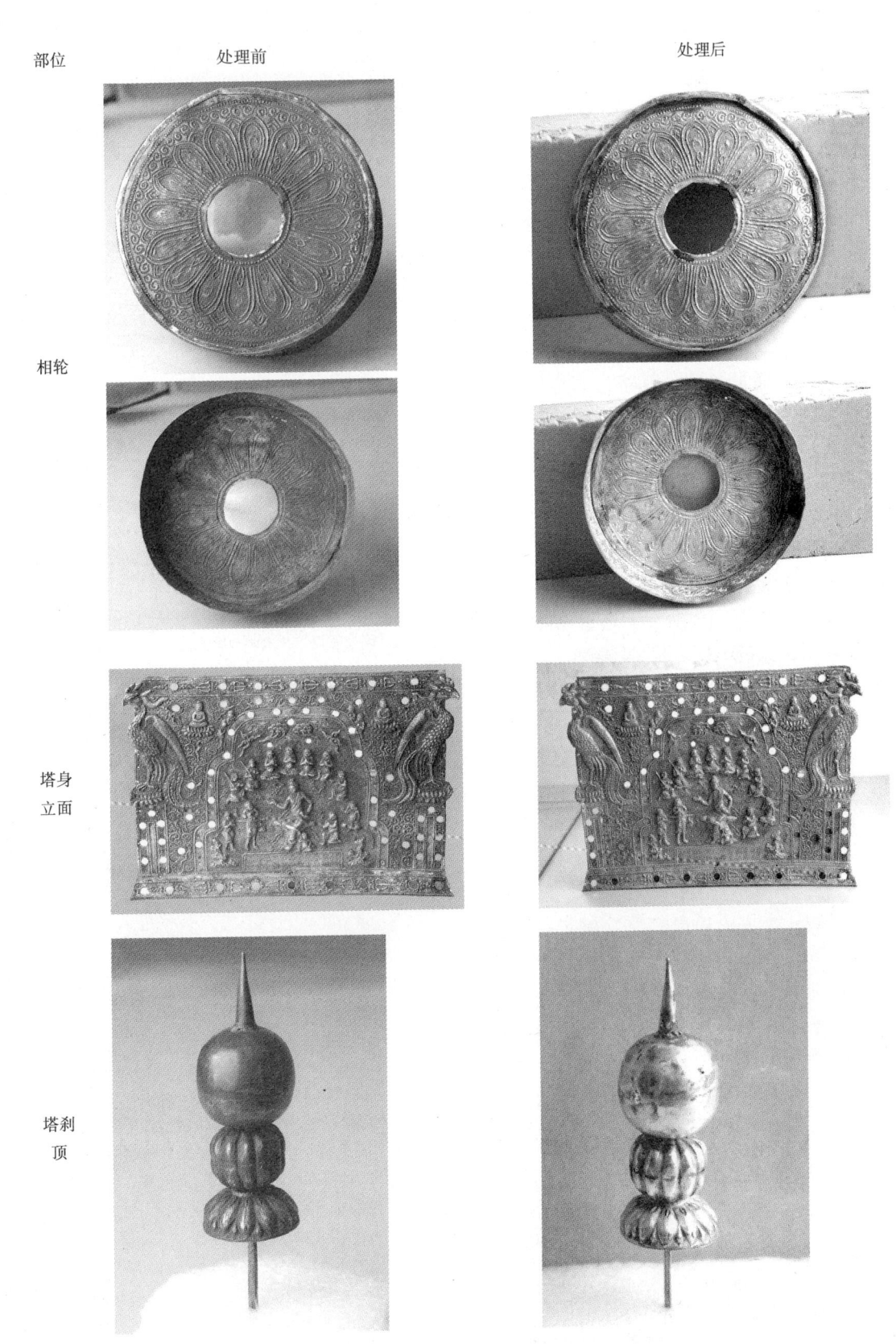

部位	处理前	处理后
相轮		
塔身立面		
塔刹顶		

图 3 阿育王塔鎏金银板局部与整体保护前后效果对照（续）

六、结　语

　　银器和鎏金银器的腐蚀不如铜、铁等那样明显，除少数银器呈矿物状态而无金属性外，大多数银器处于表面腐蚀与变色阶段。难溶的氧化银、硫化银、氯化银在银器表面沉积引起了银器变色。目前银器保护主要包括清洗除锈、缓蚀封护、保存环境控制等。由于银质地较软，且鎏金银器的鎏金层通常很薄，银器与鎏金银器多有精美纹饰或图案，故清洗除锈应以化学除锈为主，机械方法为辅，处理后应彻底清洗残留药液。目前银器缓蚀剂主要有BTA、烷基硫醇和巯基唑类（PMTA、MBO、MBI）缓蚀剂，目前尚未有文献报道关于含硫缓蚀剂老化后对银器的影响研究，基于此考虑，在阿育王塔鎏金银板保护中采用含氮的BTA作为缓蚀剂。含硫缓蚀剂老化后对银器的影响值得深入研究，筛选或研发不含硫的优良缓蚀剂很有必要。在文献调研和试验基础上，对南京大报恩寺遗址地宫出土阿育王塔鎏金银表层进行了除黑锈与保护工作，取得了良好的展示与保护效果。

　　致谢：感谢中国国家博物馆杨小林研究员、马燕如副研究员及北京化工大学王菊琳副教授、硕士研究生栾莉在阿育王塔鎏金银表层保护处理中的协助，感谢中国文化遗产研究院詹长法研究员、高峰副研究员、沈大娲副研究员、宋燕副研究员等对本研究工作的支持与帮助。

参 考 文 献

[1] 谭前学. 西安何家村窖藏金银器. 传承, 2008, (13): 36~38.

[2] 王仓西. 从法门寺出土金银器谈"文思院". 文博, 1989, (6): 52~54.

[3] 马清林, Scott D A. 甘肃省肃南大长岭唐墓出土鎏金银杯金相学研究. 见: 中国材料研究学会. 2002年材料科学与工程新进展. 北京: 冶金工业出版社, 2003: 2104~2107.

[4] 杨忙忙. 长安唐墓出土银钗的保护与分析研究. 文物保护与科技考古. 西安: 三秦出版社, 2006: 268~272.

[5] 马菁毓, 张可, 程博. 福建唐代陈元通夫妇墓出土银质文物的微观结构分析. 文物保护与考古科学, 2009, 21 (3): 59~66.

[6] Bastidas D M, Cano E, González A G, et al. An XPS study of tarnishing of a gold mask from a pre-Columbian culture. Corrosion Science, 2008, 50: 1785~1788.

[7] Yang C J, Liang C H, Wang P, et al. Investigation of the tarnish film on the surface of commemoration silver coin. Rare Metal Materials and Engineering, 2007, 36 (4): 629~632.

[8] Fukuda T, Fukushima Y. Indoor corrosion of copper and silver exposed in Japan and Asean countries. Journal of the Electrochemical Society, 1991, 138 (5): 1238~1243.

[9] 杨忙忙, 齐扬. 法门寺金银器蚀变因素分析. 中国文物保护技术协会第四次学术年会论文集. 北京: 科学出版社, 2005: 14~18.

[10] Kleber C H, Wiesinger R, Schnöller J, et al. Initial oxidation of silver surfaces by S2 − and S4 + species. Corrosion Science, 2008, 50: 1112~1121.

[11] Kim H. Corrosion process of silver in environments containing 0.1ppm H_2S and 1.2ppm NO_2. Materials and Corrosion, 2003, 54 (4): 243~250.

[12] Yang C J, Liang C H, Liu X. Tarnishing of silver in environments with sulphur contamination. Anti-Corrosion Methods and Materials, 2007, 54 (1): 21~26.

[13] Watanabe M, Hokazono A, Handa T. Corrosion of copper and silver plates by volcanic gases. Corrosion Science, 2006, 48: 3759~3766.

[14] Franey J P, Kammlott G W, Graedel T E. The corrosion of silver by atmospheric sulfurous gases. Corrosion Science, 1985, (2): 133~143.

[15] 赵西晨. 银器的腐蚀与防护. 第五届全国考古与文物保护化学学术会议论文集. 昆明. 1998: 42~44.

[16] 祝鸿范. 银器处理的一种新方法. 文物保护与考古科学, 1990, (2): 5~11.

[17] 张光敏, 熊樱菲, 张茗. 松江西林塔地宫出土金饰银、铜质佛像表面处理. 第六届全国考古与文物保护化学学术会议论文集. 泉州. 2000: 66~71.

[18] 刘莺. 雷峰塔地宫出土文物的清洗和保护. 中国

[19] 肖璘, 白玉龙. 四川彭州出土窖藏银器的锈蚀物分析和保护方法研究. 第六届全国考古与文物保护化学学术会议. 泉州. 2000: 43~65.

[20] 杨忙忙, 任彩元, 任新来, 等. 法门寺金银器的科学保护与技术研究. 考古与文物, 2006 (3): 82~86.

[21] Pini R, Siano S, Salimbeni R. Tests of laser cleaning on archeological metal artifacts. J. Cult. Heritage, 2000, 1: 129~137.

[22] Bernard M C, Dauvergne E, Evesque M, et al. Reduction of silver tarnishing and protection against subsequent corrosion. Corrosion Science, 2005, 47 (3): 663~679.

[23] Burleigh T D, Gu Y, Donahey G, et al. Tarnish protection of silver using a hexadecanethiol self-assembled monolayer and descriptions of accelerated tarnish tests. Corrosion, 2001, 57 (12): 1066~1074.

[24] McEwan J J, Scott M, Goodwin F E. The optimisation of hexadecanethiol coatings to improve the tarnish resistance of sterling silver. The 5th China International Silver Conference Proceedings. Panyu, Guangdong, China. 2006: 153~163.

[25] Burleigh T D, Shi C, Kilic S. Self-assembled monolayers of perfluoroalkyl amideethanethiols, fluoroalkylthiols and alkylthiols for the prevention of silver tarnish. Corrosion, 2002, 58 (1): 49~56.

[26] Liang C H, Yang C J, Huang N B. Tarnish protection of silver by octadecanethiol self-assembled monolayers prepared in aqueous micellar solution. Surface & Coatings Technology, 2009, 2 (3): 1034~1044.

[27] Wang Y H, Song W, Gao L J, et al. Analysis of electrochemical impedance and XRD spectroscopy for complex self-assembled film on silver. Journal of Southeast University (English Edition), 2006, 22 (1): 121~124.

[28] 祝鸿范, 周浩, 蔡兰坤, 等. 银器文物的变色原因及防变色缓蚀剂的筛选. 文物保护与考古科学, 2001, 13 (1): 15~20.

[29] 祝鸿范, 周浩, 蔡兰坤, 等. 银器文物防变色缓蚀作用机理的研究. 文物保护与考古科学, 2002, 14 (增): 13~28; 蔡兰坤, 张东曙, 王桂华. 防止银器文物变色的唑系复合缓蚀剂Ⅱ——SERS法研究唑系缓蚀剂防银变色的作用机理. 华东理工大学学报, 2002, 28 (3): 269~273.

[30] 蔡兰坤, 张东曙, 祝鸿范. 防止银器文物变色的唑系复合缓蚀剂Ⅰ——缓蚀剂成膜处理工艺与防变色性能的评定. 华东理工大学学报, 2002, 28 (3): 263~268.

[31] 张雯冰, 朱晶, 周浩. 聚合物膜对银的缓蚀保护作用的性能评定. 材料保护, 2006, 39 (增): 160~161.

[32] 杨洪俊, 蒋松元. 户外鎏金文物保护涂料. 涂料工业, 1991, (2): 18~20.

Conservation Technique Research and Practice of Ancient Silverware and Gild Silverware

Zhang Zhiguo[1], Ma Qinglin[1], Wang Jun[2], Bai Ning[2]

(1. Chinese Academy of Cultural Heritage   Beijing   100029)
(2. Nanjing Municipal Museum   Nanjing   210004)

Abstract   The research development of the analysis, corrosion factor, conservation technique of ancient silverware and gild silverware were summarized. Based on the summarization and research, we assisted the Nanjing Municipal Museum and completed the black rust removal and conservation of the gild silver plates covered on the Asoka pagoda excavated in the underground palace of Bao-En temple site. The conservation effect was excellent after near one year's exhibition and investigation.

Keywords   Silverware, Gild silverware, Conservation technique, Bao-En temple site, Underground palace, Asoka pagoda

铁质文物科学保护及相关问题探讨

张治国[1]　潘　路[2]　马清林[1]

(1. 中国文化遗产研究院　北京　100029)
(2. 中国国家博物馆　北京　100006)

摘要　本文概述了中国铁质文物保存状况和清洗、除锈、脱盐、加固与修复、缓蚀、封护、保存环境等铁质文物科学保护方法，并对铁质文物脱盐必要性与脱盐结束临界值研究、室外大型铁质文物脱盐工艺研究、海洋出水铁质文物凝结物去除研究以及室外大型铁质文物结构加固技术研究等难度较大的四个重点研究领域进行了探讨，有待通过国内外合作共同解决。

关键词　铁质文物，科学保护，脱盐，工艺，凝结物去除，结构加固

一、中国铁质文物保存状况概述

已有的考古发现和研究表明，中国至迟在前8世纪出现人工冶炼铁器，在前6世纪末至前5世纪初进入铁器时代。铁质文物作为中国古代钢铁技术独创性发展的实物见证，蕴涵了丰富的科学和历史价值。

由于铁元素的活泼特性，与青铜器相比，铁质文物更易于腐蚀，保存难度更大。铁易锈蚀的特性既损害了铁质文物的艺术价值，也使其保护成为文物保护领域中众所周知的难题。"全国馆藏文物腐蚀损失调查"数据初步显示，截至2004年末，中国馆藏铁质文物（含铁钱）大约30多万件，其中重度腐蚀或濒危铁质文物占相当大比例。据2009年"铁质文物综合保护技术研究"课题研究的初步统计[1]，中国很多省区均保存有古代大型铁质文物，时代多在唐宋以后，以明清时期为大宗，这些室外大型铁质文物仅有少部分得到了较好的保护，大部分都受到各种病害的侵蚀。总体而言，中国现存馆藏和室外铁质文物的保存现状均不佳（图1～图4），亟待采取措施，给予保护，否则这些铁质文物及其蕴藏的价值会因腐蚀而丧失殆尽。

图1　馆藏铁炮，锈蚀呈层状脱落

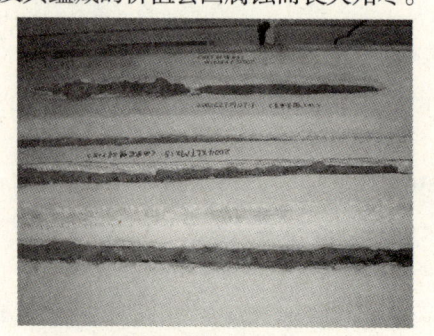

图2　馆藏铁剑，几乎锈蚀殆尽

---

* 基金项目：中国文化遗产研究院"公益性科研院所基本科研业务费专项基金"资助课题"海洋出水陶瓷、金属和木质文物保护技术研究"。

图3 室外铁器，锈蚀、残缺严重

图4 室外铁锅，内部锈蚀严重

二、铁质文物科学保护

对于铁质文物而言，保存环境至关重要，但目前大多数博物馆和考古所等文物保存机构的保存条件较为简陋，难以做到以环境控制为主的保护要求，因此加强直接实施于文物本体的科学保护技术仍是主要研究方向。

1. 保存现状评估

铁质文物保存现状评估主要是指通过调研和分析了解铁质文物的尺寸、有无铭文、完残程度和病害等特征，为保护处理措施提供科学依据的科学过程。铁质文物价值评估也很重要，对于具有极高价值的铁质文物，应开展深入细致的研究，并在保护过程技术选择和保存环境条件考量时予以特别关注。

2. 科学保护

1）清洗

清洗是指使用物理或化学方法去除文物上妨碍展示、研究或保存的附着物，如土垢、有机污染物及之前保护与修复残留附着物等。根据文物性状分析，针对不同附着物类型选择合适的清洗剂和清洗方式。

2）除锈

根据现状评估中铁质文物合金成分和锈蚀产物，确定除锈方法和除锈材料，应尽量使用成熟的材料和方法。一般情况下，除锈原则以除去表面浮锈，露出灰黑色致密锈层为宜。在除锈处理时，要特别注意有铭文的铁器，因此X光透射分析是非常必要的，以免造成不可挽回的损失。

3）脱盐

根据现状评估中铁质文物合金成分和锈蚀产物，以及氯离子的含量，确定是否采取脱盐措施。对于铁质文物而言，脱盐主要指脱氯，Gilberg和Seeley[2]、North[3]论述了各种氯化物与水下铁器腐蚀产物间的关系，概述了含氯腐蚀产物的种类及存在特性。有关铁器中常见含氯腐蚀产物的种类及存在特性如表1所示。研究表明，氯离子能够阻止钢铁表面生成的活性γ-FeOOH向非活性的α-FeOOH转变，并破坏钢铁钝化膜的形成；氯离子能加速点蚀、应力腐蚀、晶间腐蚀和缝隙腐蚀等局部腐蚀，因而去除铁质文物内的氯化物等有害盐对保持铁器的稳定性有重要作用。

表1 水下铁器中常见含氯腐蚀产物及其存在特性[1]

矿物名称	分子式	存在特性	转化产物
氯化钠	NaCl	含量很少	
氯化铁	$FeCl_3$	含量较少，常存在于新出水后迅速于空气中干燥的铁器中，或保存在相对湿度波动较大的铁器中，以黄色"液滴"形式存在	易于水解，转化为 $β-FeOOH$
氯化亚铁	$FeCl_2$	铁器开始腐蚀时形成的产物，存在于酸性条件下发生孔蚀的铁器中。腐蚀进一步发生时，将检测不到 $FeCl_2$	
四方纤铁矿	$β-FeOOH$	常见锈蚀产物。为铁器出水后暴露于空气中发生氧化反应的腐蚀产物	不稳定，易转化为 $α-FeOOH$；而在潮湿环境下易转化为 Fe_3O_4

4）加固与修复

铁质文物因出土前损毁及出土后的腐蚀或人为因素等导致碎裂、裂缝、变形、结构缺损等病害特征，有时需要通过加固与修复以恢复其器形，提高强度和韧度。铁质文物加固与修复常用材料有聚乙烯醇缩丁醛、三甲树脂、乙酸乙烯酯、Paraloid B72树脂、环氧树脂、速成钢和微晶石蜡等。

5）缓蚀

缓蚀剂是一种添加少量能阻止金属腐蚀或减缓金属腐蚀速度的物质，缓蚀剂使用是铁器保护技术的重要环节。铁质文物缓蚀剂的应用主要包括两个领域，其一，清洗、除锈或脱盐试剂中的缓蚀剂，主要作用是阻止清洗、除锈或脱盐试剂对铁质文物基体或维持其形制的锈蚀的腐蚀，但据相关研究[1]，脱盐试剂中加入缓蚀剂可能会抑制脱盐速率；其二，铁质文物表面缓蚀剂，主要作用是减缓铁质文物在展厅或库房中所受的大气腐蚀。采用适宜的缓蚀材料处理铁质文物，应尽量使用成熟的材料和方法。

6）封护

大多数古代铁器表面需要增加涂层，以阻隔水分和空气污染，提高耐腐蚀性。涂层对基体的保护有两种作用：一种是防护作用，可以降低水分和氧到达阳极区的速率，另外一种是牺牲保护，在涂层中加入水溶性的缓蚀剂，如磷酸锌等，当有水分渗入的时候，会发生溶解，阻止阴极或阳极反应，起到钝化作用。

国内外文物保护工作者在铁质文物封护材料选择方面作了许多尝试，从天然树脂到人工合成的高分子材料，从单层树脂涂层到多层复合材料，蜡、硝酸纤维素、环氧树脂、丙烯酸类、聚氨酯以及有机无机杂化材料等。经过多年的保护实践，认为铁质文物封护材料选择通常须遵循可再处理性、基本透明、无眩光、耐老化性能好、防腐性能好、防水性能好、膨胀系数尽量跟金属接近以及具有一定的硬度和良好的耐磨性。特别是可再处理性原则已成为广泛共识。采用适宜的封护材料封护铁质文物，应尽量使用成熟的材料和方法。

7）保存环境

库房和展厅是博物馆存放文物的基本场所，应该密切注意温度湿度变化、光照度和空气质量，定时测量，采取长期稳定的措施，使库房和展厅环境各项指标符合要求，以利于文物的保存。

对铁质文物而言，高湿度环境对于绝大多数金属材料文物的保存是非常不利的，在保存金属文物时，其环境的相对湿度不得超过50%，温度应在25℃以下[4]。《博物馆建筑设计规范》（JGJ66-91）行业标准[5]中，也提出金属类文物保存环境的相对湿度应控制在40%~50%。但是，铁质文物的材质多样，且锈蚀产物有稳定和不稳定之分，对于不稳定的铁而言，相对湿度应在40%~50%以下。高品质的铁（比如含硫量较低），在相对湿度为55%时仍比较稳定。同时可以考虑为贵重又不稳定的铁质文物建造特殊的陈列用玻璃橱窗[6]。

三、铁质文物科学保护相关问题的探讨

1. 铁质文物脱盐必要性与脱盐结束临界值研究

铁器脱盐实质上主要是脱除氯化物，是铁器保护处理的重要环节。在对铁质文物脱盐之前，首先应分析器物有害盐含量情况，然后确定是否需要脱盐。目前针对是否需脱盐处理的盐含量临界值的研究很少。Watkinson于1983年提出将铁质文物锈蚀物中氯离子含量高于1 000μg/g作为需脱盐处理的临界值[7]。值得商榷的是，该临界值未充分考虑到不同湿度和温度变化下盐分对铁质文物的腐蚀速率不同，而且，铁质文物中的绝对盐含量的检测难度较高。因此，确定是否需要脱盐的标准尚需根据铁质文物的保存环境（尤其是湿度和温度变化）进一步深入研究制定。此外，除锈处理在脱盐处理之前，浮锈除去后，会去掉大多数的氯化物，留下的致密锈层通常难以取样测试含盐量，更难以根据其测试结果制定脱盐标准，因此含盐量测试样品的选择和测试方法也需进一步研究。

有关脱盐结束临界值的研究报道也很少。与脱盐必要性临界值类似，脱盐过程何时结束应以铁质文物在今后保存环境中是否处于长期稳定状态为依据，因此，脱盐结束临界值也需充分考虑铁质文物保存环境的湿度和温度变化来制定。North[8]提出将0.005%作为脱盐清洗结束的临界值，是根据气候较为温暖与干燥的西澳大利亚博物馆收藏的水下铁器制定的，但在其他较为潮湿的地区，可能需要更低的氯含量值作为脱盐结束临界值。因此，有必要对其开展进一步研究。定期监测脱盐溶液中的盐含量，掌握脱盐时间与脱盐总量的关系，对于判断脱盐结束临界值具有一定的参考意义。

2. 室外大型铁质文物脱盐工艺研究

目前，馆藏和室外小型铁质文物的脱盐工艺较为成熟，可根据脱盐对象选用静水浸泡法、冷热交替法、超声波法、Soxhlet洗涤法、电化学法、等离子体还原法和纸浆法等。对于室外大型铁质文物而言，目前较适用的方法主要有纸浆法、电化学脱盐法和抽真空脱盐法[9]。但是，这三种方法的使用均有一定的限制，纸浆法脱盐效率较低，且有些部位不易贴附；电化学脱盐法容易产生氢脆现象，风险性较大，而且外加电位选择与铁质文物个体的形制密切相关，可推广性较差；抽真空脱盐法效率较高，但目前所用的塑料密封袋不适用于尖锐的铁质文物，对于过大的铁质文物也不适用。因此，为解决此类问题，有待进一步研发室外大型铁质文物脱盐工艺。

3. 海洋出水铁质文物凝结物去除研究

在中国南海打捞的"华光礁Ⅰ号"和"南海Ⅰ号"等沉船上均发现有成批量的外销铁器（图5），主要包括铁锅、铁钉、铁条等，这些铁器大多锈蚀成块，或包裹在钙质凝结物中，开展提取和分离研究，较为完整地获取这些外销铁器的实物信息，有助于揭示当时的铁器制作工艺和外销铁器历史，对研究中国与周边国家的"海上丝绸之路"历史具有十分重要的意义。

图5 "华光礁Ⅰ号"沉船出水铁器

据目前调查和分析可知，由于长时间浸泡在高盐含量的海水中，或包裹于海洋沉积物中，铁锅、铁钉和铁条等海洋出水铁质文物锈蚀普遍较为严重，其矿化产物与凝结物中的锈蚀物成分相似，且凝结物硬度很高，采用普通的化学试剂法可能会伤害铁质文物的基体或致密锈层。总体而言，铁质文物在凝结物中的提取难度极高，首先需通过各种分析手段研究凝结物的微观结构和化学组成，以及通过X射线仪或大功率工业CT等了解铁质文物在凝结物中的分布情况，然后利用铁器基体矿化产物和铁器间锈蚀物的致密程度、物相、酸碱度及溶度积常数等不同，选用合适的材料和工艺进行凝结物的去除或铁质文物提取研究。但此项研究工作难度很大，需要长期研究工作的积累方能解决。

4. 室外大型铁质文物结构加固技术研究

对于馆藏铁质文物和大部分室外铁质文物而言，腐蚀是主要问题，但对于像沧州铁狮子这类室外大型铁质文物，结构稳定性问题则更为突出，需要结构力学专业人员和铁质文物保护专家的共同配合与介入。

近两年来，在开展"十一五"国家科技支撑计划课题"铁质文物综合保护技术研究"过程中，中国文化遗产研究院联合科研院所与高等院校，以沧州铁狮子为例，针对室外大型铁质文物的结构稳定性评估和结构加固方法开展了大量研究工作，研发了针对性的文物结构健康监测系统和稳定性分析，建立了沧州铁狮子病害三维数值模型，认为目前内、外支架的设置是造成铁狮子开裂的重要诱因之一。在力学分析的基础上，提出了铁狮子内部和外部支架的拆除顺序，在研究基础上初步提出了两套沧州铁狮子结构加固方案。并进行了静、动力力学分析，表明两套方案均能满足受力方面的要求，可以应用于铁狮子结构加固（图6）。并提出铁狮子室内保存的初步建议。

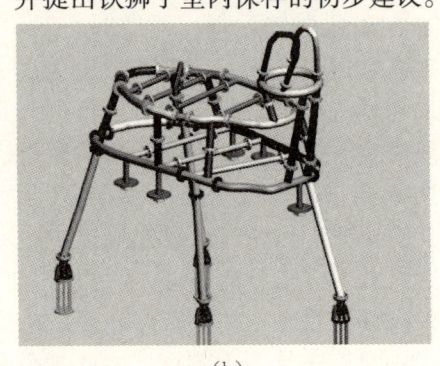

图6 沧州铁狮子与结构加固方案支架几何模型

通过沧州铁狮子的结构稳定性分析和加固技术的研究，为今后解决该类室外大型铁质文物的结构加固问题积累了经验。

四、结　　语

由于铁易腐蚀的特性，目前铁质文物保存状况不容乐观。国内外对铁质文物科学保护的研究很多，也解决了诸多问题，使这些珍贵文化遗产得到了一定的保护。但是，铁质文物脱盐必要性与脱盐结束临界值研究、室外大型铁质文物脱盐工艺研究、海洋出水铁质文物凝结物去除研究以及室外大型铁质文物结构加固技术研究等问题仍未得到有效解决，有待国内外相关科研机构和高等院校的共同努力与合作研究。

致谢：感谢中国国家博物馆李艳萍研究员和成小林、马立治，北京科技大学梅建军教授、李秀辉副教授，以及中国文化遗产研究院永昕群工程师、沈大娲副研究员和李乃胜副研究员等，他们都给予了作者极大的帮助。

参　考　文　献

[1] 中国文化遗产研究院，中国国家博物馆，北京科技大学. 铁质文物综合保护技术研究课题研究报告.

[2] Gilberg M R, Seeley N J. The identity of compounds containing chloride ions in marine iron corrosion products: a critical review. Studies in Conservation, 1981, 26: 50~56.

[3] North N A. Corrosion products onmarine iron. Studies in conservation, 1982, 27 (2): 75~83.

[4] 郭宏. 文物保存环境概论. 北京：科学出版社，2001.

[5] 范守中，李保国，费钦生，等. 博物馆建筑设计规范. 中国：JGJ66-91. 1991.

[6] 加瑞·汤姆森. 博物馆环境. 国家文物局博物馆司，甘肃省文物局译. 北京：科学出版社，2007.

[7] Watkinson D. Degree of mineralization: its significance for the stability and treatment of excavated ironwork. Studies in Conservation, 1983, 28 (2): 85~90.

[8] North N A. Conservation of metals. In: pearson C. ed. Conservation of Marine Archaeological Objects. London: Butterworths, 1987: 223~227.

[9] 中国国家博物馆. 铁质文物抽真空脱盐方法. 中国：20091030808.0. 2009.

Review of the Scientific Conservation Methods and Related Approach to Ancient Iron Objects

Zhang Zhiguo[1], Pan Lu[2], Ma Qinglin[1]

(1. Chinese Academy of Cultural Heritage　Beijing　100029)
(2. National Museum of China　Beijing　100006)

Abstract　The paper summarized the preservation situation of Chinese iron cultural relics and the commonly used methods of conservation, and put forward four difficult and important research fields that need be solved through internal and international cooperation, including whether the iron objects need desalination, and when the desalination completed, in addition, research on the desalination technique and structural reinforcement of outdoor huge iron objects, removal of concretion on the ancient marine iron objects.

Keywords　Iron cultural relics, Scientific conservation, Desalination, Technique, Concretion removal, Structural reinforcement

古代铁器表面钙质沉积物和铁锈去除研究

辛小虎[1]　成小林[2]　潘　路[2]　梅建军[1]　张　然[2]

（1. 北京科技大学冶金与材料史研究所　北京　100083）
（2. 中国国家博物馆　北京　100079）

摘要　出土古代铁器表面可能同时含有钙质沉积物和铁锈，本文在文献分析基础上，选取几种除锈试剂对模拟样品进行浸泡试验，通过对比样品的质量减少率与除锈试剂中铁离子的溶解量，选择出适宜的除锈顺序和除锈试剂。

关键词　古代铁器，除锈试剂，钙质沉积物，铁锈

一、引　言

出土铁器由于埋藏环境的差异，存在的病害也有所不同。一般铁器上除了常见的锈蚀物 Fe_2O_3、Fe_3O_4 等，还有大量土壤附着物，如钙质沉积物等。例如，2006 年青州出土的大量铁矛头、铁剑[1]，其上白色沉积物（$CaCO_3$）呈现局部聚集。2006 年，马家塬战国墓地出土了上百件金银装饰铁器[2]，经对 17 件铁器残片分析，发现大多数铁器残片表面富含有钙质沉积物。

铁器除锈目的一是去除锈蚀产物中的有害成分，消除铁器保存中的隐患，二是改善铁器外观，加强展示效果。目前，化学试剂法是铁器除锈使用的常用方法之一，其原理是利用溶剂或乳液等与铁锈发生化学反应来溶解器物表面的锈蚀物，从而达到除锈目的。潘郁生等[3]采用质量分数为 7.5% 的 EDTA 二钠盐溶液对广西博物馆汉代铁器进行了除锈处理，取得了良好效果。Sharma[4]采用质量分数为 5% 的 EDTA 二钠盐溶液去除了铁器表面的锈蚀物。刘舜强[5]在保护出土的北宋铁钱、刘莺[6]在保护雷峰塔地宫出土的铁舍利函中，都使用柠檬酸进行除锈。杨小林等[7]使用草酸、EDTA 二钠盐等对辽代铁带钩进行了除锈处理。张然[1]比较了六种弱酸对钙质沉积物和铁锈的溶解能力，认为草酸对铁锈的溶解能力强，但遇到钙质沉积物会在器物表面生成草酸钙；乙酸或 EDTA 二钠盐对钙质沉积物的溶解效果好，而对铁锈溶解效果差。

对于同时含有钙质沉积物和铁锈的铁器除锈处理，前人所做研究较少。所以经常会出现以相同方法处理出土铁器，而这样的处理方法有时效果很好，有时效果并不理想。例如，使用草酸对含有钙质沉积物和铁锈的铁器进行除锈处理时，草酸会与钙质沉积物反应生成白色的沉积物草酸钙，这可能对铁器除锈效果产生影响。本文结合相关文献，通过模拟试验，筛选几种常用的化学除锈试剂，针对这种共存的沉积物和锈蚀物对除锈顺序和试剂搭配进行了深入的研究。

二、试验过程

1. 试验方法

选取含有钙质沉积物和铁锈（以针铁矿和纤铁矿为主）的样品进行研磨，过筛

120目，烘干。称取0.5g锈粉，加入25mL除锈试剂。通过单一和组合的除锈试剂进行浸泡除锈，每组两个平行样。浸泡后用干燥的玻璃坩埚过滤器过滤除锈液，得到的滤渣放入烘箱烘干，冷却后称量。对于组合试剂的试验样品，第一次浸泡后，收集锈粉，再进行二次浸泡试验。

试验使用的除锈试剂均为质量分数为5%的草酸、EDTA二钠盐、乙酸。A、B和C组采用单一除锈试剂浸泡，分别以草酸、EDTA二钠盐、乙酸浸泡1天、3天、7天、14天、28天；D、E、F和G组采用组合除锈试剂浸泡，D和E组分别先以EDTA二钠盐、乙酸浸泡1天，过滤收集锈粉再经草酸浸泡1天、3天、7天、14天；F和G组先以草酸浸泡3天，过滤收集锈粉再分别以EDTA二钠盐、乙酸浸泡7天、14天、28天。

2. 试验仪器及条件

X射线荧光分析仪（EDXRF）：日本岛津EDX-800HS X射线荧光仪，铑靶（Rh），电压Ti-U 50kV；Na-Sc 15kV，测试环境为真空，测试时间200s。

X射线衍射仪（XRD）：日本理学RINT2000 X射线衍射仪，铜靶，狭缝DS = SS = 1°，RS = 0.15mm；电压40kV，电流40mA。

拉曼光谱仪：美国Thermo Nicolet公司Almega型共焦显微拉曼光谱仪，配有Olympus共焦显微镜，光学镜头×50，狭缝宽度25μm，激光器532nm、780nm。

3. 试验结果分析方法

1）锈粉质量变化

锈粉质量减少率的计算公式如下：
$$R = \frac{m_0 - (m_2 - m_1)}{m_0} \times 100\%$$

式中，R为质量减少率；m_0为锈粉初始质量，g；m_1为空坩埚质量，g；m_2为盛有滤渣的坩埚质量，g。

2）溶解铁量

利用EDTA络合滴定法[8]测定除锈试剂溶解铁量（以FeOOH计）占锈粉总质量的百分数，计算公式如下：
$$R = V_1 \times c/25.00 \times V_0/1000 \times 88.86/m_0 \times 100\%$$

式中，R为溶解铁量（以FeOOH计）占锈粉总质量的百分数；V_1为滴定消耗的EDTA体积，mL；c为滴定用的EDTA浓度，mol/L；V_0为滤液定容体积，mL；m_0为锈粉初始质量，g。

三、试验结果及讨论

1. 试验前样品分析

利用XRF对制备好的样品（原始锈粉）进行成分分析，结果见表1。

表1 原始锈粉的XRF分析结果
[单位:%（质量分数）]

样品	Fe	Ca	Si	As	K
原始锈粉	84.26	9.83	3.75	1.05	0.47

由表1可知，原始锈粉的主要成分为Fe、Ca、Si，其中Fe元素含量最高，为84.26%，其次是Ca，为9.83%，Si为3.75%。

利用XRD对原始锈粉进行物相分析，结果表明原始锈粉包含有方解石（$CaCO_3$）、纤铁矿（γ-FeOOH）、针铁矿（α-FeOOH）、石英（SiO_2）和钠长石（$NaAlSi_3O_8$）。

分析结果显示，原始锈粉中钙质沉积物为方解石（$CaCO_3$），铁锈主要为纤铁矿（γ-FeOOH）和针铁矿（α-FeOOH）。

2. 样品质量减少率变化

计算各组锈粉经过不同天数浸泡后的质量减少量，根据公式，得到各组锈粉的质量减少率。

1) 单一试剂浸泡的样品质量减少率变化

A组样品浸泡过后白色沉积物更加明显，经拉曼光谱分析此白色沉积物为草酸钙（参见图1）。说明草酸对碳酸钙无溶解作用，且与其反应生成草酸钙沉淀；B和C组样品浸泡后均显红色，白色钙质沉积物消失，说明EDTA二钠盐和醋酸对$CaCO_3$溶解效果好，浸泡1天即可去除。

图2为A、B和C组浸泡不同时间质量减少率变化图，由图可知，三组样品随着浸泡时间的增加，样品的质量减少率呈上升趋势，C组的质量减少率上升趋势最不明显，说明乙酸对铁锈的溶解性最差；B组的质量减少率略高于C组，说明EDTA二钠盐对铁锈的溶解好于乙酸；而A组的质量减少率高于B和C两组，说明草酸对于铁锈溶解效果好。而浸泡28天时质量减少率有所下降，这是由于浸泡28天时样品中生成了浅黄色物质，经拉曼光谱分析浅黄色物质为草酸亚铁（参见图3）。可能是草酸具有一定的还原性，作用时间长后生成了草酸亚铁沉淀，使得样品质量增加，质量减少率降低。

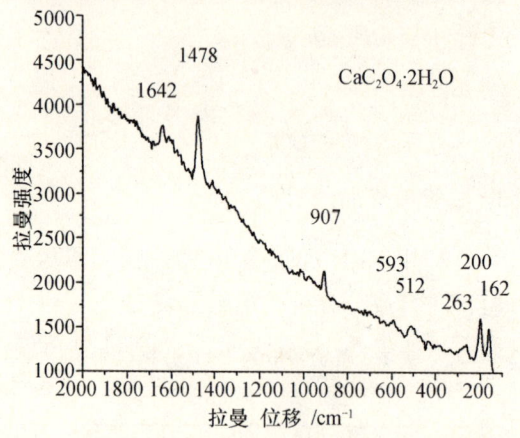

图1 样品经草酸浸泡后生成白色物质的拉曼谱图

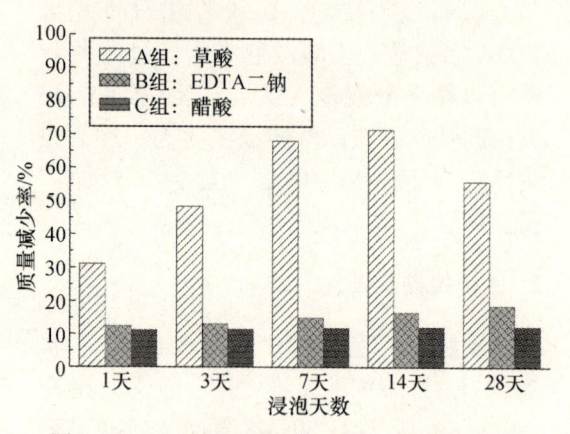

图2 A、B、C组不同时间质量减少率变化图

2) 组合试剂浸泡的样品质量减少率变化

图4为D组不同时间质量减少率变化图，由图可知，D组先以EDTA二钠盐浸泡1天，样品呈红色，一次浸泡后质量减少率为12.20%左右。草酸二次浸泡后质量减少率随时间的增加呈明显的上升趋势。浸泡14天时，锈粉总质量减少率达到85.26%，剩余为不溶酸的土壤附着物，可以认为铁锈已基本去除。

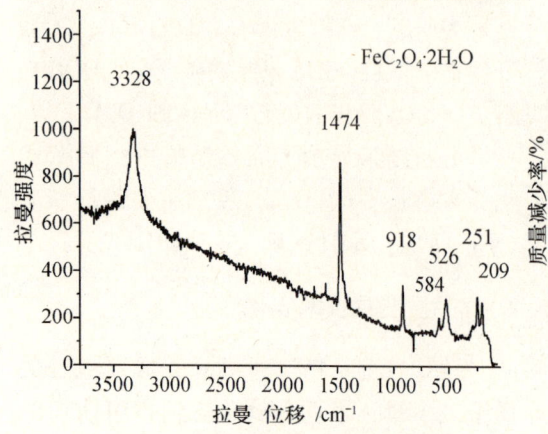

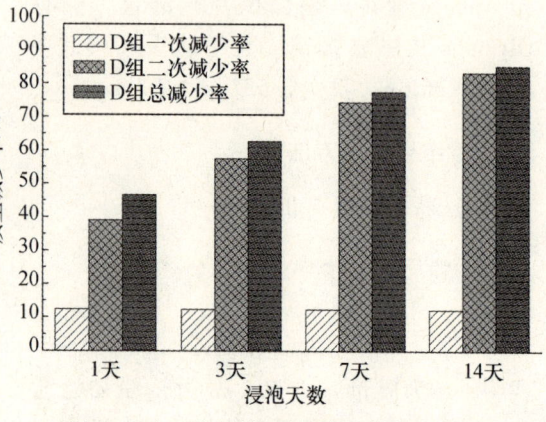

图3 浅黄色物质的拉曼谱图

图4 D组不同时间质量减少率变化图

图 5 为 E 组不同时间质量减少率变化图，由图可知，E 组先以乙酸浸泡 1 天，样品呈红色，一次浸泡后质量减少率为 11.67% 左右。草酸二次浸泡后质量减少率随时间增加呈明显的上升趋势，浸泡 14 天时，锈粉总质量减少率达到 78.76%。剩余为不溶酸的土壤附着物，其中有少量浅黄色物质，经拉曼光谱分析浅黄色物质为草酸亚铁（参见图 3）。由于草酸亚铁的生成，导致草酸二次浸泡 14 天的样品相比草酸二次浸泡 7 天的样品质量增加，质量减少率有所降低。

F 和 G 组经草酸一次浸泡后样品呈灰白色，二次浸泡分别采用 EDTA 二钠盐和乙酸，两组浸泡过后样品仍呈灰白色，而且二次浸泡后质量减少率都很低，说明 EDTA 二钠盐和乙酸对于草酸钙的溶解作用差，这样的除锈顺序不仅使得样品颜色发生变化，而且引入新的沉积物很难去除。所以，在钙质沉积物和铁锈共同存在的情况下，除锈过程中不能直接采用草酸对铁锈进行去除。

通过对比四组组合试剂浸泡的除锈效果，D 组先以 EDTA 二钠盐浸泡 1 天去除钙质沉积物，再以草酸浸泡 14 天，样品的质量减少率最高，其除锈效果最佳。

3) A、D 和 E 组经草酸浸泡过程中的样品质量减少率变化

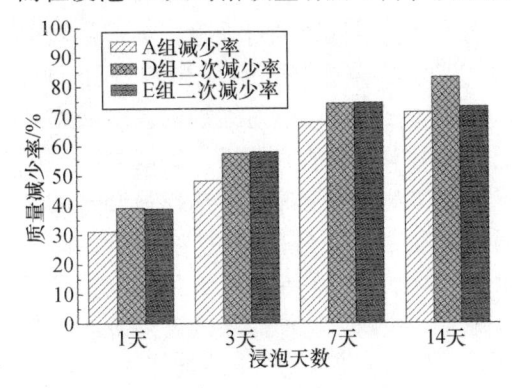

图 6 为 A、D、E 组经草酸浸泡不同时间样品质量减少率变化图，由图可知，A 组的质量减少率与 D、E 组的二次浸泡后质量减少率相比较，在钙质沉积物存在的情况下，A 组的质量减少率要明显低于 D、E 组的二次浸泡后质量减少率。原因是钙质沉积物的存在影响了除锈试剂与铁锈的接触，导致除锈效率有所下降。这种现象说明了组合试剂浸泡的除锈效果要优于单一试剂浸泡的除锈效果。

3. 滤液的分析

采用 EDTA 络合滴定法测定滤液中铁含量，根据公式计算溶解铁量占锈粉总质量的百分比，结果如表 2 所示。

表 2 为不同试剂浸泡样品后溶解铁量占总质量的百分比表，由表可知，乙酸对铁锈溶解能力最差，浸泡 28 天时溶解的铁量占总质量的 1.57%。EDTA 二钠盐对铁锈具有一定的溶解能力，浸泡 28 天时溶解的铁量占总质量的 5.78%。草酸对铁锈溶解能力最好，浸泡 14 天即可达到 63.17%，而在浸泡 28 天时溶铁量有所下降，占总质

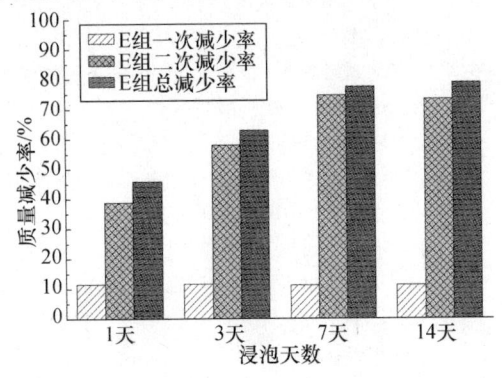

图 5 E 组不同时间质量减少率变化图

图 6 A、D、E 组经草酸浸泡不同时间样品质量减少率变化图

表2 不同试剂浸泡样品后溶解铁量占总质量的百分比表（单位:%）

时间	A：草酸	B：EDTA 二钠盐	C：乙酸	D：二次草酸	E：二次草酸
1 天	27.57	0.74	/	31.78	30.72
3 天	46.04	1.21	/	47.86	47.96
7 天	58.49	2.73	/	61.58	59.90
14 天	63.17	3.64	1.08	69.79	61.41
28 天	55.55	5.78	1.57		

量的 55.55%，说明草酸浸泡 28 天的除锈效果不如浸泡 14 天的除锈效果好，这与 1) 中结果一致。

对比 D、E 组二次草酸浸泡和 A 组草酸浸泡在不同时间的溶铁量占总质量的百分比值，D、E 组溶铁量占总质量的百分比值基本都大于 A 组溶铁量占总质量的百分比值，说明无钙质沉积物的情况下，草酸对铁锈的溶解作用更好。这与 3) 中结果一致。而 D 组溶铁量占总质量的百分比高于 E 组溶铁量占总质量的百分比，说明 D 组的除锈效果更好，这与 2) 中结果一致。

四、结 论

出土铁器同时含有钙质沉积物（CaCO$_3$）和铁锈时，如果没有去除钙质沉积物而直接利用草酸对铁锈进行去除，会产生新的白色沉积物草酸钙，不仅影响铁器的外观，而且会导致草酸对铁锈的去除效率降低。根据本文的研究结果，铁器含有钙质沉积物和铁锈的情况下，选择最合理的试剂使用顺序及其搭配方式为 D 组，即先用 EDTA 二钠盐去除钙质沉积物，再利用草酸去除铁锈，这样的除锈效果最佳。

在实际操作中，由于钙质沉积物含量、分布状况和铁锈坚硬程度的关系，在对器物进行处理前，应该进行具体的试验，从而得到合理的试剂浓度和处理时间。同时，由于化学试剂对锈蚀物起到的是溶解、软化作用，对于坚硬的锈蚀物，应当与机械方法相结合，从而提高除锈的效率。

参 考 文 献

[1] 张然. 铁质文物常用除锈试剂研究. 北京：北京科技大学硕士学位论文，2010：16~60.

[2] 王辉. 发现西戎——甘肃张家川马家塬墓地. 中国文化遗产，2007，(6)：67~77.

[3] 潘郁生，黄魁武. 广西博物馆汉代铁器修复保护研究. 文物保护与考古科学，2006，18(3)：5~10.

[4] Sharma V C. 金属铁器的保护处理方法. 潘路译. 文博，1991，(5)：84~88.

[5] 刘舜强. 出土铁钱的修复与保护. 文博，2001，(4)：78~80.

[6] 刘莺. 雷峰塔地宫出土文物的清洗和保护. 中国文物保护技术协会第二届学术年会论文集. 2002：393~395.

[7] 杨小林，潘路，葛丽敏. 辽代嵌金银饰铁器的保护研究. 文博，2006，(4)：75~79.

[8] 国家电力公司热工研究院. 中华人民共和国行业标准. 火力发电火力发电厂锅炉化学清洗导则. DL/T 794-2001. 北京：国家电力公司热工研究院，2001：1447.

Removal of Calcareous Sediments and Iron Rust on Ancient Iron Objects

Xin Xiaohu[1], Cheng Xiaolin[2], Pan Lu[2], Mei Jianjun[1], Zhang Ran[2]

(1. Institute of Historical Metallurgy and Material, University of Science and Technology Beijing 100083)

(2. National Museum of China Beijing 100079)

Abstract Calcareous sediments and iron rust may exist simultaneously on the excavated ancient iron. In this paper, the simulation samples were immersed in the chemicals and some appropriate rust removal reagents with their proper sequence were selected by comparing the reducing rate of the samples and the quantity of iron ions dissolved in the rust removal reagents.

Keywords Ancient iron, Rust remover, Calcareous sediments, Iron rust

楚国申县贵族墓出土青铜器腐蚀状况研究[*]

牛沛[1,2,5] 罗武干[1,2] 魏国锋[3] 柴中庆[4] 乔保同[4] 王昌燧[1,2]

(1. 中国科学院研究生院 北京 100049)
(2. 中德人类演化与科技考古联合实验室 北京 100044)
(3. 浙江大学理学院 杭州 310027)
(4. 南阳市文物考古研究所 南阳 473000)
(5. 广州市文物考古研究所 广州 510030)

摘要 采用 X 射线荧光、X 射线衍射、金相、土壤可溶盐滴定等多种理化分析方法，对楚国申县贵族墓地出土青铜器残片的成分、表层锈蚀结构进行了分析，观察了青铜合金基体微观组织，测定了青铜器埋藏土壤的 pH 及可溶盐种类。结果表明这批青铜器腐蚀情况比较严重，优先腐蚀富铜相，腐蚀产物以孔雀石、蓝铜矿等无害锈为主。

关键词 青铜器，申县贵族墓，合金成分，金相结构，锈蚀

一、引　言

配合南阳市重工化工物资总公司改制项目进行文物钻探时，于八一路名门华府小区发现了楚国申县贵族墓。2008 年 6～8 月，南阳市文物考古研究所和河南省文物考古研究所对这批墓葬进行了抢救性发掘，共发掘春秋至汉代墓葬 42 座，陪葬坑 2 座，其中，M1、M2、M38 和 M44 均为保存较好的春秋晚期楚国贵族墓，出土了大量的青铜礼器、兵器、车马器和精美的玉器等。M1 出土的两件铜戈上有铭文，分别是"彭啟之戈"（篆书）、"玄鏐之用"（错金鸟书）；M38 内的大部分铜器上均发现有"彭子射"等铭文。而 M44 出土的铜簠上，也发现有内容与"蔡侯申"相关的铭文。这些铭文的初步考释表明，该处是春秋时期楚国申县的彭氏家族墓地。其出土的丰富随葬器物、精美制作工艺以及大量铜器铭文，为研究南阳地区楚国的历史文化、申县彭氏家族的发展、青铜器的制作工艺等提供了重要的实物资料[1]。

本研究选择 M1、M2、M32、M38 出土的青铜器残片作为分析样品（计 18 块，其中带锈残片 10 块），并采集了两个土壤样品（M32-6、M38-8）。利用 X 射线荧光和金相分析方法，对金属器物的合金成分、金相显微结构等进行了初步分析；运用 X 射线衍射对上述锈蚀样品的物相结构进行了分析；同时，利用化学滴定法分析了土壤样品的酸碱度和可溶盐的种类。通过分析，揭示了出土青铜器的保存状况，探讨了它们的腐蚀特征及腐蚀机理，以便为该墓地出土青铜器保护方案的制订提供依据。

二、试验结果与讨论

1. 合金成分分析

首先，利用水砂纸将青铜残片表面的锈

---

[*] 基金项目：中国科学院知识创新工程项目（KZCX2-EW-QN607），博士后基金 20090460567 资助。

蚀层打磨干净，并用乙醇溶液超声波振荡清洗，然后，分析这批青铜器残片的成分。试验使用美国 EDAX 公司生产的 Eagle-3 型能量色散荧光分析仪。该仪器配有铑靶 X 射线管，X 射线管直径为 300μm，铍窗型探测器，工作电压和电流分别为 40kV 和 150μA，真空光路。数据收集后，利用 Vision32 软件系统分析。表 1 为荧光分析结果。

表 1 青铜基体合金成分

样品编号	器物名称	锈蚀情况	Cu	Sn	Pb	As	Fe	合金类型
1	M32-7 鼎	略有锈蚀	76.85	17.44	4.37	1.25	0.08	Cu-Sn-Pb-As
2	M1:21-13 鼎	锈蚀严重	81.65	11.34	4.92	1.30	0.78	Cu-Sn-Pb-As
3	M1:20-15 簠	锈蚀严重	76.86	14.35	6.54	2.13	0.13	Cu-Sn-Pb-As
4	M1:23-17 浴缶	锈蚀严重	78.28	11.14	7.69	2.69	0.20	Cu-Sn-Pb-As
5	M2:10-18 鼎	锈蚀严重	66.87	13.98	14.34	4.48	0.34	Cu-Sn-Pb-As
6	M2:7-21 鼎	锈蚀严重	79.51	9.07	8.70	2.67	0.05	Cu-Sn-Pb-As
7	M2:3-22 敦	完全锈蚀	66.37	27.88	4.19	1.43	0.13	Cu-Sn-Pb-As
			17.18	65.14	13.11	4.28	0.29	
8	M38-23 未知器	完全锈蚀	54.50	38.58	4.18	1.57	1.15	Cu-Sn-Pb-As
9	M38:45-24 簠	锈蚀严重	69.93	21.09	6.02	2.04	0.91	Cu-Sn-Pb-As
			58.97	28.24	7.55	3.16	2.08	
10	M38:50-25 尊缶	锈蚀严重	74.65	18.34	5.13	1.57	0.30	Cu-Sn-Pb-As
			35.53	43.30	13.55	4.55	3.07	
11	M38:45 簠	略有锈蚀	79.91	14.62	3.93	1.51	0.03	Cu-Sn-Pb-As
12	M38:46 簠	完全锈蚀	48.26	42.61	6.08	1.59	1.45	Cu-Sn-Pb-As
13	M38:47 簠	锈蚀严重	80.94	15.65	2.54	0.69	0.19	Cu-Sn-Pb
			72.34	23.56	2.98	0.90	0.21	
14	M38:50 尊缶	完全锈蚀	57.43	34.27	6.01	1.83	0.46	Cu-Sn-Pb-As
15	M38:51 尊缶	锈蚀严重	80.24	15.68	2.80	1.03	0.25	Cu-Sn-Pb-As
16	M38:56 浴缶	锈蚀严重	80.32	12.31	4.79	1.60	0.97	Cu-Sn-Pb-As
			58.07	25.98	9.89	2.90	3.14	
17	M38:57 浴缶	略有锈蚀	40.11	39.94	8.05	3.71	8.17	Cu-Sn-Pb-As
18	M38:58 鼎	完全锈蚀	35.59	50.57	10.18	3.47	0.19	Cu-Sn-Pb-As
			16.04	53.87	22.58	7.33	0.18	

注：个别样品测得两组元素含量，其中第一组为腐蚀相对较轻微区域，第二组为腐蚀相对较严重区域。

在一定的温度、湿度和化学环境条件下，由于电化学的作用，青铜中锡元素氧化成性能稳定的二氧化锡，而形成的铜氧化物与腐殖酸络合流失，致使锡成分相对富集，即锈蚀的青铜中，锡的含量往往比原始值偏高[2]。所以对锈蚀严重的青铜残片而言，能谱分析给出的结果不是器物原有的化学成分，但仍具有定性分析的意义，能揭示出铜器的合金类型。表 1 为测试所得的青铜合金成分按 1%（质量分数）为元素组成的下限来看[2]，楚国申县贵族墓地出土的铜器绝大多数为铜-锡-铅-砷四元合金，故可以认为楚国申县贵族墓地出土青铜器以锡铅砷青铜为主。在我国，含砷青铜目前主要发现于甘肃、新疆等西北地区，中原地区仅河南偃师二里头遗址二期发现有一件铜锥，砷含量为4.47%（质量分数）[3]。楚国申县贵族墓地出土的青铜残片砷含量分布范围较大，在0.69%~7.33%，没有规律可循，推测这些含砷青铜源自无意识的冶炼含砷铜矿物。需要指出的是，这些含砷青铜器的矿料来源及冶炼方法有必要进一步探讨。此次分析的大部分样品含铁量较少，个别样品含铁量相对较高。一般情况下青铜器中铁含量均很低，含量较高的铁可能是由于腐蚀作用而聚集。

2. 锈蚀产物分析

将青铜残片表层的土壤污染物清除掉，再用手术刀将青铜器残片上的锈蚀刮下，在玛瑙研钵中研磨成粉末，然后进行X射线衍射法分析。

试验所用仪器是德国Bruker公司生产的D8型X衍射分析仪。工作条件为：Cu靶Kα线（λ=1.54056Å），工作管压40kV，管电流40mA。扫面起始角3°，终止角70°，步长0.02mm。采用MDI公司出品的JADE 5.0 X射线衍射分析软件进行检索分析。

青铜器腐蚀产物的分析结果见表2。

表2 锈蚀产物的矿物组成

样品编号	矿物组成
1	石英，孔雀石，蓝铜矿
3	石英，蓝铜矿
7	白铅矿，铜，石英，孔雀石
11	孔雀石，蓝铜矿
12	锡石，孔雀石
13	锡石，黑锡矿，蓝铜矿
14	铜，石英，蓝铜矿，孔雀石
15	石英，孔雀石
16	蓝铜矿
18	白铅矿，石英，蓝铜矿，孔雀石

XRD分析结果表明，楚国申县贵族墓地出土青铜器的主要锈蚀产物有：绿色的孔雀石$Cu_2(OH)_2CO_3$、蓝色的蓝铜矿$Cu_3(OH)_2(CO_3)_2$、白色白铅矿$PbCO_3$、淡黄-白色的锡石SnO_2，黑锡矿SnO，及取样时带入的石英和铜器基体。石英应是在青铜器的长期埋藏过程中渗入的。总体来说这批青铜器表面的绿色或蓝色锈层的主要成分是孔雀石和蓝铜矿，均为无害锈。

3. 土壤可溶盐分析

青铜器的锈蚀产物除与自身的化学成分、组织结构有关外，外部埋藏环境的影响也很重要。分别称取M32、M38墓底土壤样品120g，移入1 000mL锥形瓶，加蒸馏水600mL，置于振荡器上振荡3min，来浸取土壤中的可溶盐，再利用循环水式真空泵进行抽滤，制成透明的土样浸出液，然后进行易溶盐分析。易溶盐总量测定采用蒸干法，SO_4^{2-}、Ca^{2+}和Mg^{2+}测定采用EDTA络合容量法，HCO_3^-、CO_3^{2-}、Cl^-测定采用酸碱滴定法[4]。测试结果列于表3。

土壤可溶盐种类和含量分析的结果表明，楚国申县贵族墓的土壤浸出液为中性偏酸。土壤中含有的主要易溶阳离子是Mg^{2+}，主要易溶阴离子是HCO_3^-，Cl^-次之，SO_4^{2-}含量较少，未测出CO_3^{2-}。刘煜等对曲村晋国墓地土壤进行了成分分析，其中M8土壤Cl^-含量为14mg/kg；M93土壤Cl^-含量为20mg/kg。而M8、M93出土青铜器的保存状况总体较好；锈蚀产物主要是孔雀石、蓝铜矿、少量的赤铜矿和少量的氯铜矿[5]。与刘煜的分析结果相比较，在Cl^-含量接近的情况下，锈蚀产物分析结果一致。

表3　土样易溶盐的组成

土样编号	pH	阳离子含量/（mg/kg）		阴离子含量/（mg/kg）				易溶盐总量/（mg/kg）
		Ca^{2+}	Mg^{2+}	HCO_3^-	CO_3^{2-}	SO_4^{2-}	Cl^-	
M32-6	6.77	未检出	21.33	126.58	未检出	<10	22.72	3910
M38-8	6.97	未检出	20.19	112.51	未检出	<10	11.36	1790

4. 金相显微分析

如前所述，青铜器腐蚀过程的进行与其内部组织结构是密切相关的，而金相分析是揭示青铜器内部组织结构的有效手段，为此，对这批样品进行了金相显微分析。

对18块青铜残片进行镶嵌、打磨、抛光后，用FeCl₃乙醇溶液（FeCl₃：5g；HCl：15mL；乙醇：60mL）浸蚀，在金相显微镜下进行组织观察、照相并判断其制作工艺。7号、8号、12号、14号、18号样品已经受到严重的自然腐蚀，因此进行显微组织观察时未进行人为腐蚀。本次试验采用德国莱卡DM-6000型金相显微镜，目镜10倍，物镜选择20、50倍。金相照片如图1～图19所示，金相组织分析结果列于表4。

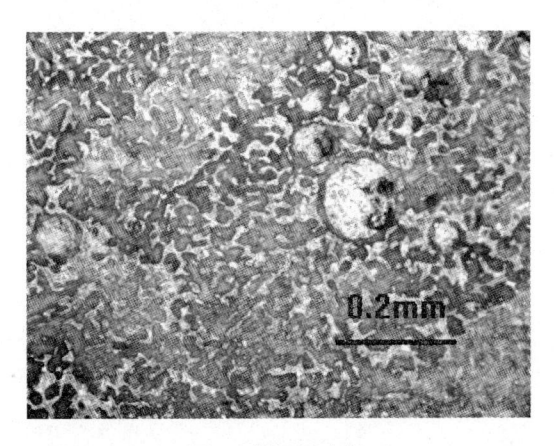

图1　样品1内部

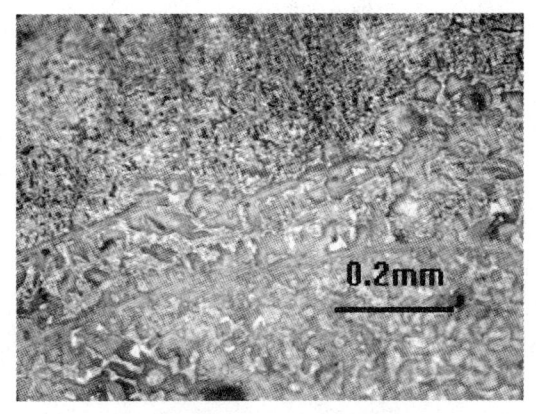

图2　样品1表面（反偏析）

图3　样品2

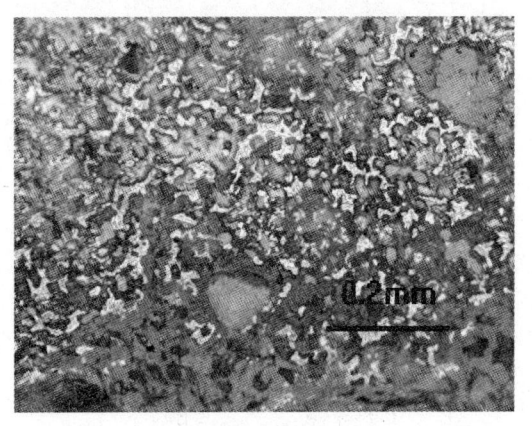

图4　样品3

图 5 样品 4

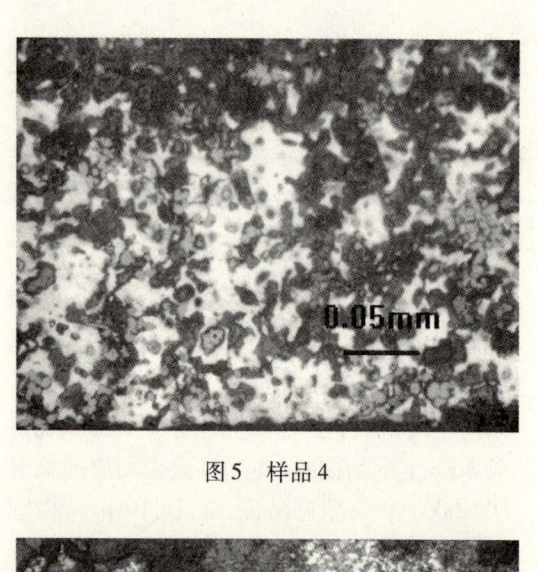

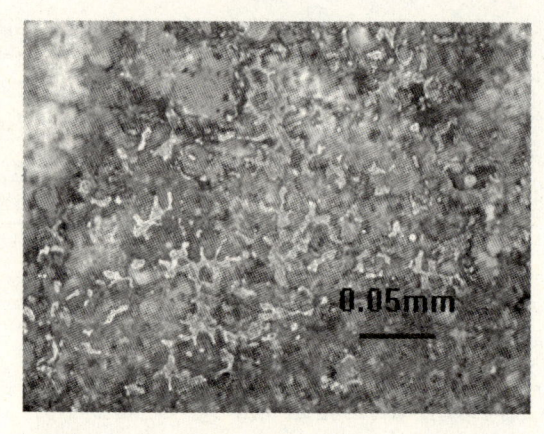

图 6 样品 5

图 7 样品 6

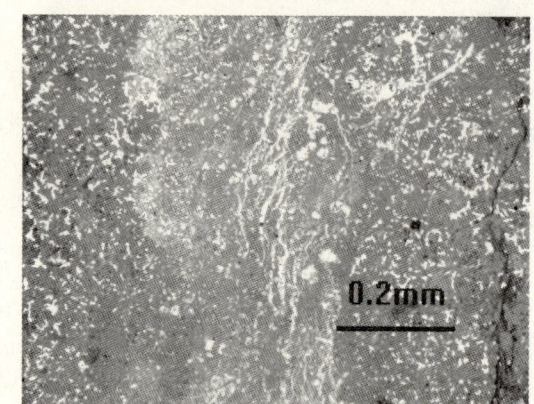

图 8 样品 7

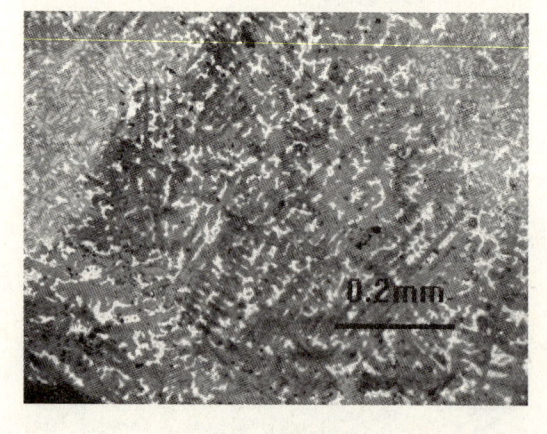

图 9 样品 8

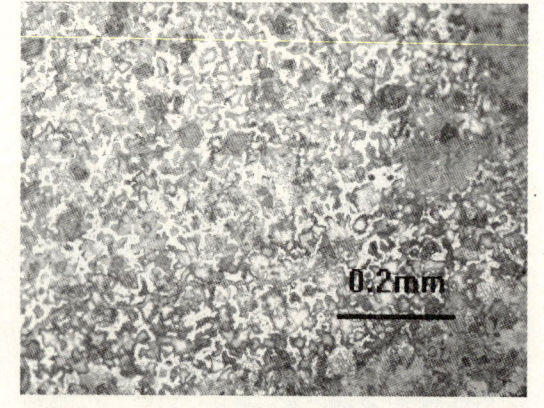

图 10 样品 9

图 11　样品 10

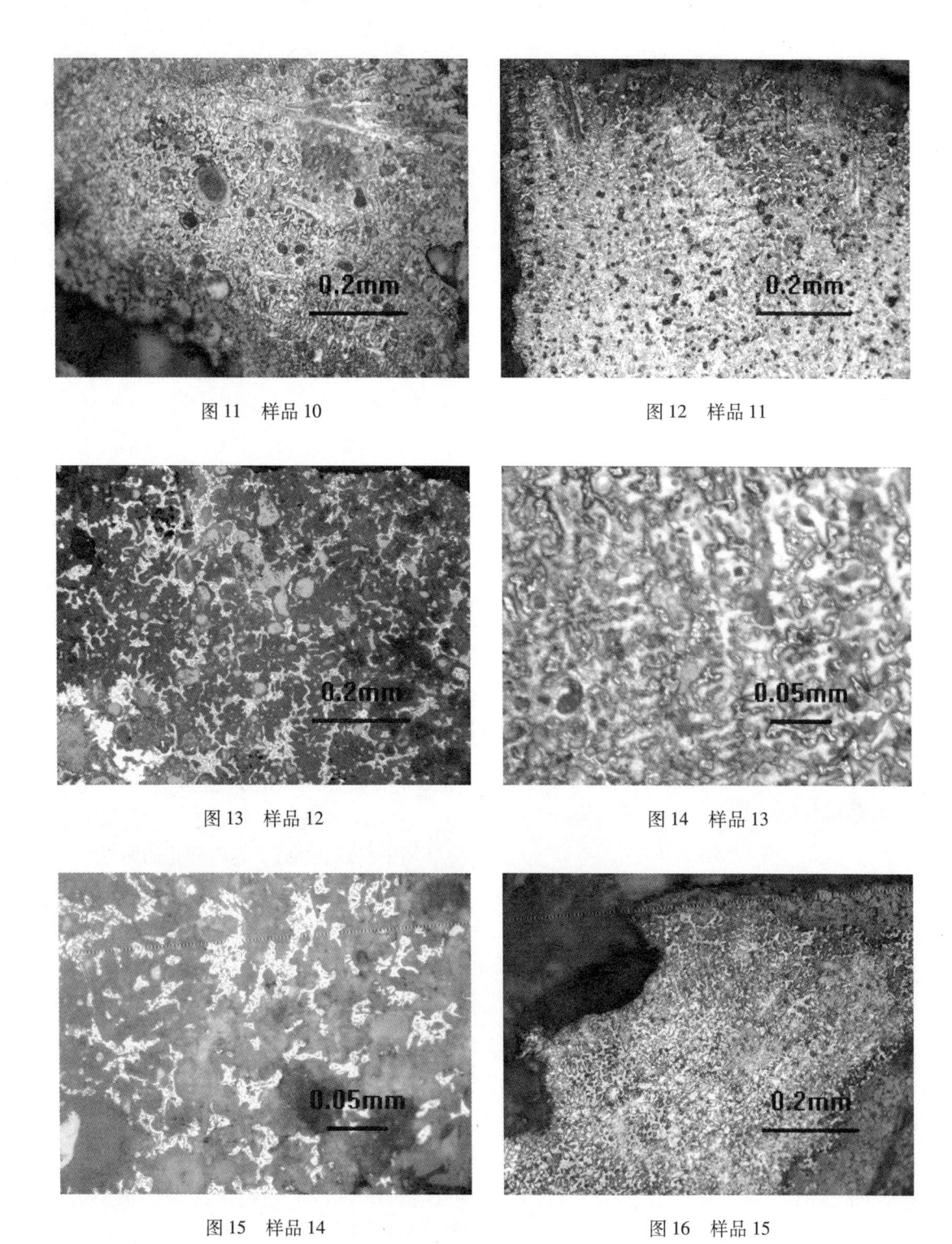

图 12　样品 11

图 13　样品 12

图 14　样品 13

图 15　样品 14

图 16　样品 15

· 131 ·

图 17　样品 16

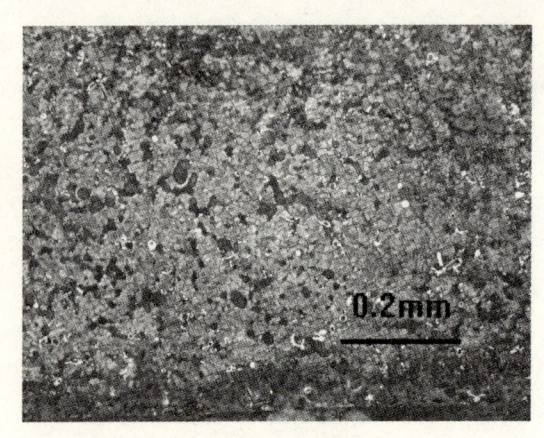

图 18　样品 17

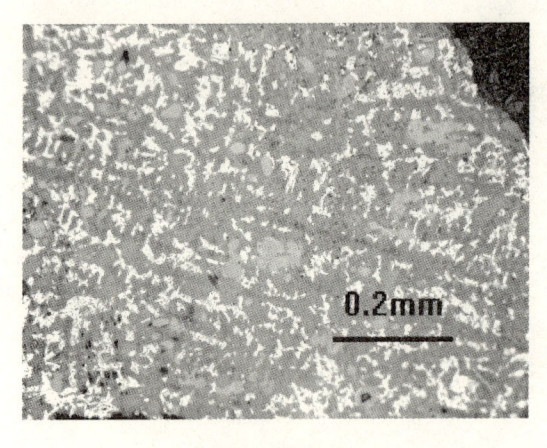

图 19　样品 18

在金相显微镜下观察，楚国申县贵族墓地出土青铜器的组织几乎都是铸造树枝晶，且有偏析现象。有 11 个样品的 α 固溶体优先腐蚀，并有几例 α 固溶体已腐蚀殆尽。

McCann 等利用拉曼光谱、X 射线能谱仪、背散射扫描电镜等方法，对中国汉代摇钱树的腐蚀现象进行了研究，发现了两种不同的腐蚀类型，并指出这两种腐蚀类型源自不同的保存环境。类型 1 为：腐蚀过程中，富锡相优先腐蚀；类型 2 为：腐蚀过程中，富铜相优先腐蚀，Cu^{2+} 由合金内部向表面迁移[6]。本文分析的 18 块青铜残片中，有 11 块样品的合金本体中，α 固溶体（富铜相）已经严重腐蚀，而保留较多的（α+δ）共析体（富锡相），分别为 3 号、5 号、7 号、8 号、9 号、10 号、11 号、12 号、14 号、15 号、18 号样品。McCann 还提到，第二种腐蚀类型对应的腐蚀产物表现为器物表面生成较多的孔雀石[6]。XRD 分析结果表明，楚国申县贵族墓地出土青铜器的主要锈蚀产物是孔雀石、蓝铜矿等，没有氯化物；而由土壤分析结果指出，可溶盐中 HCO_3^- 含量最高，远大于 Cl^-。这揭示此批青铜器处于一种贫氯的埋藏环境中。综上所述，这些样品的腐蚀过程属于第二种腐蚀类型，且 O_2、CO_2、H_2O 等因素是促使青铜器腐蚀的关键。

1 号样品局部有富锡相在表面聚集的反偏析现象，即锡汗（图 2）。此样品含锡量为 17.44%（质量分数）。Hanson 研究激冷铸造锡青铜时提出，铸件含锡量在 10%～14%（质量分数）时发生锡汗的可能性最大，并随着锡含量的增多而增加[7]。锡汗引起的表面富锡层是（α+δ）共析体，有一枝状的（α+δ）组织支脉与表面的锡汗组织相连接（图 2）。当锡青铜合金凝固时，铸件内的未凝固富锡熔液，通过发达树枝晶的间隙，在铸件收缩和合金析出气体的压力下，沿枝晶晶界向表层挤出，形成表面高锡现象，从而形成"锡汗"[8]。树枝晶越发达，凝固速度越慢，越容易产

表4 金相分析结果

样品编号	器物名称	组织检验	加工工艺
1	鼎	典型的α固溶体树枝晶偏析，枝晶间多角形斑纹状物为（α+δ）共析体，数量众多，且均连成网状。局部有锡反偏析现象，又称"锡汗"，如图1、图2所示	铸造
2	鼎	α固溶体树枝状结晶偏析，枝晶间多角形斑纹状物为（α+δ）共析体，呈岛屿状或花朵状分布，数量较多。铅大小不一呈团块状分布。如图3所示	铸造
3	簠	α固溶体树枝状结晶偏析，枝晶间多角形斑纹状物为（α+δ）共析体，数量较多，且连成网状。同时，可见基体部分固溶体已优先腐蚀。如图4所示	铸造
4	浴缶	α固溶体树枝状结晶偏析，枝晶间多角形斑纹状物为（α+δ）共析体。有氧化亚铜夹杂。如图5所示	铸造
5	鼎	α固溶体树枝状结晶偏析，枝晶间多角形斑纹状物为（α+δ）共析体，连成大的花朵状或岛屿状。如图6所示	铸造
6	鼎	α固溶体树枝状结晶偏析，枝晶间多角形斑纹状物为（α+δ）共析体。如图7所示	铸造
7	敦	α固溶体树枝状结晶偏析，多角形斑纹状物为（α+δ）共析体，数量众多，中心部位固溶体基体已锈蚀殆尽，只剩（α+δ）共析体组织。如图8所示	铸造
8	未知器	典型的α固溶体树枝晶偏析组织，多角形斑纹状物为（α+δ）共析体，数量众多，均连成网状。如图9所示	铸造
9	簠	α固溶体树枝状结晶偏析，枝晶间多角形斑纹状物为（α+δ）共析体，数量众多。如图10所示	铸造
10	尊缶	α固溶体树枝状结晶偏析，枝晶间多角形斑纹状物为（α+δ）共析体，数量众多，有铅颗粒和氧化亚铜分布。如图11所示	铸造
11	簠	α固溶体树枝状结晶偏析，枝晶间多角形斑纹状物为（α+δ）共析体，以及氧化亚铜颗粒及铅分布于枝晶间。如图12所示	铸造
12	簠	α固溶体树枝状结晶偏析，多角形斑纹状物为（α+δ）共析体，数量众多。固溶体基体已腐蚀殆尽。如图13所示	铸造
13	簠	α固溶体树枝状结晶偏析，枝晶间多角形斑纹状物为（α+δ）共析体，有氧化亚铜分布。如图14所示	铸造
14	尊缶	α固溶体树枝状结晶偏析，多角形斑纹状物为（α+δ）共析体，数量众多、较大。固溶体基体已腐蚀殆尽。如图15所示	铸造
15	尊缶	α固溶体树枝状结晶偏析，枝晶间多角形斑纹状物为（α+δ）共析体，数量众多、较细小。如图16所示	铸造
16	浴缶	α固溶体等轴晶晶粒组织，多角形斑纹状物为（α+δ）共析体，数量较少。如图17所示	铸造经过加热
17	浴缶	α固溶体等轴晶晶粒组织。如图18所示	铸造经过加热
18	鼎	典型的α固溶体树枝晶组织，枝晶间多角形斑纹状物为（α+δ）共析体，数量众多。固溶体基体已腐蚀殆尽。如图19所示	铸造

生反偏析[9]。δ相在贫氯的环境中比较稳定，其在铜器表面的聚集起到延缓锈蚀的作用，所以1号样品腐蚀比较轻微[10]。

16、17号样品的显微组织不是典型的铸造组织，也不是热加工等轴晶及孪晶，显示的α固溶体等轴晶晶界处有(α+δ)共析体，表明样品是铸造后又经过了热处理的显微组织。一般说来，等轴晶组织较树枝晶组织的耐腐蚀性能要好，这与其晶界界面的减少和成分的均匀化有关。

三、结 论

本文采用多种现代科技手段，对楚国申县贵族墓出土青铜残片进行了合金成分分析、锈蚀产物的矿物组成分析、土壤可溶盐和金相显微分析。到诸多信息以下结论：

（1）楚国申县贵族墓地出土青铜器，按质量分数是1%含量为元素组成的下限来看，以锡铅砷青铜为主，然而，这些样品的含砷量无规律可循，故推测含砷铜器无意识冶炼含砷铜矿物，而非有意添加。

（2）根据锈蚀产物的矿物组成分析，楚国申县贵族墓地出土青铜样品表面的绿色或蓝色锈层的主要成分是孔雀石和蓝铜矿，没有发现氯化物。土壤分析得出青铜器的埋藏土壤略呈酸性，HCO_3^-含量最高，远大于Cl^-，这表明青铜器处于一种贫氯且微酸性的埋藏环境中。金相显微分析发现，样品全部为铸造成形，有两件样品是铸造成形后再经加工处理。有11个样品的α相区（富铜相）优先被腐蚀。综合上述分析来看，Cl^-并不是造成楚国申县贵族墓地出土青铜器保存状况较差的主因；O_2、CO_2、H_2O等因素的作用是促使青铜器腐蚀的关键。因此，对于这批出土青铜器的保护，首先是将其保存在干燥的环境之下，若能把它们保存在缺氧的环境里更好；其次是避免它们与富含氯离子环境接触，以保护其表面已经形成的无害锈。

参 考 文 献

[1] 柴中庆，乔保同，王凤剑. 南阳市新发现春秋楚国贵族墓. 中国文物报，2009-5-15（第四版）.

[2] 北京科技大学冶金与材料史研究所，新疆文物考古研究所. 新疆克里雅河流域出土金属遗物的冶金学研究. 西域研究，2000，(4)：1~11.

[3] 金正耀. 二里头青铜器的自然科学研究与夏文明探索. 文物，2000，(1)：56~64.

[4] 土工试验方法标准.（GB/T50123-1999）：158~173.

[5] 刘煜，张晓梅，杨宪伟，等. 天马-曲村周代晋国墓地青铜器保存状况研究. 考古，2000，(9)：86~93.

[6] McCann L I, Trentelman K, Possley T, et al. Corrosion of ancient Chinese bronze money trees studied by Raman microscopy. Journal of Raman Spectroscopy, 1999, 30: 121.

[7] Hanson D, Pell-Walpole W T. Chill-Cast Tin Bronzes. London: Edward Arnold, 1951: 211.

[8] 韩汝玢，孙淑云，李秀辉，等. 中国古代铜器的显微组织. 北京科技大学学报，2002，24（2）：219~230.

[9] 黄天佑. 材料加工工艺. 北京：清华大学出版社，2004：27.

[10] 罗武干，秦颖，黄凤春，等. 湖北省出土的若干青铜器锈蚀产物研究. 腐蚀科学与防护技术，2007，19（3）：157~161.

Research on the Corrosion of Bronze Wares Excavated from Shen Aristocratic Cemetery of Chu State

Niu Pei[1,2,5], Luo Wugan[1,2], Wei Guofeng[3], Chai Zhongqing[4], Qiao Baotong[4], Wang Changsui[1,2]

(1. Graduate University of Chinese Academy of Sciences Beijing 100049)
(2. The Joint Laboratory of Human Evolution and Archaeometry Beijing 100044)
(3. Faculty of Science Zhejiang University Hangzhou 310027)
(4. Nanyang Institute of Cultural Relics and Archaeology Nanyang 473000)
(5. Guangzhou Institute of Cultural Relics and Archaeology Guangzhou 510030)

Abstract EDAX, XRD, Metalloscope and soil analysis were employed to analyze the composition, structures of the bronze matrixes, the mineral composition of surfaces corrosion products, measured pH value of the buried soil and the types of soluble salts of the samples from Shen aristocratic cemetery of Chu state. The results show that this group of bronze corrosion situation is serious, the copper-rich phase were corroded preferably, and corrosion products mainly with harmless malachite and azurite etc.

Keywords Bronze ware, Aristocratic tombs of Shen County, Alloying constituent, Metallographic structure, Corrosion

古代青铜（铜锡合金）自然锈蚀物形态及形成机理

〔法〕L. Robbiola[1]，J. M. Blengino[2]，C. Fiaud[2] 著
罗 敏[3,4] 译

(1. Laboratoire de Métallurgie Structurale, CECM CNRS, ENSCP, 11,
rue Pierre-et -Marie-Curie, 75231 Paris cedex 05, France)
(2. Laboratoire de Génie des Procédés et Traitements de Surface, ENSCP, 11,
rue Pierre-et -Marie-Curie, 75231 Paris adex 05, France)
(3. 北京科技大学冶金与材料史研究所 北京 100083)
(4. 荆州博物馆 荆州 434020)

摘要 为深入认识古代青铜（铜锡合金）锈蚀物的形成机理，本文对青铜表面各种锈蚀物进行分类与特征研究。借助现代检测手段，如光学和电子显微镜（SEM）、电子能谱（EDSX）、X射线衍射（XRD）、红外光谱（IRS）对古代青铜器横断面进行检测并对检测数据进行统计处理（主成分分析），可将锈蚀物的锈蚀结构分为两类（Ⅰ型和Ⅱ型）。所谓Ⅰ型结构（即"光洁"表面）可定义为一种双层沉积，是由于铜器内部氧化及与之相伴的铜流失（如铜器中的选择性腐蚀）所致。所谓Ⅱ型结构（即"粗糙"表面），符合多种损害性腐蚀的性状，如点状腐蚀及整体不均匀腐蚀，它可以用三层结构模型表征，其特征是存在氧化亚铜，并且在锈蚀内层与合金界面间存在和铜选择性溶解有关的氯化物含量增加。本文发展了一个基于铜流失现象的模型，用于解释青铜锈蚀物的形成。

关键词 铜锡合金，铜的选择性溶解，腐蚀结构，模型，金属保护

一、引 言

自然环境下腐蚀的金属样品正在成为人们研究长久腐蚀现象的热点。从文献发表的主要数据来看，虽然现有的大多数室内腐蚀试验时间通常不会超过几个月（对于工厂设备试验则为几十年），然而这些试验对了解久处于自然环境中（土壤、大气、淡水或海水）的金属如何趋于稳定状态具有极其重要的参考价值。暂且不论在长期腐蚀研究领域中的求知之趣，这样的基础数据，亦有助于文物保护研究人员和保管人员去控制并阻止博物馆藏品或史前及历史时期金属藏品的腐蚀。

在古代金属中，关于青铜（铜锡合金）的研究已超过了一个世纪，从"表面变化"观点来看，它们饱经磨难[1,2]。许多此方面的研究工作见载于文献中[3~5]。大量史前及历史时期青铜研究，都试图研究久处土壤[6~14]、大气[15~18]、淡水、海水[19~21]中文物上生长的自然锈蚀物，进而揭示这些锈蚀物的化学性质及结构。伴随着结构转变，青铜长期腐蚀是趋向稳定状态的。通过检测可以证明，不同表面特征不仅与腐蚀环境（化学成分、pH、电阻系数等）有关，也与其他不可忽视的参数，诸如时代（历史时期）、冶金技术或器物

的种类与尺寸（古迹、大件雕塑、小号物件）有关。腐蚀沉积层是复杂的，并且腐蚀表面呈层状、晶间或晶内腐蚀等[8~12,20~23]。大多数已发表的研究成果不单是为了深入认识自然环境中铜锡合金腐蚀物形成过程，更是为了研究提高文物保护的方法[24~28]，以阻止所谓的"青铜病"（一种由于锈蚀物中存在氯化铜而在大气中发生的循环腐蚀现象）。尽管实际上已有学者在尝试着去描述腐蚀过程[8~11,21~23,28~30]，然而对于铜锈的实际形成过程以及腐蚀结构形成过程中的决定性阶段却知之甚少。

已发表的文章[8,13,16,17,23,31~34]中称青铜腐蚀层的主要组分为含铜化合物，因而通常认为青铜锈蚀物与纯铜锈蚀物是相同的。这就是为什么Graedel等[35]大量关于铜锈的研究，不仅可以作为铜基合金腐蚀研究的参考，也可以作为纯铜腐蚀研究的参考。因此，就铜锡合金而言，普遍认为，其表层由铜二价盐，如孔雀石、水硫酸铜（在大气中）或是氯铜矿（在海水中）组成，在金属芯表面覆盖了红色的氧化亚铜层，而锡则是通过选择性溶解到达外部环境（"脱锡腐蚀"或锡流失型合金腐蚀）[8,28,30,34]。然而，很多研究指出，自然铜锈中有大量的锡化合物存在。这些不常见的情况最初见于含锡量高的青铜中[22,36~39]，然而在不同环境（土壤、海水等）一些低锡含量的青铜中也偶有发现[7,11,14,19,29,40,41]。将后一现象归结为"不常见现象"，锡被视为表面锡-铜合金层（可能由于人造锈、镀锡或是铸造过程中锡偏析现象）[37~39]。Gettens[22]和Stambolov[29]等曾介绍一种机理来解释这些观察结果，即铜向土壤中迁移，使得铸型的腐蚀表面富集含水氧化锡。事实上，就像Sawada[9]和Chase[23]指出的，每一种锈蚀物，如"常见的"（不含锡化合物）和"不常见的"（富含锡）能共存于同一件器物上。因此，有必要建立一个统一模型，将各种已知的在大气、土壤、海水环境下的腐蚀类型都囊括其中。

必须注意的是，现有文献中的基础数据只是将大量各个不同文化和地域、或独立标本上获取的数据并列起来，而未考虑其基本参数。因此，必须在一组明确且来源确定的青铜器上开展系统研究工作，所有标本都应来自于同一历史时代和同一埋藏环境，而且要计算和分析数据，并按照统计学方法对数据加以解释。

本文就是要填补这一分析方法的空缺。首先，为古代金属器表面研究构建一个适用的方法；然后，集中研究二元铜锡合金，对青铜锈蚀物的物理及化学性质有更深入的认识。这需要通过一套系统研究方法（依据一组青铜时代的标本，它们都是从位于法国西部同一处考古遗址中出土的）来实现。主成分分析（PCA）已证明是一个能够达到此目的的强有力的分析方法。为了能依据化学成分对变化的锈蚀机理加以描述和分类，将研究表面沉积物外观。通过对样品截面上已定义的类别检测，将观察的腐蚀结构和锈蚀物元素构成联系在一起，确定腐蚀结构特征。为简便起见，结构检测中只考虑单相合金。之后，提出并讨论外层锈蚀物的形态（沉积物、钝化层等）与内层腐蚀结构的联系。最终，将从铜的选择性溶解和地下环境青铜腐蚀表面沉积角度提出并讨论锈蚀物（在铜锡二元合金青铜上）的生长机理。

二、方法选择

关于史前及历史时期金属制品腐蚀研究的总体考虑

正如以前关于自然环境中史前及历史时期金属腐蚀学研究方法的定义，很重要的一点，就是回溯这些合金与现代金属研究的特殊性。第一，这些器物通常是珍贵资料，一般不能对其取样，更不用说将之完全损毁。

第二，它们常存放在博物馆中，而且通常没有任何关于它们出土时保存环境方面的信息和数据。第三，人言言殊，科学研究中用于描述文物锈蚀物表征的词语与通常描述文物锈蚀表征的词语（如Shreir[42]所用的词汇）之间是不能完全相通的。因此有必要寻找一些专门词汇去描述腐蚀物形态。最后，有必要通过统计学方法处理大量的分析结果，因为腐蚀环境是多相和变化的，这导致腐蚀产物也在变化。统计学方法可使我们能够确定变化的幅度，从而确定何种现象决定了锈蚀物的形成。

必须注意的是：如果器物是考古出土品，那么随着时间、气候、人类活动等变化，土壤的化学成分和化学性质（如pH、缓冲能力）也在发生着变化。显然器物发现时的埋藏土壤不能视为是器物最初被丢弃或埋藏的环境。那么为了确定真正意义上促使器物腐蚀的埋藏环境，有必要通过观察土壤微观形态来认识其特性，如土壤的脱钙作用、变化情况和缓冲容量。当土壤在近期发生了如工业化效应和农业生产时，当前的环境因素就变得更为重要了。Mattson等[13]在最近一项关于古代金属腐蚀的研究中指出，青铜器遭受的变化（如性质恶化程度、器物质量变化）和许多性质参数（化学、物理数据）都与它们所处的环境（地质情况、地理情况、与污染源的距离）以及它们的考古背景（遗址类型、埋藏深度）息息相关。而且，需要强调的是，当前研究表明，土壤的地质和化学构成、粒度、电阻系数、湿度和pH都是现代金属腐蚀的影响因素。尽管如此，从腐蚀现象来看，通常发现于同一考古环境的青铜器可视为是一组具有相同性质的研究样品。

事实上，许多将铜基合金埋藏于各种类型土壤中的现场试验[42,43]表明，当埋藏土壤是缓和的，那么腐蚀层厚度每年增加$0.05 \sim 4\mu m$，当埋藏时间接近20年时，平均腐蚀速率就会随着时间推移减少并逐渐趋于零。以前的研究表明，在文物刚刚发掘出土时，器物在它的埋藏腐蚀环境中就已经达到了一种稳定状态。在这种情况下，时间不是一个最应考虑的参数。可以观察到，许多还有铜芯的青铜时代的青铜器表面锈蚀层平均厚度在$10 \sim 25\mu m$[6~15,19~23,35~40]，这与自然环境的pH有关，自然环境的pH通常在$4.5 \sim 9$，同时氧化还原电位在$0.3 \sim 0.5V$（NHE）[43,44]。这样的pH与电位范围在缺少络合剂情况下，对于具有保护性质的铜锡化合物（例如氧化亚铜、氧化锡）来说是一个稳定范围[45,46]。而在其他更多腐蚀性条件下，如酸性泥、煤渣、沙漠和湿地环境中，平均腐蚀率相当高，达到$36\mu m/a$，金属溶解随着时间的推移而持续。如果是这种情况，在文献中就会看到出土青铜器表面会有几毫米厚的铜腐蚀物壳，甚至整个器物完全矿化[10,25,29,31,40]。因此，从现场试验[42,43]可以得知，在长期持续的埋藏环境中，锈蚀物形成时间（几十年）与其埋藏时间（几百甚至几千年）相比是很短的。

那么，为了确定古代青铜器上已发现的锈蚀物特征，按照上文所言特性来选取一组适当标本就非常重要了。标本选择按照如下标准：

（1）从博物馆学意义上来说，这些标本的研究价值不大，可以取样或损毁。

（2）标本是最近出土而非传世品，且出土于相同的考古环境中，这种考古环境的环境标本也易于取得。

（3）标本是同一历史时期的，尽可能选取具备相同冶金技术、形状和尺寸相近的标本。

三、试验方法

1. 铜锡合金标本选择

选取共28件的一组青铜器，它们均出土于法国西部（Fort-Harrouard, Eure-et-Loir）一个重要青铜时代金属工艺中心。

这个考古遗址位于 Eure 河沿岸一处高地，在几千年的人类活动中保存很好。这些器物（栓、斧、棒等）有相近的尺寸（长度均在 20cm 以下）和相似形状（长形），在其他资料[11]中可见其详细描述。它们的持续埋藏时间在 2750~3500 年。

可以确定这些器物的合金成分。为了取得没有腐蚀物的合金样品，在器物上钻取大约 30mg 的样品，使用紫外段发射光谱检测，光源为氩等离子光源，检测结果见表 1。器物主要为铜锡二元合金，锡的质量分数在 4%~23%，铅的质量分数均低于 0.3%。器物所含微量元素如 Ni（在 0.1%~1%）、As（0.1%~0.35%）、Fe、Ag、Sb（0.03%~0.25%）、Zn 和 Cu（0.03%~0.1%），取决于它们矿料类型。从截面金相观测到的夹杂物和铜的硫化物，可以得知矿料为辉铜矿或黄铜矿。

表 1 青铜时代器物的化学组成

序号	标本	年代	Sn	Pb	Zn	Ni	As	Fe	Ag	Sb	Co
1	铸锭棒	MB Ⅲ ~ LB Ⅰ	4.8	0.09	0.043	0.34	0.13	0.01	0.02	0.07	0.008
2	圆环	LB Ⅰ	6.2	1.67	0.016	0.04	<0.01	0.03	0.10	0.72	0.003
3	小锥	MB ~ LB Ⅰ	6.5	0.08	0.012	0.49	0.25	0.36	0.49	0.07	0.058
4	针	MB ~ LB Ⅰ	7.3	0.04	0.001	0.55	0.22	0.91	0.02	0.06	0.064
5	刀刃	MB	7.7	0.06	0.009	0.23	0.13	0.13	0.03	0.06	0.029
6	钻	MB ~ LB Ⅰ	7.8	0.18	0.047	0.07	0.05	0.52	0.10	0.18	0.031
7	钻	LB Ⅲ	8.1	15.7	0.001	0.13	0.12	0.01	0.08	0.19	0.018
8	针	LB Ⅲ	9.0	5.8	0.002	0.19	0.24	0.03	0.22	0.24	0.022
9	针	MB Ⅲ ~ LB Ⅰ	9.4	0.15	0.001	0.05	0.12	0.04	0.01	0.01	0.024
10	针头	MB ~ LB Ⅰ	9.7	0.03	0.009	0.88	0.34	0.07	0.07	0.10	0.083
11	剃须刀片	LB Ⅰ	9.9	0.09	0.003	0.70	0.29	0.03	0.12	0.14	0.030
12	针	MB ~ LB Ⅰ	10.1	0.10	0.006	0.68	0.23	0.23	0.09	0.11	0.064
13	针	LB Ⅰ	10.5	0.07	0.020	0.66	0.33	0.17	0.01	0.08	0.056
14	针头	LB Ⅰ	11.2	0.19	0.040	0.56	0.23	0.12	0.12	0.02	0.057
15	笔尖	MB ~ LB Ⅰ	11.3	0.1	0.012	0.76	0.23	0.27	0.10	0.11	0.045
16	针	MB ~ LB Ⅰ	11.3	0.11	0.090	0.85	0.32	0.06	0.10	0.13	0.046
17	针	MB ~ LB Ⅰ	12.1	0.01	0.006	0.43	0.09	0.06	0.06	0.01	0.023
18	针	MB ~ LB Ⅰ	12.3	0.08	0.002	0.54	0.22	0.05	0.03	0.10	0.003
19	剑刃	MB ~ LB Ⅰ	12.4	0.02	0.002	0.38	0.15	0.06	0.04	0.02	0.037
20	针	MB ~ LB Ⅰ	12.8	0.04	0.002	0.44	0.22	0.12	0.04	0.06	0.026
21	锤	MB Ⅲ ~ LB Ⅰ	12.8	0.24	0.007	0.56	0.34	0.09	0.04	0.02	0.043
22	针	MB	12.9	0.01	0.017	0.62	0.20	0.51	0.01	0.04	0.020
23	矛头	MB Ⅲ ~ LB Ⅰ	12.9	0.21	0.017	0.22	0.20	0.11	0.07	0.08	0.028
24	针	MB ~ LB Ⅰ	13.1	0.28	0.067	1.00	0.31	0.03	0.02	0.14	0.055
25	针	LB Ⅰ	13.8	0.03	0.005	0.24	0.48	0.11	0.02	0.16	0.039
26	铸锭棒	LB Ⅰ	18.2	0.18	0.008	0.33	0.19	0.16	0.06	0.11	0.022
27	雕刻凿	LB Ⅱ ~ LB Ⅲ	19.3	1.9	0.104	0.56	0.76	0.50	0.24	0.52	0.151
28	斧	MB Ⅲ ~ LB Ⅰ	22.3	1.30	<0.001	0.23	0.43	0.17	0.03	0.14	0.012

注：紫外段发射光谱，光源为氩等离子光源（铜作为平衡元素，未检测）．年代：MB 青铜时代中期（前 1500 ~ 前 1250 年），LB Ⅰ 青铜时代晚期 Ⅰ（前 1250 ~ 前 1150 年），LB Ⅱ 青铜时代晚期 Ⅱ（前 1150 ~ 前 950 年），LB Ⅲ 青铜时代晚期 Ⅲ（前 950 ~ 前 750 年）。

只有5件器物铅含量较高，高于1%，其中3件属于青铜时代晚期。但铅不易溶于合金中，因此铅含量的这种变化既不存在于合金中的铜固溶体（α相，锡含量低于14%，经过退火处理）中，也不存在于δ相（$Cu_{31}Sn_8$，高含锡量）中[47]。

2. 土壤特征

大部分标本出土于距地表40~50cm处。Courty等[48]分析了土壤，主要通过微观检测方法。这些青铜标本的埋藏环境为黑褐色钙质砂质土壤，混合着一些来自于附近的灰渣和一些冶金活动所产生的方解石、炭、骨头、陶器、建筑材料。在青铜时代之后，考古地层的最上层有轻微脱钙现象，这是由于大量土地在殖民化过程中的植被退化，这导致A层与B层考古土壤层的不同，上层（A0/A地层），pH为6.5~7，B层的pH增至7.2~8.5。器物是在B层发现的，由于在浅层存在着碳酸钙，它具有一定过滤性并使B层能保持碱性环境。在其中一个已经废弃的遗址中发现土层剖面中缺乏水生形态且多处都有生物体组织，这证明土壤排水性好。其土壤溶液特征为低含氯量（<1μg/L）、低电阻率（5~20kΩ·cm）。腐蚀环境可视为典型的低腐蚀性富氧土壤。

3. 腐蚀模式特征

1）表面特征

首先用扫描电镜对16件标本检测。这16件标本体积较小，均可直接放入扫描电镜检测腔，确保了它们不会受到破坏。对器物表面0.1~0.01mm²进行能谱分析，电子束穿透深度为15μm。为了确定锈蚀物的化学性质，使用纯钨针在标本腐蚀表面刮取微量样品采用X射线衍射和红外光谱分析，其他细节见文献[11]、[14]。

2）截面金相检测观测的锈蚀结构特征及其分析

三个单相青铜（No.1.12.24标本）作为这组标本的代表，以确定它们内部腐蚀结构特征。它们的锡含量（质量分数）分别为4.8%、10.1%、13.1%。为了金相检测，使用金刚锯分别从纵剖面、横断面切开器物，嵌入树脂中并依次使用碳化硅砂纸（1200目）和金刚石研磨膏（0.25μm级）打磨抛光。使用X射线能谱仪（EDS）共检测了150多次，每一个断截面均检测，每个检测面从一到几十个平方微米。这3件青铜器均包含有大量硫化亚铜夹杂物，它们是铜冶炼过程中从矿石里引入的。图1（a）中所示的收缩现象说明器物最初是浇铸成形的，它们都为均匀的重结晶粒结构，并伴随有大量的热孪晶[图1（b）]。硫化铜夹杂物的变形[图1（c）]与一些机械孪晶清晰地揭示出这些器物在制造过程中经过了一定时间的退火和锻打。

4. 主成分分析

使用PCA解释器物表面锈蚀物的EDS检测结果，软件为Statgraphics®。EDS量化使用国内标准ZAF[定量分析计算采用的修正法，即对接收到的X射线信号强度必须进行原子序数修正（Z）、吸收修正（A）和荧光修正（F）]方法，这种方法可以对原子数目超过10的元素定量测定。每一项检测含量的总和为100%，因此，每种元素的含量是相对值。为了克服分析局限，将锡含量作为标准对其他元素含量标定。PCA方案如下[49]：

（1）设变量p对应表示所检测化学元素（本文中涉及的化学元素有Si、P、Cl、Fe、Ni、Cu、As）。

（2）数据分析结果可以在一个参照系统中得以表现，该参照系统是由多个坐标

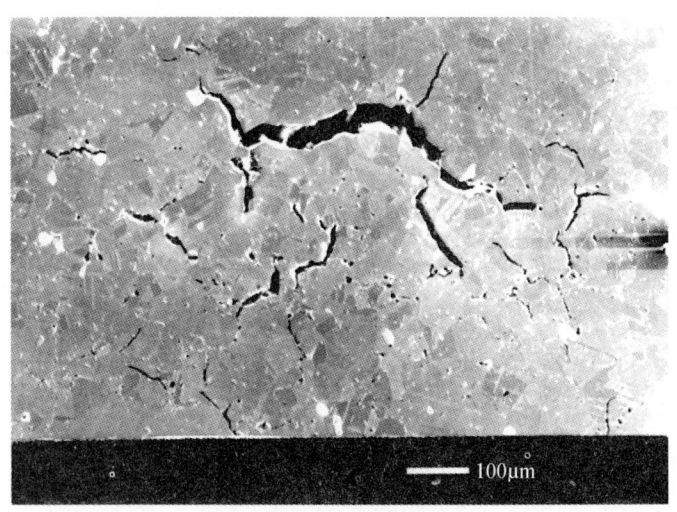

(a) 24号器物，针，横向面

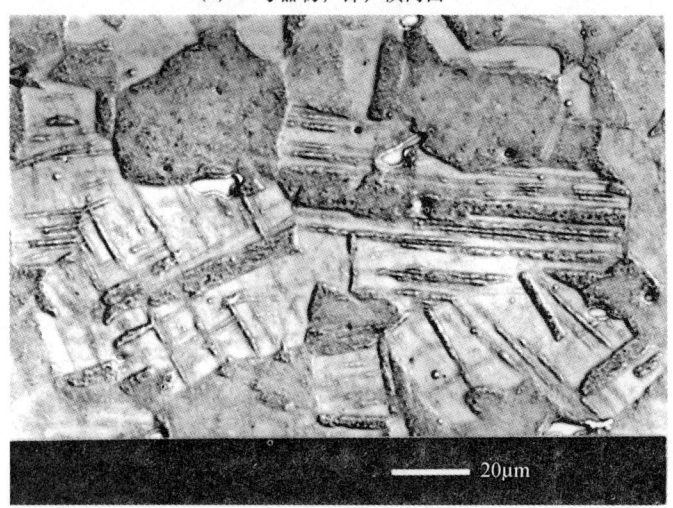

(b) 1号器物，铸锭棒，纵向面

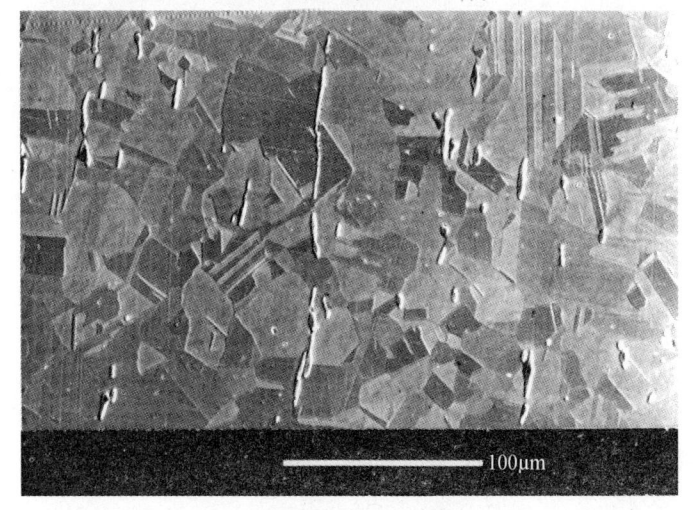

(c) 12号器物，针，纵向面

图1 青铜器物断面的金相检测

轴 D_i 形成的 p 坐标系。每一个坐标轴 D_i ($i=1, \cdots, p$) 均由 U_i 定义得出，U_i 是 l_i 对应的特征向量，而 l_i 则是由表面分析数据（这 44 个数据来自上文 7 种元素）组成的可对角化矩阵的特征值。因此，坐标系 p 的特征向量 U_i（主成分）是以前文所提变量（Si、P 等）所呈现的线性关系表示的。为了使结果在第一主坐标系中尽可能得到最好的表达，将特征向量按照特征值递减的顺序进行分类。

就此而言，用锡标准化后，每个变量由分析点的标准偏差来标定。这个程序使得每一个值在数据矩阵中可获得同等值。为了简单起见，将只去考虑 PCA 法所形成坐标平面中对应的三个主成分 (U_1, U_2, U_3)。每个坐标平面可分为不同区域，在同一区域中，不同的化学元素对铜锈蚀物形成具有同等的化学效应。

第一种类型（Ⅰ型，或称"光洁"表面），原有器形完好无损：可以看到抛光或使用痕迹。第二种类型（Ⅱ型，或称"粗糙"表面，抑或"快速腐蚀"表面），器物原有表面已破坏，肉眼已无法获得多少信息。通过横断面检测，这两种类型呈现出不同结构，尽管有时存在一些差别，但可以清晰地区分。

四、检测结果和讨论

1. 腐蚀结构类型划分

表面特征首先呈现出非均匀特点，光学和扫描电镜检测使得可以通过准确语言对腐蚀物特征进行描述和分类，这就使科学家、考古学家、文物保护学家之间讨论锈蚀物成为可能。下文将尝试这一工作。

锈蚀物主要表面特征有：颜色、外观、器物原始大小、保存状况（如原始表面界限），如表 2 所示。按照原始表面分界线是否能够观察到这一标准，所有出现的腐蚀物表面可以分为两种腐蚀类型，可以在同一件器物上发现两种腐蚀类型。

表 2 描述出土铜器锈蚀物特征的一般词汇

表面类型	光洁表面	凹点、裂缝	粗糙表面			
			层状片状	裂纹	帽贝状炎性淋巴腺肿状	壳（或厚或薄）
颜色	蓝色、绿色、棕色、从浅到深的灰色	绿色	绿色	—	绿色和红色	红色、绿色或棕色
外观	光滑有光泽	粗糙	粗糙	—	粗糙	粗糙
硬度和致密度	非常坚硬和密实	从粉状（易碎或是粉末化）到坚硬	坚硬到接近坚硬	坚硬到接近坚硬	从粉状（易碎或是粉末化）到坚硬	
原始界面	从微观水平来看完好无损	破坏	破坏	破坏	破坏或是变形	变形（从完整到破坏）
腐蚀类型	均匀	局部出现轻微到高度腐蚀	局部轻微腐蚀	局部腐蚀	局部高度腐蚀	局部到不均匀的通体腐蚀

2. Ⅰ型或是"光洁"表面

1）概述

如图 2（图版 13）所示，这些表面具有保护性，呈现出不同颜色：蓝、绿到深绿、深灰或是金属灰。它们大都有一定的光泽和亮度，拥有美丽外观，这些表面通常被称为"高贵锈"[33]。横断面金相检测揭示出这些金属表面已经矿化或者"化石化"[图3（a）；图版14]。例如，合金中的硫化物依旧保留在腐蚀层中，合金晶粒中的滑移线和变形也可观察到，似乎腐蚀扩展过程是内部氧化的结果。

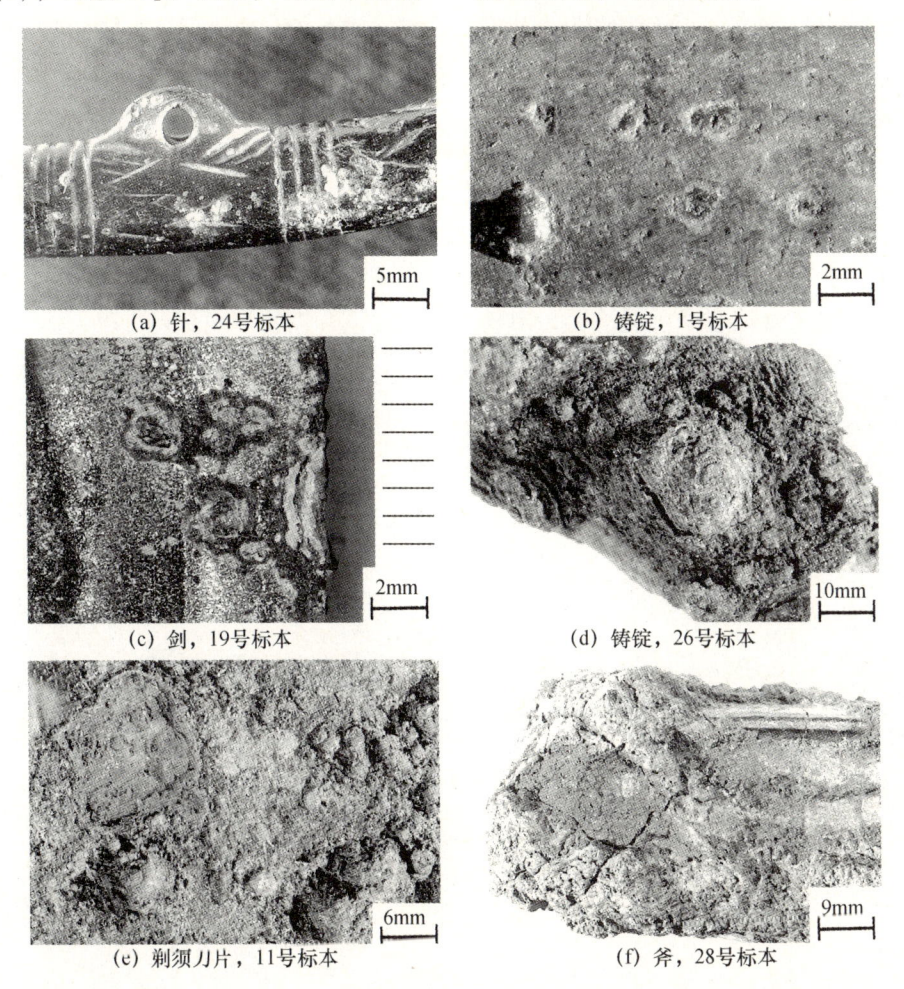

(a) 针，24号标本

(b) 铸锭，1号标本

(c) 剑，19号标本

(d) 铸锭，26号标本

(e) 剃须刀片，11号标本

(f) 斧，28号标本

图2 青铜时代（前1500～前750年）出土的青铜器外观照片

可见两种不同的腐蚀表面类型，腐蚀类型与合金中锡含量无关。两种腐蚀类型可以同时出现在同一器物上。Ⅰ型即'光洁'表面：器物原始表面界面保存完好。锈蚀物呈现不同的颜色：(a) 深灰色 (b) 蓝色 (c) 和 (f) 浅灰。Ⅱ型即'粗糙'表面：器物原始表面界面已经破坏。有以下几种破坏形式：(a)、(b) 和 (c) 坑状和帽状，(d) 炎性淋巴腺状，(c) 剑边缘的层片状，(d)、(e) 和 (f) 或厚或薄的壳状，(e) 裂缝状，(f) 裂纹

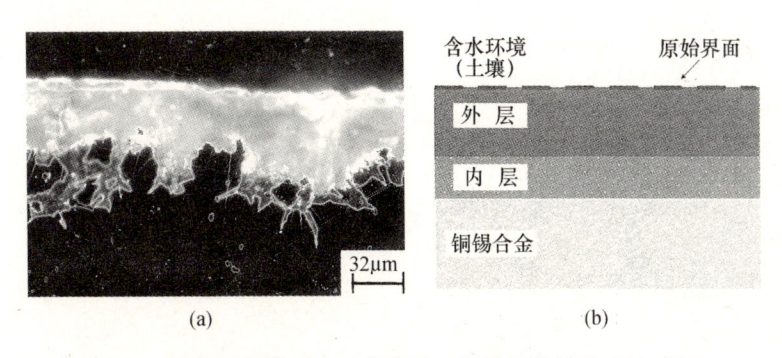

(a)

(b)

图3 Ⅰ型腐蚀结构（a）1号器物，铸锭的纵剖面（b）图示

这种结构特征是一种如图3（b）（图版14）所示的双层膜。

（1）外层，可能有不同颜色（绿、蓝等），厚度为5~50μm，其特征为含铜量低（相较基体合金而言）、含锡量高（与基体合金相似）以及含有从腐蚀环境中吸纳的元素（主要为O、Si、P、Al、Fe、Ca，也包括Cl）。

（2）内层，与合金基体相连，形状和厚度不规则，通过EDSX可以检测到其特征为铜含量低于基体合金并且含氧，其影响因素只有腐蚀环境。O/Sn原子比在合金外层与腐蚀区内层之间界面上降低到1~4内。有时观察不到该腐蚀区内层。

典型的化学元素分布如图4所示，虽然腐蚀区外层在不同标本中有所不同，但外层中的锡、氧和土壤元素含量高，Cu/Sn比率在锈蚀物中是恒定的。即使对同一个标本而言，土壤元素（如Si）含量也有明显变化。这些成分变化将在下文中详细讨论。而腐蚀区内层中铜含量高于外层，其Cu/Sn比率在同一器物不同部位有很大不同。

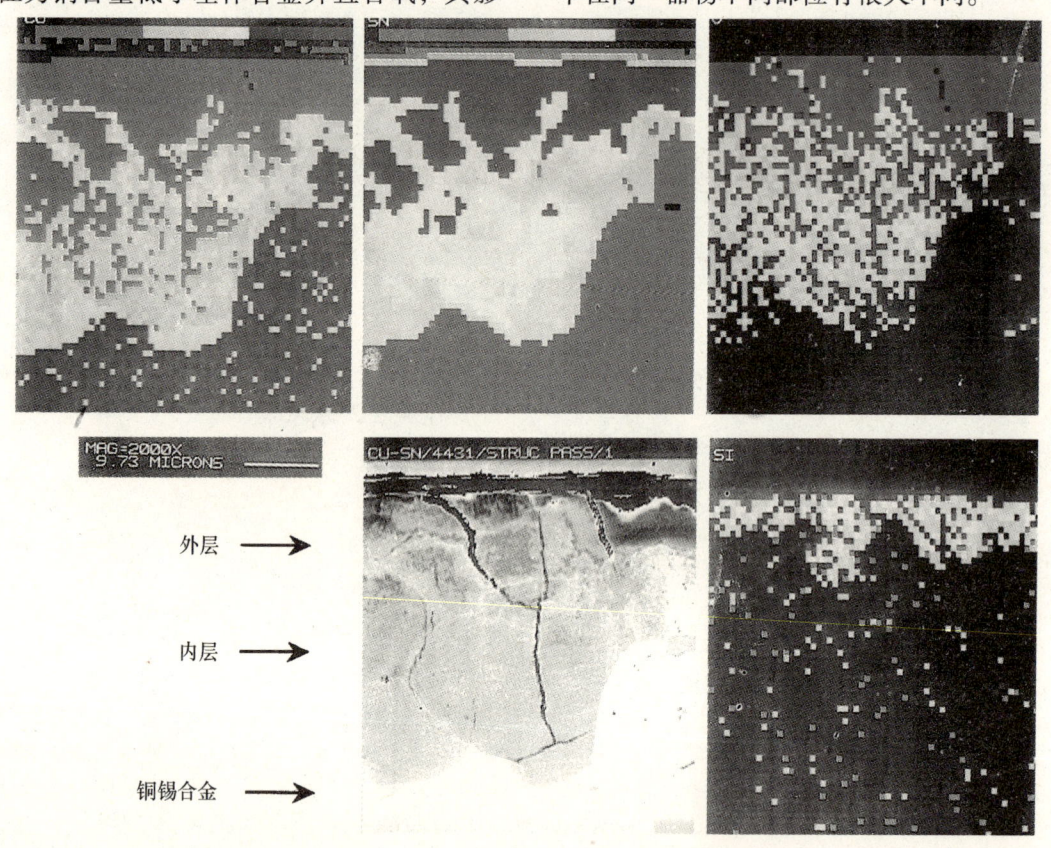

图4 I型腐蚀结构（'光洁'表面）：24号标本，针剖面的EDSX照片
从左至右，从上至下是：Cu、Sn、O、SE的电子像、Si。蓝色：含量高；绿色：含量中等；红色：含量低。
可清楚看到铜流失现象

从XRD和IRS结果中只能获取很少关于锈蚀物的化学性质信息，XRD能够给出的信息很少或只能指出其为非晶态化合物。IRS能证明其非晶体性质。检测结果表明，硅酸盐或磷酸盐类（在900~1100cm^{-1}宽带范围内）与羟基类（在3400cm^{-1}）、金属氧化物（在490~620cm^{-1}）以不明确形式存在于腐蚀区外层中。这对鉴别那些常在青铜上出现的锈蚀物[8,10~27,31~34]——已有定义的铜化合物，如孔雀石、硅孔雀石、磷铜矿——非常重要。同一器物腐蚀区外层Cu/Sn比率是相当稳定的,但对于不同器物来说此比率却大不相同,这表明腐蚀过程不会形成混合的铜锡化合物(如CuSn(OH)$_6$或CuSnO$_3\cdot$3H$_2$O),但会产生铜化合物和锡化合物。可以得出这样的结论:含锡化合物主要是非晶态氧化物的水合物,这种化合物在很大的pH范围和电势范围内都具有热力学稳定性[46]。

按照这些结果,可见Ⅰ型结构具有以下主要特点:双层,铜含量低,锡含量高,腐蚀区外层中有土壤元素,内层中只有氧化物和水合物。Ⅰ型结构同时还有这样一种现象:腐蚀层从器物原始表面层向内部基体合金生长,表观容积无变化,这也证明了Ⅰ型结构具有优异的腐蚀电阻性能。相似的结果不仅由Soto等在中国青铜器[36]上发现,也在其他大量的古代文物上发现,这些文物发掘自侵蚀性不太强的土壤[6,8,9,12,14,21,23,39,40],甚至是海水中。Ⅰ型结构被认为是一般的腐蚀过程,它与可以阻止金属溶解的钝化层生成有关。

腐蚀层中铜含量低,与合金中部分腐蚀产物的置换有关,用合金中铜的选择性溶解现象如铜流失能够解释。本文发现这种现象以相同方式影响着所有标本。为了证明这一点,可以通过合金中锡原子分数$X_{Sn,a}$(假设$X_{Sn,a}+X_{Cu,a}=1$忽视其他原子)计算腐蚀环境中铜溶解比例。在腐蚀区外层铜的溶解系数f_{Cu}可用以下公式计算,假设相对于铜溶解来说锡的溶解可以忽略。

$$f_{Cu}=1-\frac{\left(\dfrac{X_{Cu,p}}{X_{Su,p}}\right)}{\left(\dfrac{X_{Cu,a}}{X_{Su,a}}\right)} \qquad(1)$$

指数p和a分别代表腐蚀区稳定外层和合金。从方程(1)可以得出,理论上当合金与锈蚀物中Cu/Sn比率不变时,$f_{Cu}=0$;反之,当锈蚀物中完全不含铜时,$f_{Cu}=1$。如图5所示,从理论上的金属单相合金溶量比例来说,对于单相合金而言(原子分数$X_{Sn,a}\leq 0.08$),f_{Cu}接近于恒定(0.94±0.04),对于双相合金而言($X_{Sn,a}>0.08$),f_{Cu}是减小的。因此,铜的溶解(如铜流失现象)与铜固溶体(α相)的存在有关。

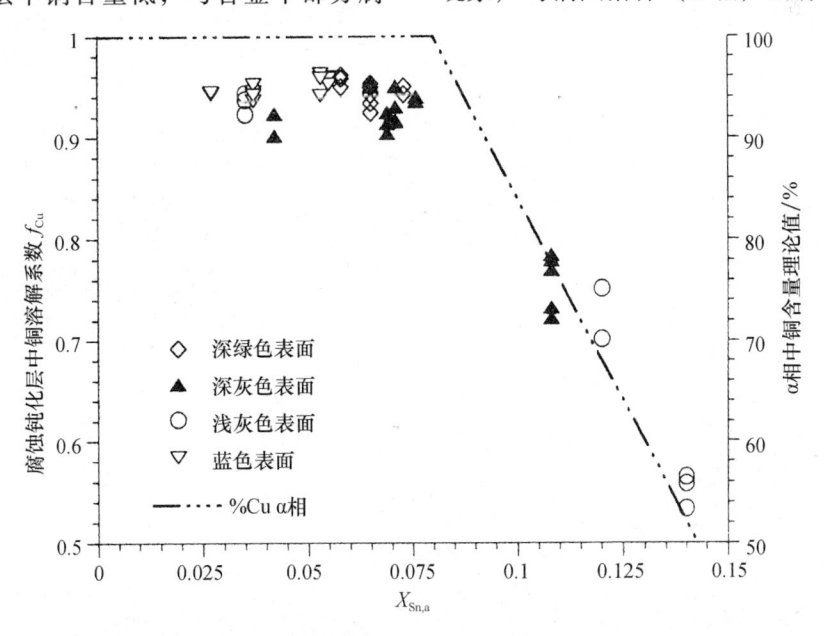

图5 腐蚀钝化层中铜溶解系数f_{Cu}与基体合金(Ⅰ型结构)中锡原子分数$X_{Sn,a}$的函数关系
标本表面未做任何处理,直接放入SEM-EDS检测腔。分析范围为:深度1μm,面积0.1mm^2

图 5 同时也表明，f_{Cu} 与合金内部所含的大量土壤元素无关，因此，锡含量对锈蚀物颜色影响不大。事实上，就腐蚀环境（土壤）影响而言，腐蚀环境中土壤元素组成的总量影响着锈蚀物颜色。这一点可通过外层化学成分的主成分分析（EDS）显示，它得到了几组点，每个点对应一个颜色类型的锈蚀物。如图 6 所示的结果，建立在从 15 件器物上所取得的 44 个基础分析数据（考虑了七种化学元素及主要变量）之上。当化学元素处于图表中相同区域，也就是主变量在第一主平面和第二主平面的投影，就可以知道哪些化学元素与保护性外层生长有关，此方法也可应用于对保护性外层生长的观察。

第一主平面（FPP）的累计数据贡献率为 72%［见图 6（a）、（c）］，而第二主平面（SPP）的累计数据贡献率为 61%［见图 6（b）、（d）］，即数据向量在第一主平面（相应的在第二主平面）的欧氏投影范数平均数等于 72%（相应为 61%）。因此，主成分分析表明参与元素（Si、P）比重与该层的生长有关。图 6（a）、（b）显示出不同组别的化学元素。土壤元素（Si、P、Fe 及 Cl）位于成分分析平面的同一区域，并且相互关系非常紧密。即这些元素对于青铜锈蚀的复杂性所产生的效力是等同的。合金中较少的成分（As 和 Ni）落于象限右上区，这表明它们与土壤元素对于保护性外层生

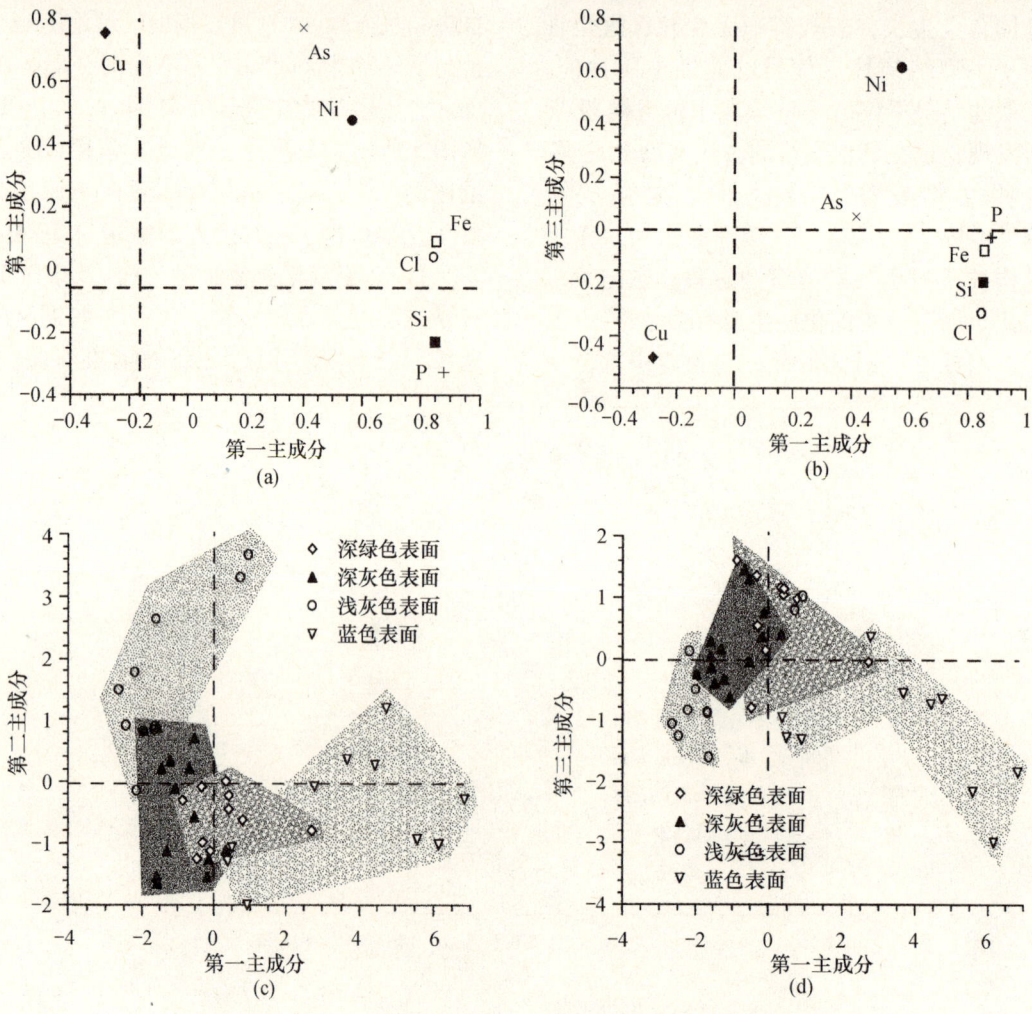

图 6 Ⅰ 型结构：光洁表面 EDSX 检测结果数据的主成分分析
（a）和（b）：化学变量，（c）和（d）：两个主平面与锈蚀物的颜色

长所起到的作用是不同的（As 似乎是不溶的，Ni 有少量溶解）。也可以清晰地看出，铜和土壤元素各处于象限的两边，它们对腐蚀区外层的形成有着完全不同的作用，铜以选择性溶解（如上文所述）方式流失，而土壤元素则浸入其中。

主成分分析法使我们可以区分在土壤元素中较密集分布的锈蚀物［图6（c）、(d) 右区］。图6（c）、(d) 展示了不同组的分析点，这些分析点与锈蚀物中土壤元素混入的多少有关，也说明与表面颜色的不同有关。最大量的土壤元素混入就表现为蓝色锈，其次是灰绿色锈，与此相反，浅灰色表面则说明混入量少。（◇）组和（▲）组：是深灰和深绿色相互交融渗透形成的。

因此，混入的土壤元素是铜器表面颜色的决定因素，铜溶解量是由铜的选择性溶解决定的，并不能决定锈蚀物外观。

2）Ⅰ型基本结构的偏差

轻微的差异存在于我们所观测到的结构及上文所述的结构模型中，这些偏差概括起来可分为三种（图7）。

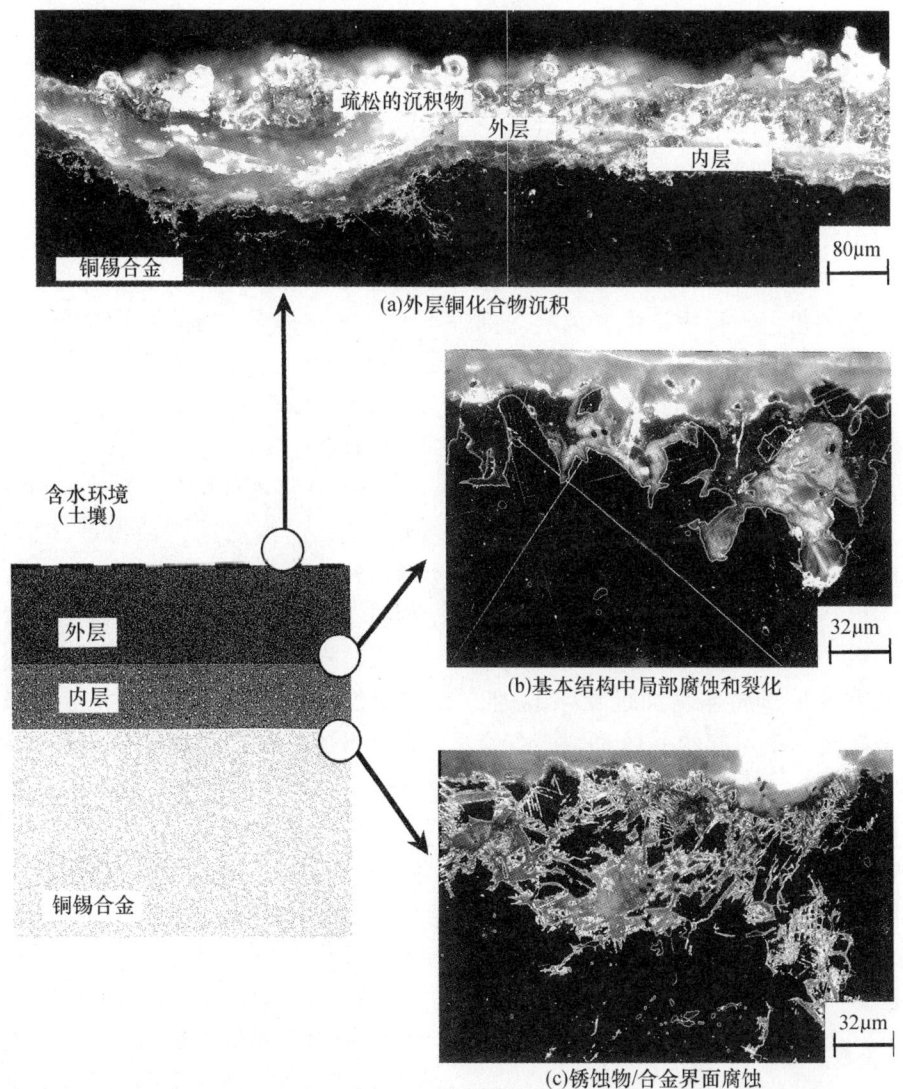

(a) 外层铜化合物沉积

(b) 基本结构中局部腐蚀和裂化

(c) 锈蚀物/合金界面腐蚀

图7　Ⅱ型腐蚀结构：从基本结构可分出三种稍有差异的结构（暗场下光学显微图，合金呈黑色）
(a) 和 (b) 是1号青铜器，铸锭棒；(c) 12号青铜器，针

第一种偏差特点：具有多孔的外壳或是沉积物（通常有几百微米厚）覆盖在腐蚀区外层，当没有外壳存在时，沉积物生长速度缓慢。分析这些沉积物，可以发现它们是铜的腐蚀产物，如氧化亚铜、二价铜化合物，如碱式碳酸盐类和碱式硅酸盐类，甚至包含沙粒。很容易区分最上层（硬壳）和腐蚀区外层。例如，图7（a）的左部，绿色和棕色沉积层包裹着器物上雕刻和凹线花纹，揭去这层后才是蓝绿色外层。这个壳层与下层的界限反映了器物的原始表面形状。外部多孔的沉积层明显与铜的选择性溶解及其在器物表面沉积有关。

第二种偏差［图7（b）］与结构的改变有关，这种改变是由于腐蚀区内层局部向合金扩张和内部裂化造成的。这种内层扩张过程中伴随有腐蚀性物质的混入，如氯原子，它在局部腐蚀［图7（b）］中扮演着最重要的角色。裂化是由腐蚀层内部压力和腐蚀产物老化产生的。

第三种偏差［图7（c）］与该层同合金界面中晶间或晶内受到的冲击有关，它是由内部氧化过程中相伴随的扩散过程缩短而造成的（可能由于存在晶界缺陷或者冶金结构缺陷，这对金属是不利的）。

3. Ⅱ型（或称"粗糙"表面）

Ⅱ型表面是由局部腐蚀现象引起的，同时也是高溶解率引起的一般腐蚀。不论是哪种腐蚀现象，都会呈现出相似的结构，而且腐蚀结构中起作用的化学元素也相同。其主要特征是在腐蚀区内层与合金界面存在大量的氯。与Ⅰ型结构不同，腐蚀区内层锈蚀物的形成与土壤中浸入氯离子所形成腐蚀产物的富集有密切关系。

1）Ⅱ型结构

Ⅱ型表面是粗糙的，颜色可为红色、棕色，更多为绿色，它可分为不同两类，与Ⅰ型相反，标本的原始表面几乎不存在。

（1）腐蚀沉积区："帽贝"状［图2（b）、(c)］、"炎性淋巴腺肿"状［图2（d）］、壳状［图2（e）、（f）］，掩盖了原始表面。

（2）器物原始表面完全破坏区，有物质损耗——凹点［图2（a）、（b）］、裂缝［图2（e）］、层片［图2（c）］。

横断面检测显示出Ⅱ型腐蚀的两种模式有相似结构和化学性质。它们的变化是不断发展的，腐蚀厚度从200μm到几毫米，这取决于腐蚀强度。图8（a）、（b）（图版15）为微观结构，可以看到不论是什么形状，沉积物均是由三层重叠起来的，图8（c）为其图示。

（1）外部变化区，绿色二价铜化合物。

（2）氧化亚铜红色层，通常是片段或断裂的。

（3）内层，有不同颜色（黄、橙、棕），特征为其含铜量低于基体合金，含锡量高于基体合金，与土壤元素（主要是O、Cl）有关。

EDSX（图·9）与XRD和IRS分析结果表明，前两层铜锈蚀物是其主要成分。绿色外层主要为二价铜的碱式化合物。例如孔雀石、副氯铜矿、氯铜矿、碱式碳酸盐或碱式硅酸盐，土壤中的二氧化硅或铝硅酸盐。红色灰状层由氧化亚铜和大量氯离子组成，在接近腐蚀区内层含量更高。Lucey[50]解释了这一结果，认为氧化亚铜可视为电解质膜，允许阴离子（O^{2-}、Cl^-）向内迁移，铜离子向外迁移。有时也存在一价铜的氯化物CuCl，夹在氧化亚铜层与腐蚀区内层之间［图8（d）］。

腐蚀区内层（通常是不规则的叶片状或碎片状），揭示了基体合金中的微观缺陷（硫化物夹杂、晶粒等），表明锈蚀物生长过程中有显著的迁移作用。内层化学成分特征是Cu和O的存在，有时还存在Si和P，

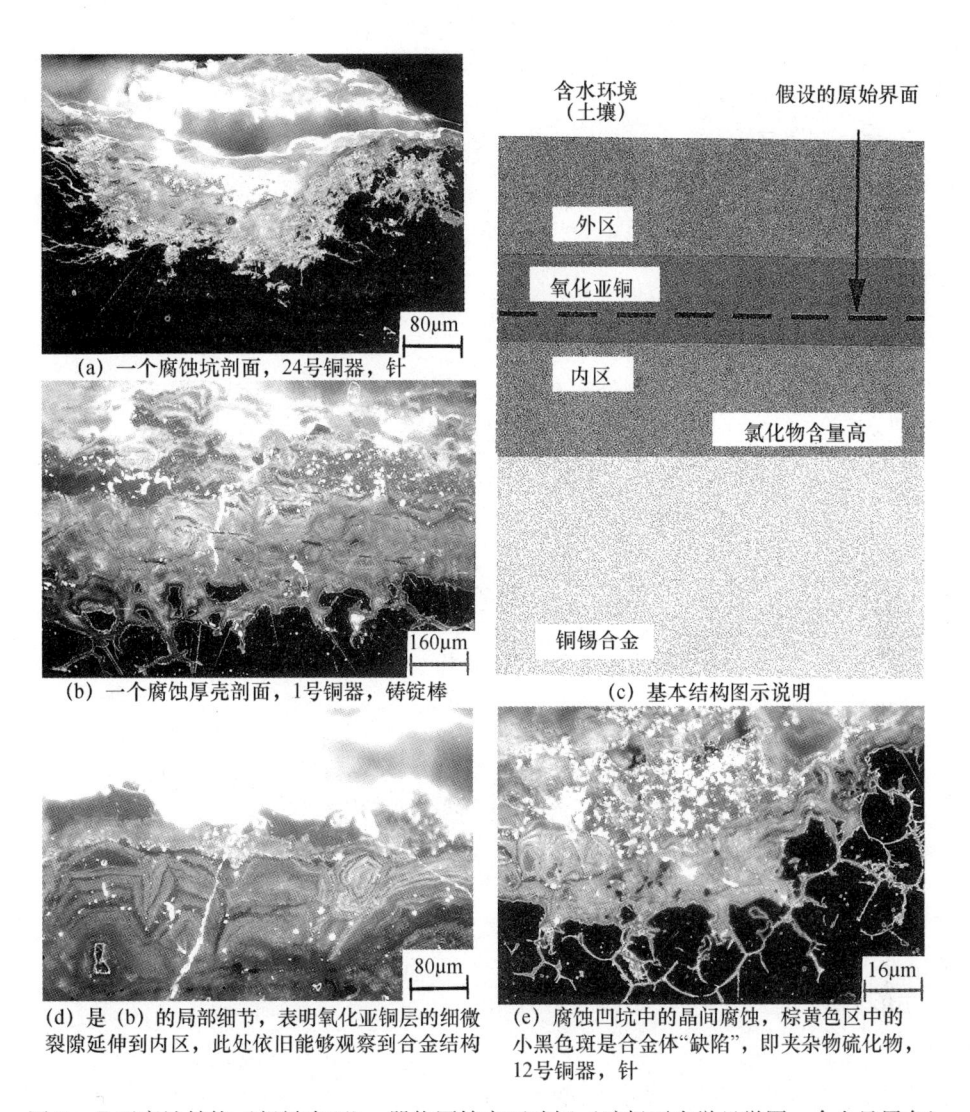

图8 Ⅱ型腐蚀结构（粗糙表面）：器物原始表面破坏（暗场下光学显微图，合金呈黑色）

(a) 一个腐蚀坑剖面，24号铜器，针
(b) 一个腐蚀厚壳剖面，1号铜器，铸锭棒
(c) 基本结构图示说明
(d) 是(b)的局部细节，表明氧化亚铜层的细微裂隙延伸到内区，此处依旧能够观察到合金结构
(e) 腐蚀凹坑中的晶间腐蚀，棕黄色区中的小黑色斑是合金体"缺陷"，即夹杂物硫化物，12号铜器，针

与前两层相比还存在Sn和Cl。化学元素在各个部位的分布非常不同，这是严重腐蚀的结果。现在很难确定每种元素的数量与该层生长之间的关系。尽管如此，其锡含量高于基体合金中的锡含量（由于强烈的铜选择性腐蚀），同时大量氯离子位于残留的青铜基体附近（Cl/Cu 的原子比可达到 1∶20）。

从锈蚀物主成分分析可知，腐蚀区内层的化学成分和腐蚀形态特征（坑、厚壳）的关联性较弱。依据其表现形式，内层中的化学元素可分为三类情形。第一类：金属元素，它们具有选择性腐蚀的性质，如Si（Cu、Ni也是如此，Ni在很低的范围）；第二种是Cl元素，它明显位于内层与合金的界面附近；最后一类由土壤元素Si和P构成，它们分布在腐蚀区外层内。

2) Ⅱ型结构的偏差

如同Ⅰ型一样，通过观察可以看到基本模型与观察到的Ⅱ型模式是有所差别的。第一种偏差影响外部腐蚀物沉淀。二价铜化合物形成的亚表层经常与氧化亚铜存在交替现象，这取决于其金相结构，相当于通过保护性较差的沉积层而发生的腐蚀过程，随后的内部腐蚀形成了新的腐蚀界面。

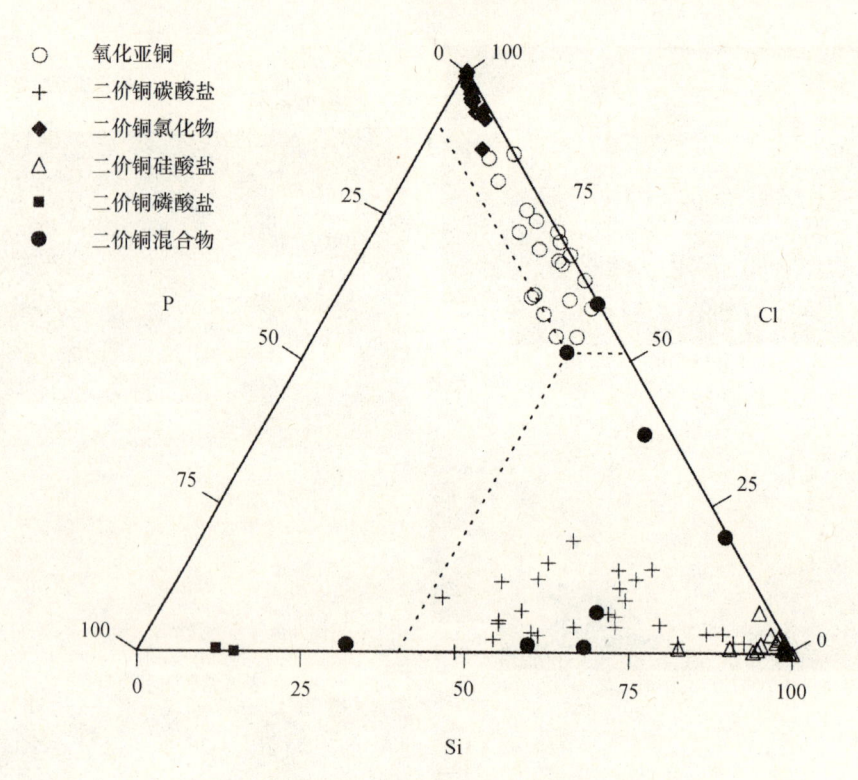

图9 青铜锈蚀物中土壤元素的EDSX三元图

这一腐蚀导致形成了复杂的多层锈蚀层,有时还是周期性的,导致器物彻底矿化。此现象早已发现,如 Scoh[10] 在埃及文物上的发现,Robbiola 等[11] 在青铜时代器物上的发现。

第二种偏差是由于局部腐蚀的增强,导致在内层 [图8 (d)] 形成分区或是发展很快的晶间腐蚀或穿晶腐蚀 [图8 (e)、图10 (b)]。这明显与腐蚀结构的扩散作用有关。在扩散时间变短的区域附近,也发现了少量腐蚀环境中的元素(SIMS 二次离子质谱检测分析发现,如氢氧根、氯离子、二氧化硅),说明与土壤存在化学交换。

(a) 层状腐蚀(灰色区:氧化亚铜;深灰区:二价铜化合物),12号铜器,针

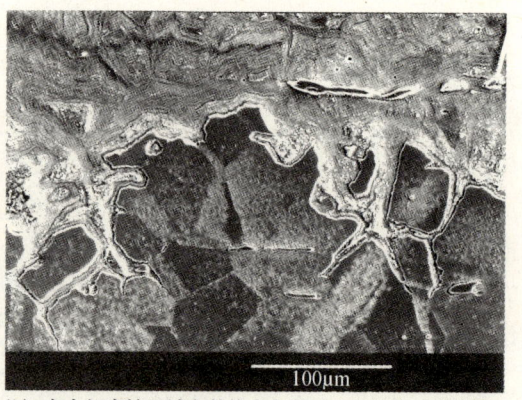

(b) 在内部腐蚀区域和基体合金界面上的晶粒受到腐蚀,1号铜器,铸锭棒(化学浸蚀后)在晶粒周围有锡化合物富集

图10 Ⅱ型腐蚀层的微观结构(SEM BEI)

4. 铜锡合金腐蚀层形成物的构造

从上文中看出，古代青铜腐蚀模式可分为两类（所谓的Ⅰ型和Ⅱ型，相应的"光洁"表面和"粗糙"表面）。在下文中，将构建一个易于理解的青铜腐蚀结构框架，目的是解释那些含水环境中青铜腐蚀特点。腐蚀模式结构与腐蚀类型息息相关。所有腐蚀结构都存在铜流失现象。本文也表明Ⅱ型结构与Ⅰ型结构有如下不同：

（1）它是三层结构（外层、Cu_2O层、内层），而Ⅰ型是双层。

（2）更多的可持续腐蚀沉淀物（外层）导致合金溶解，这与腐蚀区内层存在的土壤元素有关。

（3）氧化亚铜的存在。

（4）在基体金属与附属区附近，有相当多的氯存在，这意味着有大量氯从土壤向金属相迁移。

所有这些因素使我们不得不重新考虑青铜腐蚀与纯铜腐蚀是否趋同，为了解释腐蚀过程，必须同时重视Ⅰ型结构和Ⅱ型结构，由于在同一器物上常发现两种结构同时存在。为了更详细了解腐蚀过程，本文将建立一个腐蚀模型，该模型将腐蚀过程分为三个阶段（图11）。

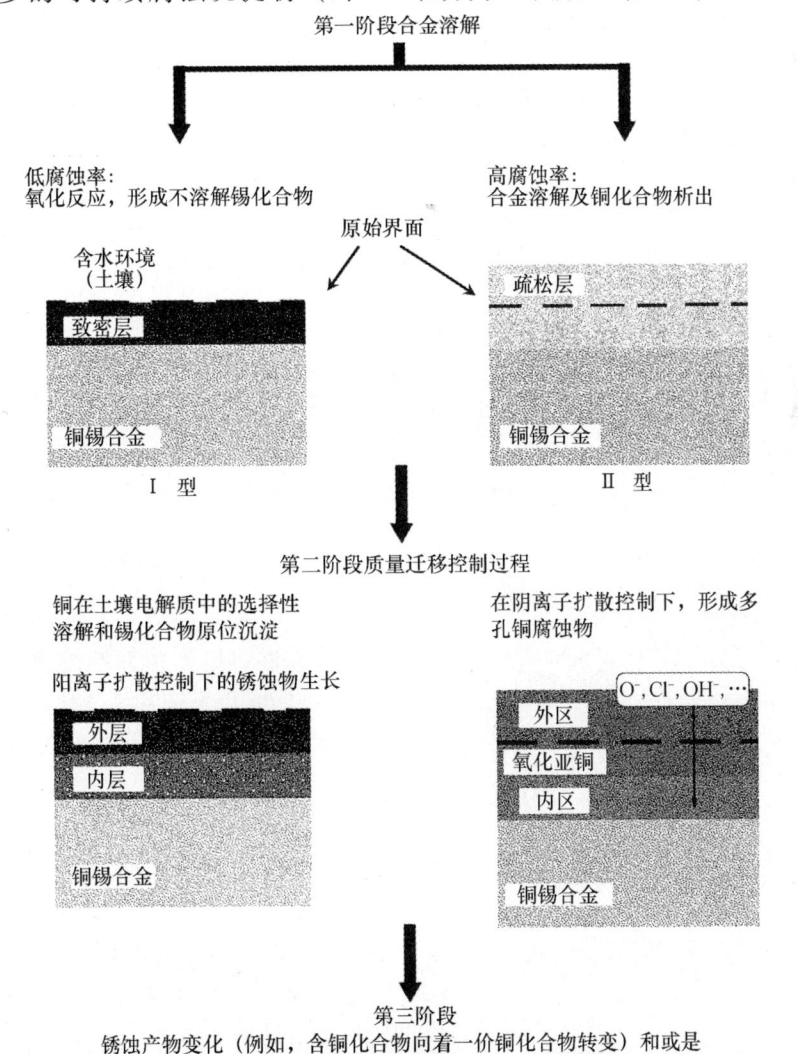

图11 铜锡合金表面锈蚀物生长的图解模型

(1) 第一阶段，合金溶解，形成钝化层或非钝化层。

(2) 第二阶段，如很多研究中指出，通过显微镜可以观察到大量透过沉积层的迁移过程控制着锈蚀扩散步伐，腐蚀率随时间推移而减少，直到为零。腐蚀沉淀物厚度也随之达到最大值，最终厚度取决于埋藏时间。

(3) 第三阶段，考虑到实际情况与基本模式的偏差，腐蚀还将继续。与古代文物年龄相比而言，形成钝化层与多孔层的时间是很短的，后续腐蚀均是在埋藏环境中进行的。

普遍认为腐蚀过程的第一阶段，即合金表面溶解是在器物一旦埋入土壤中就发生了，尽管事实上有的器物在埋藏之前就已经开始腐蚀了。腐蚀率与腐蚀均匀性决定着合金表面层形成不同的氧化物：铜和锡的低溶解率导致形成保护性层，这是铜的选择性溶解导致形成富锡层（Ⅰ型）；同时，如果是高溶解率，铜和锡溶解则不会产生保护层，在此种情况下，腐蚀环境中就会有较高含量的铜离子，铜的沉淀物很快产生而且缺乏保护作用，就使得Ⅱ型结构得以发展。

下面将讨论每一种腐蚀结构中的每一腐蚀阶段。

1) Ⅰ型结构

第一步合金氧化，导致锡的不定形化合物产生（也许是 SnO_2，偶尔为水合物），这与铜溶解有关，如下列方程式所示（为了方便讨论，铜、锡氧化物假设只有 Cu_2O 和 SnO_2）：

$$Sn + 2H_2O \longrightarrow SnO_2 + 4H^+ + 4e^- \quad (2)$$

$$Cu + \frac{\alpha}{2}H_2O \longrightarrow \frac{\alpha}{2}Cu_2O + (1-\alpha)Cu^+ + H^+ + e^- \quad (3)$$

$$Cu_2O + \frac{1}{2}O_2 = 2CuO \quad (4)$$

$$Cu^+ \longrightarrow Cu^{2+} + e^- \quad (5)$$

在这些方程式中，α 等同于 $1 - f_{Cu}$，f_{Cu} 是 Cu 的溶解系数，这已在方程（1）中提及，假定溶解于土壤中的锡可以不计入表面层锡的计量（该层形成 SnO_2）。

方程（2）+（3）是基体合金内部氧化反应：

$$Sn + XCu + \left(2 + \frac{X\alpha}{2}\right)H_2O \longrightarrow$$
$$SnO_2 + \frac{X\alpha}{2}Cu_2O + X(1-\alpha)Cu^+$$
$$+ (4+\alpha X)H^+ + (4+X)e^- \quad (6)$$

X 是基体合金中 Cu/Sn 的原子比。

尽管不确定实际的产物，必须注意到 SnO_2 和 Cu_2O 的标准吉布斯生成能分别为 $-519 kJ/moL$ 和 $-146 kJ/moL$（在290K），因此可以推定 SnO_2 比 Cu_2O 更易生成，表面富锡层的发现正说明了这一点（含水的锡氧化物是凝胶状无定形化合物，当不存在复杂有机处理剂时，在很大 pH 范围内具有稳定性[45,46]）。

一部分氧化的铜 [α 在方程（3）中的反应] 仍处于表面界面，一价铜如 Cu_2O，它稍后氧化为二价铜类如 CuO，其他部分 [$1-\alpha$] 则溶解在环境中 [方程（5）]，可以二价铜化合物形式（碱式碳酸类、碱式氯化物类）沉淀在表面，形成多孔性沉淀上层，如图7所示。

第一阶段形成了富锡钝化层，该层与土壤界面可以看作标本的原始表面，它与 Macdonald 定义的初生钝化层极为吻合，即处于稳定状态下钝化层[51,52]。一旦此层达到了一定厚度（几十到几百纳米），腐蚀速率就会降低，朝向腐蚀层的离子迁移过程成为决定腐蚀率的关键。

第二阶段是穿过先前形成的沉积层（钝化层）到达稳定状态锈蚀层的生长过程。这一过程与 Macdonald 和 Urquidi-Macdonald[51] 和 Macdonald 等[52] 提出的钝化层形成机制相似，大量阴离子空位（如氧空位）或阳离子从基体合金向电解质迁移，同时许多阳离子空位或阴离子（如氧离子）则向合金迁移。按照这些学者的观点，稳态电流由两部分组成：一部分是阳离子穿过该层晶格；另一部分是氧空位通量提供腐蚀动能。从这些方面以及相关的青铜检测，可以得出如下结论。

（1）I型结构说明合金中存在缺陷，如硫化物和晶界，这从合金内生长的锈蚀物可看出。因此，此层的生长可能最初由向外的氧空位运动所决定。这与是 n 型半导体材料的锡的氧化物有关。

（2）由于器物原始形态保存得很好（抛光痕迹依然可见），我们推断在合金与腐蚀层界面锈蚀物的生长速率一定大于腐蚀层与腐蚀环境界面上锈蚀物的溶解速率，腐蚀层溶解随着氧空位的流动很快变慢，随之可以忽略。因此，在低溶解条件下，我们认为原先的阴离子传导层变成了阳离子传导层。阳离子空位（或铜离子）逐步迁移到该层，直到基体合金与腐蚀区外层的铜含量达到平衡。

（3）本研究发现合金中独立的锡含量以及锈蚀物中剩余的铜含量是一个常数，当铜腐蚀率在所处环境中达到定值时，那么也就达到了稳定状态。图5可以得出对适用于所有研究的青铜，铜损耗系数 $\alpha = 1 - f_{Cu}$ 大约为 0.06（±0.04），即是铜-锡固溶体中的含锡量，这意味着在腐蚀性一般的环境中，合金中最初有100个铜原子，则有2~10个留在外层，失掉的原子被锡元素所取代，使该层达到稳态。

（4）由于腐蚀区内层不含土壤元素（如Si、P、Cl），外层似乎是在第二步中形成的，这与土壤元素的混入有关，外层颜色与这些土壤元素的性质有关。

值得注意的是铜选择性腐蚀与锡富集是青铜腐蚀的一大特色，这一现象在本文中已明确指出，这使我们可以解释文献[7,9,12,14,18,37,41,53]中大量青铜锈蚀物的数据，再者，关于较单一铜锡合金的初步研究[54,55]证明，铜流失腐蚀形成的结构与考古出土青铜有相似的结构。

由于在腐蚀性一般的环境中铜溶解系数是一个定值，可以知道锈蚀物中锡含量是由基体合金中的锡含量决定的，图12是合金中与钝化物中锡原子的分数（数据源于文献），考虑到土壤和其他次要元素对铜的选择性溶解没有太大作用，按照 Kirchbeim[56] 等的方法，则可建立合金中和钝化物中锡的原子分数之间的关系，使用先前定义的系数 α，假定 $X_{Sn} + X_{Cu} = 1$。

$$\frac{X_{Sn,a}}{(1 - X_{Sn,a})} = \alpha \frac{X_{Sn,p}}{(1 - X_{Sn,p})} \quad (7)$$

则可得出

$$X_{Sn,p} = \frac{X_{Sn,a}}{(1 - X_{Sn,a})\alpha + X_{Sn,a}} \quad (8)$$

通过方程（8）计算可以得出一条曲线，如图12所示，不同历史时期和环境中青铜器的最佳试验点是 $\alpha = 0.06$，此值与我们的结果一致。目前的研究方法使我们能指出古代青铜的一般腐蚀行为，这种腐蚀行为适应于大量历史时期的、出土于不同含水环境的、侵蚀性弱的腐蚀环境中的青铜。必须强调的是，许多青铜并非单一的二元合金，因此少量合金元素的存在（甚至是较多百分量）不会改变合金中和外层锈蚀物中铜或锡的比值。

如前文所说，实际情况与I型基本模型存在偏差，这些差异与锈蚀结构的变化有关，锈蚀结构随着锈蚀层老化的不同而不同。这是第三阶段的特点，与内部锈蚀层化学性质的改变（脱水）以及考古土壤随时间推移也在改变均有关系。裂化也同样存在于腐蚀层内部，这是强烈腐蚀的结果，因为一个电化学电池在阳极区（沉积过程发生区）和阴极区（仍残留的表面）间建立起来，这一现象正是造成大量局部腐蚀的原因。

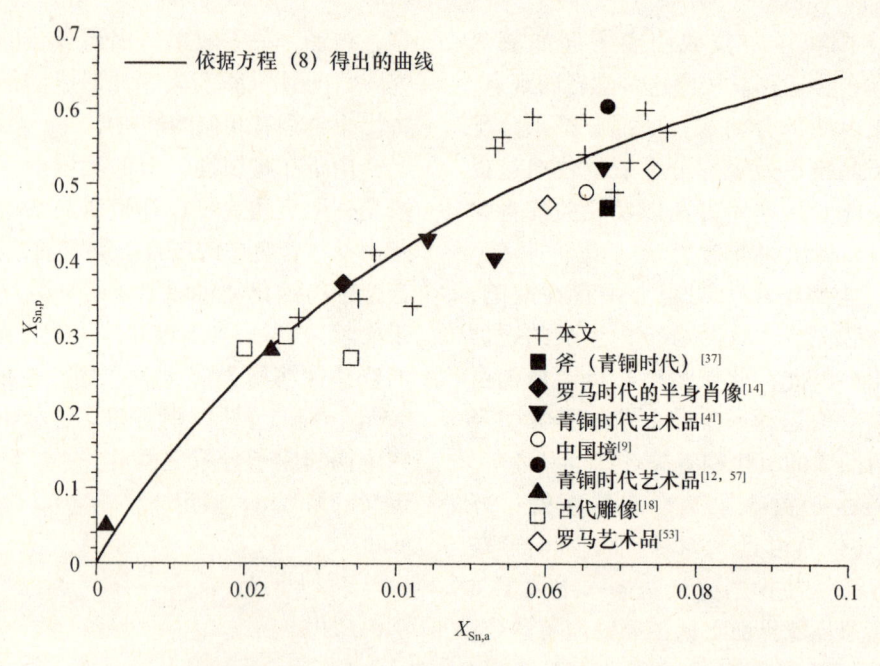

图12 外层钝化层锡原子分数 $X_{Sn,p}$ 与合金内锡原子分数 $X_{Sn,a}$ 的函数关系
实线是按照方程（8）得出的曲线 $\alpha = 0.0607$（衰退因子 $R = 0.94$）

2）Ⅱ型结构

Ⅱ型结构特征在于强烈的合金氧化，由环境侵蚀性或者由器物几何形状造成的合金不均匀性。第一阶段，合金面临恶劣腐蚀，它阻碍了锡在发生着变化的表面形成稳定物，使得溶解区富集大量铜离子。这一现象广泛发现于锈蚀样品，腐蚀区外层富集铜的锈蚀物 [如 Cu_2O、绿色二价铜化合物如图 8（a）和（b）所示]，由此可以推断，这些化合物的形成导致一个多孔的障碍层，它限制了下一阶段的合金溶解。随着这层铜锈层的增厚，合金溶解速率开始降低，迁移过程开始，这就是第二阶段。因此，氧化亚铜沉积层和合金中锡化合物含量是稳定的（图11），这就导致腐蚀区内层形成锡化合物富集，通常是氧化亚铜与锡化合物混合物。腐蚀区内层向合金内部的生长与此前Ⅰ型结构的腐蚀过程是一样的。如方程（3）所示，锡溶解并在原位沉积，同时伴随着铜溶解和铜离子穿过表面氧化亚铜层向外迁移，这可能也是为何在此之后这些离子增多的原因。然而，与Ⅰ型结构中不同，在内部区与基体合金界面存在大量氯，氯原子向该界面迁移与氯离子腐蚀产物[52]晶格中的氧空位有关。同时，不含水的离子（如 Cl^-）从土壤中迁移出有助于保持内层与合金基体界面的电中性。氯离子积累可以解释为一种自催化过程，与称为"青铜病"[25]过程相似，导致如下反应：

$$Cu + Cl^- \longrightarrow CuCl + e^- \quad (9)$$

和

$$CuCl + xO^{2-} \longrightarrow xCu_2O + Cl^- + (1-2x)Cu^+ \quad (10)$$

反应（9）形成的含氯化合物其稳定性比含氧化合物（如氧化亚铜）差，这有助于铜离子析出。同样，氯离子朝着腐蚀区的迁移增加了腐蚀性，这导致了在氯离子积聚的同时，在基体合金附近形成铜的氯化物。与Ⅰ型不同的是，这一动态过程是阳离子迁移控制的，它导致在红色氧化亚铜下形成了富锡的橙-棕色内层。

与Ⅰ型腐蚀过程一样，第三阶段也存在，它与腐蚀层退化有关，如 Cu^+ 和 Cu^{2+} 的氧化物（赤铜矿与孔雀石之间转换）。在腐蚀层或者是在腐蚀层与合金界面上常存在机械性裂缝，这均是由外层沉积物过厚及其多孔性引起新的局部腐蚀甚至是周期性腐蚀形成的。

五、结 论

在一个富氧腐蚀环境中，青铜腐蚀中最主要的是铜固溶体（α相）中铜的选择性溶解，此过程不会溶解锡，如前文所述，它是铜流失的结果。

腐蚀层结构与它们的成分有着重要关系，由于腐蚀机理不同，可以定义出不同特征的两种微观结构类型。

为了解释腐蚀层的形成，前文提出了一个现象学模型，如前文所述共分三个阶段：第一阶段为快速溶解阶段；第二阶段由各类离子的迁移所控制；第三阶段与之前形成的结构老化有关。与器物埋藏后的时间相比，腐蚀过程达到稳定状态是很快的，前两个阶段的持续时间远远短于第三阶段。

Ⅰ型结构（"光洁"表面或"钝化"层）可以归结为内部锡的氧化，伴随铜的选择性溶解，铜阳离子穿过似乎控制着锈蚀物生长的锈蚀层，从基体合金向器物外表面迁移。在Ⅰ型结构中所提出的稳定状态与相对恒定的铜溶解系数（在一定的腐蚀环境中）是相一致的。锈蚀物颜色与合金中锡的含量无关，而与混入腐蚀区外层的土壤元素有关。

Ⅱ型结构（"粗糙"表面），腐蚀过程为大量从土壤迁移的阴离子（主要是氧离子和氯离子）所控制。

本文所提出的现象学模型可使我们解释大量已发表的各个时期、各种不同的、含水埋藏环境中出土的青铜器检测数据，它能够推广于大多数古代青铜器，不论它们之间是否关联。

致谢：导师马清林研究员、李延祥教授指导了本文的翻译，并通阅全文，在此表示感谢！

本文译自：L Robblola, J M Blengino, C Fiaud. *Corrosion Science*. 1998, 40（12）: 2083~2111.

参 考 文 献

[1] Chevreul J C R. The chemical composition of the bronze statuettes found by Mariette in Egypt. Acad. Sci. Paris, 1856, 43: 733~737 & 989~990.

[2] Berthelot M C R. The slow alteration of copper objects in the earth and in museums. Acad. Sci. Paris, 1894, 118: 768~770.

[3] Lewin S Z, Alexzander S M. The composition and structure of natural patinas: I, copper and copper alloys, A, antiquity to 1929. AATA Supplement, 1967, 6: 201~283.

[4] Lewin S Z, Alexzander S M. The Composition and Structure of Natural Patinas. Part I. Copper and Copper Alloys. Section B. 1930 to 1967. AATA Supplement, 1968, 7: 279~370.

[5] Hawkins D T. The restoration of metal monuments: a bibliography, 1933~1986. Corros. Sci., 1987, 27: 771~782.

[6] Fink C G, Polushkin E P T. Microscopic study of ancient bronze and copper. I. Min. Metall., 1936, 122: 90~120.

[7] Geilmann W. Weathering of bronze in sandy soil: a corrosion study. Angew. Chem. Int. Edit., 1956, 68: 201~211.

[8] Tylecote R T J. The effect of soil conditions on the long-term corrosion of buried tin-bronzes and copper. Archaeological Science, 1979, 6: 345~368.

[9] Sawada M. Composition and corrosion of ancient bronzes. Variation of the contents in the main elements between the corrosion layers and the basis alloy. Nara Kokuritsu bunkazai Kenkyusho, 30th Anniversary Bull. Nara Cultural Properties Research Institute (in Janpannese), 1983: 1221~1232.

[10] Scott A D. Periodic corrosion phenomena in bronze antiquities. Studies in Cons., 1985, 30: 49~57.

[11] Robbiola L, Queixalos I, Hurtel L P, et al. A study of the corrosion of the Fort Harrouard archaeological

[12] Angelini E, Bianco P, Zucchi F. On the corrosion of bronze obeject of archaeological provenance. Progress in the Understanding and Prevention of Corrosion. Costa J M, Mercer A D. eds. Barcelona: The Institute of Materials, 1993: 14~23.

[13] Mattsson E, Nord A G, Tronner K, et al. Deterioration of archaeological material in soil-results on bronze artifact. Konserveringstekniska studier. RIK 10. Riksantikvarieambetet, Stockholm, 1996: 16~80.

[14] Robbiola L, Hurtel L P. Standard nature of the passive layers of buried archaeological bronze. The example of two Roman half-length portraits. in METAL95, International Conference on Metal Conservation, I. MacLeod, S. Pennec and L. Robbiola. James & James (Science Publishers) Ltd, London, 1997: 109~117.

[15] Alunno-Rossetti V, Marabelli M. Analyses of the patinas of a gilded horse of St. Mark's Basilica in Venice: corrosion mechanisms and conservation problems. Studies in Cons., 1976, 21: 161~170.

[16] Burmester A, Koller J. Know and new corrosion products on bronze: their identification and assessment, particularly in relation to organic protective coatings. Recent advances in the Conservation and Analysis of Artifacts. University of London, Jubilee Conservation Conference, 1987: 97~103.

[17] Payer J H. Bronze corrosion: rates and chemical processes. Dialogue/89——The conservation of bronze sculpture in the outdoor environment, NACE, 1992: 103~121.

[18] Robbiola L, Fiaud C, Pennec S. New model of outdoor bronzen corrosion and its implication for conservation, Proc. 10th ICOM Meeting. Vol. II. Washington, 1993: 796~802.

[19] Mello E, Parrini P, Formigli E. Alterazioni superficiali dei bronzi di Riace: le aree con patina nera della statua A. Bolettino d'Arte. Special Series, 1982, (3): 147~156.

[20] Taylor R J, MacLeod I D. Corrosion of bronzes on shipwrecks: a comparison of corrosion rates deduced from shipwrect material and from electrochemical methods. Corrosion NACE, 1985, 41, 42: 100~104.

[21] Schweizer F. Bronze object from lake sites: from patina to 'biography'. In: Ancient and Historic Metal. Scott D A, Podany J, Corsidine B B. eds. Los Angeles: The Getty Conservation Institute, 1994: 33~50.

[22] Gettens R J J. Chem. Educ., 1951: 67~71.

[23] Chase T. Chinese bronzes: casting, finishing, patination and corrosion. In Ancient and Historic Metal. Scott D A, Podany J, Considine B B. eds. Los Angeles: The Getty Conservation Institute, 1994: 85~117.

[24] Jedrzejewska H. The conservation of ancient bronzes. Studies in Cons., 1964, 9: 23~31.

[25] Organ R M. The current status of the treatment of corroded metal artifacts. In Corrosion and metal artifacts——A Dialogue Between Conservators and Archaeologists and Corrosion Scientists. Brown B F, Burnett B C, Chase T W, et al. eds. Washington: US National Bureau of standards Special Publication 479, 1977: 107~142.

[26] Tennent N H, Antonio K M. Bronze disease: synthesis and characterisation of botallackite, paratacamite and atacamite by infra-red spectroscopy. ICOM Committee for Conservation, Ottawa, 1981, 1~3: 11.

[27] MacLeod I D. Corrosion of metals. Studies in Cons., 1987, 32: 25~40.

[28] Swann C P, Fleming S J, Jaksic M. Recent applications of PIXE spectrometry in archaeology. Part 2, Characterization of bronzes with special consideration of the influence of corrosion processes on data reliability. Nucl. Instrum. Meth. B, 1992, 64: 499~504.

[29] Stambolov T. The corrosion and conservation of metallic antiquities and works of art. A preliminary survey. Central Research Laboratory for Objects of Art and Science. Amsterdam, 1968.

[30] Weisser T S. The de-alloying of copper alloys. In: Conservation in Archaeology and the Applied Arts. Stockholm: International Institute of Conservation, 1975: 207~214.

[31] Otto H. X-ray identifiable constituents of patinas. Naturwissenschaften, 1961, 48: 661~664.

[32] Gettens R J. Mineral alteration products on ancient metal objects. In: Recent Advances in Conservation. Thomson G. London: Butterworths, 1963: 89~92.

[33] Gettens R J. Patina noble and vile. In: Art and Technology: a Symposium on Classical Bronzes. Doehringer S, Mitten D G, Steinberg A. eds.

Cambridge: MIT Press, 1970: 57~72.
[34] Nielsen N A. Corrosion product characterization. in-Corrosion and metal artifacts——A dialogue between conservators and archaeologists and corrosion scientist. Brown B F, Burnett H C, Chase T W, et al. eds. Washington: U. S. National Bureau of Standards Special Publication 479, 1977: 17~37.
[35] Graedel T E, Nassau K, Franey J P. Special issue: Copper Patina Formation. Corros. Sci., 1987: 27.
[36] Soto L, Franey J P, Graedel T E, et al. Corros. Sci., 1983, 23: 241~250.
[37] Tylecote R F. Proceedings of the historical metallurgy society's conference on 1900~1950 alloys. J. Hist. Metal. Soc., 1985, 19: 169~176.
[38] Meeks N D. Tin-rich surfaces on bronze-some experimental and archaeological considerations. Archaeometry, 1986, 28: 133~162.
[39] Meeks N D. Surface studies of Roman bronze mirrors, comparative high tin bronze dark age material and black Chinese mirrors. Proc. 26th Int. Archaeometry Symposium. University of Toronto, Canada, 1988: 124~127.
[40] Oddy W A, Meeks N D. Unusual phenomena in the corrosion of ancient bronzes, In: Science and Technology in the Service of Conservation. Brommelle N S, Thomson G. eds. Washington: IIC Washington Congress, 1982: 119~124.
[41] Tate J. Some problems in analyzing museum material by nondestructive surface sensitive techniques. Nucl. Instrum. Meth, B, 1986, 14: 20~23.
[42] Shreir L L. Corrosion. Vol 1. London: Newnes-Butterworths 1976.
[43] Romanoff M. Underground corrosion, National Bureau of Standards. Washington: Circular No. 579, 1957.
[44] Garrels R M, Christ C L. Solutions, Minerals and Equilibria. Harper International Student Reprint. New-York: Harpor and Row, 1965.
[45] Pourbaix M. Electrochemical corrosion and reduction, In: Corrosion and Metal Artifacts——A Dialogue Between Conservators and Archaeologists and Corrosion Scientists. Brown B F, Burnett H C, Chase T W, et al. eds. Washington: National Bureau of Standards Special Publication 479, 1977: 1~16.
[46] Turgoose S. The corrosion of lead and tin: before and after excavations, In: UKIC Occasional Papers No. 3. London: Gwyn Miles & Sarah Pollard, 1985: 15~26.
[47] Hanson D, Pell-Walpole T, Chill Cast Tin Bronze. London: Edward Arnold & Co., 1951.
[48] Courty M A, Goldberg P, Macphail R. *Soils and Micromorphology in Archaeology*. Cambridge: Cambridge University Press, 1989: 244~260.
[49] Minkowski E R. Factor Analysis in Chemistry. 2nd Ed. New York: John Wiley, 1991.
[50] Lucey V F. Developments leading to the present understanding of the mechanism of pitting corrosion of copper. Brit. Corros. J., 1972, 7: 36~41.
[51] Macdonald D D, Urquidi-Macdonald M J. Theory of steady-state passive films. Electrochem. Soc., 1990, 137: 2395~2402.
[52] Macdonald D D. The point defect model for the passive state. J. Electrochem. Soc., 1992, 139: 3434~3449.
[53] Darigo A, Fiaud C, Labbé J P, et al. Characterization of the corrosion structures of Roman copper alloys. In: Maurey W, Robbiola L. International Conference on Metal Conservation. London: James & James (Science Publishees) Ltd, 1999.
[54] Robbiola L, Pereira N, Thaury K, et al. Decuprification of Cu-Sn alloys. International Conference on Metal Conservation. London: James & James (Science Publishees) Ltd, 1998.
[55] Robbiola L, Portier R. Electron microscopy and EDX analysis in the investigation of the decuprification phenomena in Cu-Sn alloys: a comparison between archaeological and synthetic bronze. in: Calderón Benavides HA, Yacaman M J. eds. Electron Microscopy. London: Institute of physics Publishing, 1998: 289~290.
[56] Kircheim R, Heine B, Fischmeister H, et al. Corros. Sci., 1989, 29: 899~917.

Morphology and Mechanisms of Formation of Natural Patinas on Archaeological Cu-Sn Alloys

L. Robbiola[1], J. M. Blengino[2], C. Fiaud[2]

(1. Laboratoire de Métallurgie Structurale, CECM CNRS, ENSCP, 11, rue Pierre-et -Marie-Curie, 75231 Paris cedex 05, France)

(2. Laboratoire de Génie des Procédés et Traitements de Surface, ENSCP, 11, rue Pierre-et -Marie-Curie, 75231 Paris cedex 05, France)

Abstract Natural patinas on archaeological bronzes (Cu-Sn alloys) have been classified and characterized in order to get a deeper insight into their formation mechanisms. From examinations of cross-sections on archaeological artefacts, two classes of corrosion structures were defined (Type I and Type II), using both optical and electron microscopies, EDSX, XRD, IRS and a statistical treatment of data (Principal Components Analysis). A Type I structure ('even' surface) is defined as a two layer passivating deposit due to an internal oxidation with a decuprifcation process (i. e. selective dissolution of copper). A Type II structure ('coarse' surface) corresponds to more severe attacks, such as pitting but also general uneven corrosion; it is modelled by a three-layer structure, characterized by the presence of cuprous oxide and by an increase in the chloride content at the internal layer/alloy interface related with selective dissolution of copper. A phenomenological model to explain the formation of bronze patinas is developed on the basis of a decuprification phenomenon.

Keywords Copper-tin alloys, Copper selective dissolution, Corrosion structures, Modelling, Conservation of metals

历史上的镀金术
——古代贴金工艺述略

〔英〕Andrew Oddy[1]著　田兴玲[2]译

(1. 英国伦敦大英博物馆研究实验室　伦敦)

(2. 中国文化遗产研究院　北京　100029)

摘要　本文对历史上的贴金术进行了概述，详细说明了金箔贴金、金叶贴金两种贴金工艺，并列举了其典型案例。同时着重介绍了大型青铜雕塑上的贴金工艺。

关键词　贴金，金箔，金叶

1845年，爱德华·托马森先生在他的回忆录里[1]描写了1814年他去巴黎拜访工匠们的情形，他这样写道："我震惊了，震惊于他们那恒久不变神秘而美轮美奂的贴金。我获准进入其中一座贴金建筑，发现他们的中间材料与我们的类似，都是汞；然而，法国人确实在大的装饰物以及烟囱状的石钟上都贴了金，而只用了我们在伯明翰贴金用的一半金子，但是却更均匀，色彩更好。"

令托马森不悦的是，他无法说服那些法国人告诉他他们高超技艺的秘密，但是，那些秘密最大可能在于贴金金属表面的预处理或最后的清洗和贴金表面的擦亮。直到19世纪，这种汞式贴金工艺在本质上也没有什么改变，它延续了1500年以上。然而，托马森不知道，在他的回忆录公开发表以前，汞式贴金工艺就已经被宣布过时了。在1840年第一种商业可行工艺模式出现以后，它紧接着就被引入的电镀法贴金工艺[2]取代。

汞式或者火式贴金方法的退出并不让人难过，因为这些工艺在加工过程中放出的有毒烟气对人的健康是一种威胁，不仅对工人而且对那些住在工厂附近的人们也是如此。特奥菲卢斯早在12世纪的文章中已意识到该工艺[3]过程固有的危害。人们心有担忧却无可奈何，直到1771年英国社会工艺奖及随后的巴黎科学年会奖励了一种可以显著减少火式贴金危害的装置[4]。因而，是技术的进步而非公众的关注结束了贴金中汞的使用。

一、金箔贴金

尽管火式贴金在欧洲和亚洲已经被广泛应用了至少1500年，但火式贴金还是最终被电镀法取代。贴金最初是用一层金片贴在一种非稀有金属表面——这可以追溯至5000多年前，约前3000年初。大英博物馆存有来自叙利亚北部Tell Brak[5]的银钉，它们的头部在银层上有贴金。

实际上，这是最初形式的贴金，它不依赖于金箔和基底之间的物理或化学键合，而仅仅依赖于基础对象边缘包裹的金箔的机械效应。这种机械贴金从来没有令人满意过，但有两种方法可以改善它——一种是在金和基底金属之间使用粘贴剂，另种是用金箔包住基底的边缘，然后擦合在一起。上述两种方法均可使金箔贴金很持久。贴金技术至少延续到前 1000 年。Oxus 宝藏发现于 19 世纪中叶的中亚，现存放在大英博物馆，其中有一些金箔贴金的样品，而最好的无疑是带有贴金头饰的年轻人的银质雕像[6]。头饰两边环绕顶部分别贴有一块金箔，于顶部被擦合在一起。这在图 1 中清晰可见。

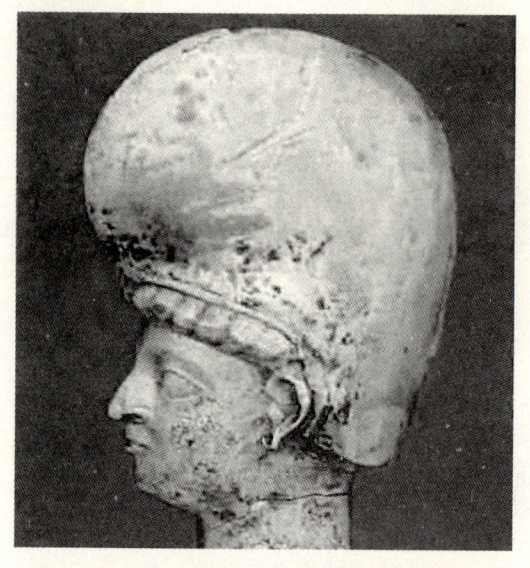

图 1 来自奥克斯（Oxus）宝藏的有贴金头饰的年轻人银质头像（大约在前 5 世纪）注意头饰的边缘缝中两片金箔被很好地擦合在一起

二、金叶贴金

除了上面提到的使金贴合的改进方法，金箔贴金的方法还有另外两种。一种是使金箔变得薄之又薄直到变为金叶；另一种是，发明一种新的贴金方法，将金箔边缘被插入基底金属表面的刻槽里，而不包裹基底金属边缘。

在金的纯化问题上没有完美的解决方法之前发明金叶是不可能的，因为只有纯金或者富金合金才能免受某种杂质的影响被击打成最薄的金叶。金的精炼的推行大约是在前 2000 年的美索不达米亚[7]，而我们可以通过研究（痕量的）金叶中涵盖的残存物质的年代来做出一个更可能的推测。

将金打制成金叶是一项专门的工艺，它的历史至少可以追溯至埃及的新王国时期。在大英博物馆里有 Neferronpet 的陪葬纸莎草纸（前 14 世纪）[8]，Neferronpet 被认为是"金箔的主要制造者"[9]（图 2），而在开罗博物馆有一尊来自吉萨大教堂的石质浮雕，是用来纪念享有同样称号的 Phthmay[10]。锻造金或者金银合金———种天然生成的金银合金——的场景被刻画在埃及金字塔的壁画上，其历史最远可以追溯至埃及第六王朝时期（大约前 2250 年）。但是，我们通常不可能知道图中人物是否是金箔或者金叶的制造者[11,12]。另外一件罗马时代的浮雕更出名（现保存在梵蒂冈博物馆[13]），表现了被称为 aurifex brattier（ius）的金匠坐在他的铁毡上[14,15]。

图 2 Neferronpet 的随葬品莎草纸（前 14 世纪）上画着他和他妻子 Hunro 的画像 Neferronpet 被认为是"细金的主要制造者"。原先，这张莎草纸上的两个人物的头巾、领子、臂环和脚环上都贴有金叶，不幸的是，大部分现已缺失

金叶不足以支撑自身的重量，所以必须发展新的方法使其黏附于基底上。最明显的方式是使用粘贴剂，这种方法至今仍旧用在木头、石头以及皮革装饰贴金上。不幸的是，可能使用的动物胶或者植物胶由于生物腐化的原因，时间久了会消失，在许多情况下，贴金也会同时缺失，只留下褶皱和设计的裂缝中残余的金屑。

在贴金叶时，除了用粘贴剂直接将其贴到基底金属表面之外，如果基底非常干净，也能通过擦合的方法将其贴到相当纯的银或铜上。通过加热可以促进它与下层金属的相互扩散以提高金的贴附力，这可能是 Lins 和 Oddy 在许多希腊晚期和罗马早期的物品上观察到，却未能确认的贴金技术[16]。这些作者惊奇地发现来自前1千纪后半叶和1千纪早期的一些银质物品表面有一层很薄的近乎透明的金外衣，这类似于用火式贴金得到的物品，但是却几乎不含汞。而且，金被牢牢地黏附在基底上，没有剥落的倾向，就像用黏结剂黏附一样。

用金叶来装饰木头或者石头时，工人经常首先采用石膏或者相似的细晶粒物质打底。在用粘贴剂和金叶之前[17]，对石膏等表面打磨抛光。尽管这种技术通常与金属加工无关，它却很少被用来贴青铜。图3展示了一尊埃及的眼镜蛇青铜器[18]，它是用青金石镶饰的，并在质地很好的白云石上层贴金。可以想象，它首先混合了有机粘贴剂。在图3中还有来自 Rhodes 岛 Kaneiros 的墓葬贴铜[19]，其中在基底金属和贴层之间含有黏土矿物[20]。这两件物品都来自前1千纪中叶，它们是如此的不寻常以试图让我们明白，这实际是工人们在木头或石头上完成的贴金操作而不是每件物品的金匠技工完成的。

图3 埃及的眼镜蛇青铜器。它用青金石来镶饰，并在质地很好的白云石上层用金叶装饰。还有希腊的铜叶，它可能来自墓葬花冠，是在黏土矿物上用金叶贴金的。这两件物品都来自前1千纪中叶

三、大型青铜雕塑贴金

金叶贴金是金箔工艺的一种进步，另一种进步是引入新方法以保护箔片边缘。包括在基底金属上要贴金的区域边缘刻槽，并将金箔边缘插入，然后将槽捶平。这种工艺的早期例子有 Archaemenian 银碗[21]，其上装饰有花环、多层阶梯的金字塔和一排人像[22]。

这种使用金箔的方法很重要，因为它是最早用于大型物件贴金的方法。它被用在前5世纪晚期的一尊青铜头像 Nike（胜利）上，现在被展示在雅典的 Agora 博物馆里[23]。头像脸部边缘有深槽，在那里我们发现了少量金箔。最初的研究表明，这种贴金方法之所以被选用，是因为金箔只是偶尔在庆典时才被贴在雕像的表面接着会被挪开以防被盗[24]。然而，最近在 Agoro 发现了相似贴金的马雕像碎片[25]，它被鉴定是 Demetrios Poliorketes，而且可以追溯至前4世纪晚期[26]，说明雕像上将金

箔边缘插入表面切槽的贴金方法,很可能是希腊常见的贴金工艺,用于户外放置的大型雕像的贴金。尽管这种贴金工艺的例子很少见,但死于1900年前也就是79年Vesuvius火山爆发的Pliny曾提到,罗马人曾使用这种工艺给伟大的亚历山大大帝古代雕像贴金,该雕像是皇帝Nero从希腊买来的[27]。

Pliny是描述提取和制造金属详细方法的最早的作者,虽然他显然不是一名技工,但是他的"自然历史"[28]却是现代技术历史学家研究的重要信息资源。实际上,他的作品是在贴金工艺发展的一个重要时期完成的,因为Pliny除了提到金箔贴金之外,还描述了用来自蛋白的粘贴剂黏附金箔——这种方法今天仍在使用——或者,借助汞来贴金。

当检测幸存的罗马时期的大型青铜贴金雕像时,我们发现有两类——一类是用铅铜铸造(典型的含铜65%~80%(质量分数),铅15%~30%,锡5%~10%)并用有机粘贴剂将金叶黏附到表面;另一类是用纯铜铸造(超过95%的铜),并用火式贴金工艺装饰[29]。目前关于幸存的罗马雕塑上金箔塞入槽中的例子还没有报道。

在意大利,第一类的例子很多,包括著名的国王Marcus Aurelius的雕像,现在它还矗立在罗马国会大厦的顶端,在Brescia博物馆里一些3世纪的国王头像和在Cartoceta找到的一组马头像[30],这些马头像现保存在Ancona博物馆。最后一组雕像极有意思,因为第一眼看上去青铜器的表面贴金好像组成了十字交叉的网格(图4)。然而,仔细观察可见,这些线代表相邻金叶边缘的交叠,在那里金的双层厚度使之更不易因磨损和天气因素而损失。

第二类雕像用比铅青铜更难铸造的纯铜来制造的原因是,青铜器中大量的铅会干扰汞式贴金过程。这类雕像中最重要的有,Vatican博物馆里比真身大两倍的Hercules

图4 意大利Cartoccta市发现的罗马雕塑群的马首它由铅青铜铸成,表面用方形金叶贴金;十字交叉线的形式代表着方形的边缘,这在表面隐约可见

雕像,威尼斯San Marco长方形教堂前面的奔马和来自肯特郡Richborough市罗马城堡贴金的纪念碑碎片[31]。Hercules雕像被认为是3世纪的,而Richborough的碎片可能是100~300年的,因此,San Marco奔马很可能也出自罗马晚期[12]。

如果火式贴金的消失发生在19世纪中叶,那么它是何时何地产生的呢?Lins和Oddy已经鉴定出该技术应用在了前3世纪的中国青铜器上[14],而且Graddock已经报道了可能带有希腊色彩的希腊手镯和戒指的贴金中汞的存在[32]。也许更重要的是,它们是由不纯的铜而非青铜做成的,但是它们几乎都被认为是罗马时代的。然而,Pliny暗示贴金中使用汞是一项很昂贵的工艺,他的描述近来被解释成这样一种不同的工艺,即汞被用在基底金属表面作为金叶粘贴剂的薄涂层里[33]。根据Pliny的解释,物品肯定不会紧接着就被加热,但是过多的汞在室温下会蒸发掉。

尽管在1世纪用汞贴金是一项少见而且昂贵的工艺。但到了3或4世纪时它已经成为贴金的标准方法,在黑暗时代(欧洲中世纪的早期)、中世纪和文艺复兴时期,它都一直未受到挑战。这段时期它的使用,不仅可以通过幸存的贴金物品来证明,而且还有大量技术文献的描述来印证,这些文献包括9世纪的"Mappae Clavicula"[34]到16世纪Benvenuto Cellini 的作品[35]。

致谢：我非常感谢大英博物馆的诸位同事,热情地借出各自负责的物品,供我进行技术检测。尤其要感谢：埃及文物部的 Messrs. T. G. H. James 和 W. V. Davies,他们为我提供了有关古埃及金箔和金叶制造的资料。

参 考 文 献

[1] Thomason E. Memoirs During Half a Century. London: Thames and Hudson, 1845: 65~66.
[2] Hunt L B. Gold Bull. 1973, 6 (1): 16~27.
[3] Hawthorne J G, Smith C S. On Divers Arts: The Treatise of Theophilus. Chicago: The Chicago University Press, 1963: 112.
[4] Williams G. Chem. Br., 1978, 14: 567~569.
[5] British Museum. Department of western Asiatic Antiquities. Part of inventory, No. 127430.
[6] Dalton O M. The Treasure of the oxus with other Examples of Early Metal-work. 3rd ed. London: Trustees of the British Museum, 1964.
[7] Forbes R J. Studies in Ancient Technology. 2nd ed. Londen: E. J. Brill, 1971.
[8] British Museum, Department of Egyptain Antiquities. Papyrus No. 9940.
[9] James T C H. J. Egypt. Archeol., 1965, 51: 51~52.
[10] Zivie C M. Bull. inst. Fr. Archeol. Orient., 1975: 75, especially pp. 304~306.
[11] Duell P, et al. The Mastaba of Mereruka. Chicago: Univ. chicago Orient. Inst. Publ., 1938: pl. 30~33.
[12] Wreszinski W. Atlas zur Altagyptischen kuiturgenschichte. Leipzig: J. C. Hinrichs, 1936, 3: 34.
[13] Vatican Museum. Roman sculpture No. 753.
[14] Aoddy W, et al. The Horses of San Marco, Venice.

London: The British Academy, 1979: 182~187.
[15] Burford A. Craftmen in Grek and Roman Society. London: Thames and Hudson, 1972.
[16] Lins P A, Oddy W A. Archaeol. sci., 1975, 2: 365~373.
[17] de Coetlogan D. An universal History of Arts and Sciences Research. London: Thames and Hudson, 1745.
[18] British Museum. Department of Egyptian Antiquities. 63593.
[19] British Museum. Department of Greek and Roman Antiquities. 1861: 2, 4~25.
[20] Oddy W A, et al. Proceedings of the 18th international symposium on archaeo-physika. 1979, 10: 230~242.
[21] British Museum. Department of WesternAsiatis Antiquities. 134740.
[22] Oddy W A. Aspects of Earty Metallurgy. London: British Museum, 1980: 38~40.
[23] Shear T L. Hesperia, 1933, 2: 514~541.
[24] Thompson H A. Athenian studies presented to william scott ferguson. Harvard studies in Classical Philogy. Camridge, MA, 1940.
[25] Shear T L. Hesperia, 1973, 42: 121~179.
[26] Hauser C. Greece and Italy in the Classical world. Acta of the 11th international congress of classical archaeology, London, 1978: 222.
[27] Rackham H. Pliny: Natural History. London: Loeb Classical Library, 1952: 175.
[28] Rackham H. Pliny: Natural History. London: Loeb Classical Library, 1952.
[29] Oddy W A, Craddock P T. unpublished results.
[30] Stucchi S, Boll. Arte, 1960, 45: 7~44.
[31] Andrew O. Gilding through the ages-on outline History of the process in the old world. Gold Bulletin, 1981, 14 (2): 75~79.
[32] Craddock P T. J. Archaeol Sci, 1977, 4 103~123.
[33] Vittori O. Gold Bull., 1979, 12 (1): 35~39.
[34] Smith C S, Hawthorne J G. Trans. Am. Philos. soc., 1974, 64: 1~128.
[35] Rashbee C. The Treatises of Benvenuto Cellini on Goldsmithing and Sculpture. New York: Dover, 1967.

Gilding Through the Ages:
an Outline History of the Process in the Old World

Andrew Oddy

(Research Laboratory, the British Museum London)

Abstract The gilding through the ages was outlined in this paper, and the gilding with gold foils and gilding with gold leafs were detailed explained, for which the typical examples were given, while the gilding on large bronze sculpture was accented on introduction.

Keywords Gilding, Gold Foil, Gold Leaf

朝鲜民主主义人民共和国高句丽时代德兴里墓葬壁画（408年）的科学调查

〔意〕R. Mazzeo[1], E. Joseph[1], V. Minguzzi[2], G. Grillini[2], P. Baraldi[3], D. Prandstraller[4] 著

成倩[5] 译

[1. 博格尼亚大学微量化学与显微镜艺术诊断实验室（M2ADL） 拉文纳]
(2. 博格尼亚大学地球科学系 博格尼亚)
(3. 摩德纳大学化学系 摩德纳)
(4. 博格尼亚大学冶金学院 博格尼亚)
(5. 中国文化遗产研究院 北京 100029)

摘要 2004~2005年在平壤陆续举行了联合国教科文组织开展的学术研讨会。会议的主旨是关于高句丽时期墓葬壁画的保护与修复。壁画颜料的样品取自位于平壤郊区的德兴里墓葬（TokHung-Ri），并且利用了光学、偏光和傅里叶红外光谱、扫描电镜及能谱（SEM-EDX）、X射线衍射（XRD）和拉曼光谱等分析手段。这些分析结果用于评估壁画颜料组成、制作技术以及壁画的保存现状等。首个科学结果似乎证实了当地保护者关于古人采用"湿壁画技法"的观点，然而我们不确定德兴里的湿壁画是否属于古代朝鲜绘画者有意所为。为了印证这一推测，有必要开展更多的样品分析和古文献调研工作。

关键词 高句丽时代，德兴里墓葬，壁画，湿壁画技术，分析调查

一、引言

在过去的10年里，保护科学界对于远东艺术中的壁画颜料和制作工艺的研究兴趣浓厚，这应归结于综合性科学分析方法的广泛使用[1~6]。本文将综合分析检测方法应用于朝鲜墓葬壁画，并提出了科学的分析结果，这在同类文物的保护研究中尚属首例。检测样品取自朝鲜民主主义人民共和国平壤郊区高句丽时期（前37~686年）的德兴里墓葬（表1）。2004~2005年在平壤举行了联合国教科文组织（UNESCO）所属框架研究之高句丽墓葬壁画的保护研讨班。期间许多样品已经被分析检测，主要目的是了解壁画的材料组成、保存状况和绘画技术，从而制定最合理的保护修复方案。

该墓葬纪年为408年，墓主人是一位名Jing的大臣，独掌13个辖区。墓葬由前后两个墓室组成，每个墓室都有壁画和汉字，两室以一段甬道相连（图1）。墓室的外部像被草皮覆盖的土丘，内部则由大石块砌成，石块间用石灰砂浆填充固定。墓室的拱形顶是逐渐内收形成的，最顶部的藻井由两块石板封闭墓室而成[7]。

20世纪初，由于墓室被盗，拱形顶的石块破损，因此墓室上盖的封土渗漏填满了墓室。该墓葬于1976年被再次发掘。之后的两年间，墓室内的封土被清理出来。据当地的保护人员介绍，墓室内的壁画曾用植物性皂类和清水处理过，并且用一块水泥

表 1　样品位置及描述

样品	颜色	位置/描述
DPRK1	暗红色	西墙，两个墓室甬道南侧上部，样品取自暗红色颜料外边缘，距顶部空白 30cm 处，取样区域被沉积的盐分覆盖
DPRK2	黄色	东墙，两个墓室通道北侧上部，样品取自天花下方的黄色颜料带，这一区域有少量泥土覆盖
DPRK3	绿色	第一墓室南墙西侧，装饰带下方距拐角 40cm 处，绿色颜料鲜艳，在破裂处附近取样
DPRK4	黑/红	第一墓室西墙南侧，装饰带下方靠近拐角处
DPRK5	黄色	第一墓室西墙南侧，上排主要人物（从南侧数第三个人）
DPRK6	黄色颜料上的白色沉积物	第一墓室西墙南侧，上排从南数第四个人物
DPRK7	棕色	甬道东墙，颜料样品下层的基石和地仗材
DPRK8	黑色	第一墓室北墙，样品取自主体人物的背景区
DPRK9	红色	第一墓室北墙，东部偏上

(a) 墓葬纵向剖面线图

(b) 墓主人画像　　　　(c) 骑马出行图

图 1　德兴里墓葬

板覆盖墓室顶部阻止渗水。事实上,由于沉积盐的作用,墓葬保存状况糟糕。水泥顶产生的重压和1994年设置的双层玻璃屏障均导致了室内壁画大面积的空鼓开裂[7]。

二、试验方法

采集样品所用的分析方法(表2):可见光显微分析法(OM)、紫外光显微分析法(UV)和偏光显微镜(PLM)分析法、扫描电镜(SEM)和电子探针显微分析法(EDX)、X射线衍射(XRD)分析法、热重分析法(TG)、微分热重分析法(DTG)和差热分析法(DTA),以及配有衰减全反射附件(ATR)的傅里叶变换显微红外光谱分析法(μ-FTIR)和显微拉曼光谱法(μ-Raman)。

表2 样品分析方法

样品	立体显微镜	OM	PLM	SEM-EDX	增压SEM-EDX	XRD	TG, DTG DTA	FTIR μ-FTIR	μ-Raman
DPRK1	×	×		×				×	×
DPRK2	×	×		×				×	×
DPRK3	×	×		×				×	×
DPRK4	×	×		×				×	×
DPRK5	×	×		×				×	×
DPRK6	×						×		
DPRK7	×	×	×	×		×		×	×
DPRK8	×	×			×				
DPRK9	×	×			×				

1. 光学显微分析法

除样品6外,其他样品均用聚酯树脂包埋,采用等级为120、400、800、1000的金刚砂进行抛光,制成剖面样品。样品剖面用奥林巴斯BX51M的光学显微镜暗场观察,显微照片由奥林巴斯DP70数码相机拍照记录。用光学分析可以得到整个薄片样品(DPRK7)的矿物结构和纹理信息。

2. 扫描电镜和电子探针显微分析法

试验所用的扫描电镜是飞利浦XL20型号的SEM-EDX,装配有能量色散X射线分析仪,用于样品DPRK1、DPRK2、DPRK3、DPRK4、DPRK5和DPRK7的剖面分析。元素成分的测定是在加速电压25~30keV、周期>50s、转速为2000r/s、工作距离34mm的条件下进行的。EDX-4软件设置有一个ZAF校准过程,根据X射线强度半定量分析标样。

样品DPRK8和DPRK9利用增压扫描电子显微镜Zeiss EVO 50 EP配有一个运行INCA软件的EDX探测器进行分析,在这一压力可变模式下,内压力为70Pa。元素含量的测试是在加速器电压20~25keV、周期400s、转速约为12 500r/s、工作距离8mm的条件下进行的。

3. X射线衍射分析法

粉末样品物相的半定量分析用飞利浦PW1710衍射仪。仪器检测条件是:CuKα辐射、40kV/30mA、扩散角1°、衍射角2θ为0.02°、步长周期1s。

4. 热重分析法、微分热重分析法和差热分析法

使用型号为 Setaram TAG 24 的设备,用 TG、DTG 和 DTA 方法对碳酸盐成分进行定性和定量分析。试验条件是加热速率 20℃/min,CO_2 气氛,加热温度范围 20~1 000℃。

5. 傅里叶变换显微红外光谱分析

根据采集样品的大小,FTIR 分析采用三种模式:一是 KBr 压片技术,透射模式采集;其次,使用配有插入式显微 ATR(Si 晶体)附件的 Thermo Nicolet Continuμm 红外显微镜在反射模式下采集;第三是采用金刚石/NaCl 压缩池,在透射模式下采集。显微红外光谱仪配有 MCT type A 检测器,采用液氮冷却,物镜为 15 倍的 Thermo-Electron Infinity Reflachromat,目镜倍率为 10 倍。单点 ATR 成像测试时,将样品剖面直接放在显微样品台上进行测试,ATR 成像直接在样品 DPRK3 剖面上选区。每一块分析的区域,采谱 16 次,步长 60μm。采用金刚石或 NaCl 压缩池在透射模式下测试时,测试的是样品的微小碎片。FTIR Thermo Nocolet Avatar 370 红外光谱仪用于采集谱图。ATR 和压缩池采谱范围为 4000~650cm^{-1},KBr 压片采谱范围为 4000~400cm^{-1}。扫描次数为 64 次,取平均值。镜速度为 1.898 8cm/s,分辨率为 4cm^{-1},三角切趾方法进行平滑。采谱和后处理均采用尼高力的"Omnic"软件。

6. 显微拉曼光谱法

显微拉曼光谱分析颜料的方法是,直接取样品残块的某一部位或样品剖面放于载物台上,激光透过 50 倍的奥林巴斯物镜,检测样品剖面的各层面。仪器为 Jobin Yvon-Horiba Labram 显微拉曼光谱仪,采用 632.8nm 的激光器,功率范围 0.5~5mW(裂缝:5cm^{-1}),根据测试样品成分的热稳定性选择不同的功率范围。一个通过 Peltier 效应制冷的 CCD 检测器(330×1100 像素)在 200K 条件下使用。为了进行样品整体分析,同时使用了配有奥林巴斯显微镜的 Jasco 2000 光谱仪,采用液氮制冷,并使用能量低于 1mW 的 488nm 激光器。波数随着样品成分的不同而变化,但通常在 1100~100cm^{-1}。有机化合物通常在高波数区,而无机化合物、氧化物、硫化物处于低波数区。根据散射信号强度调整合适的光谱采集时间。每种颜料是通过检测分散在剖面样品中的大约 30 个颜料颗粒而获得结果的。如果样品非常不均匀,可以反复检测超过 100 次。并使用 Thermogalactic 图表软件详细记录光谱结果。

三、结果与讨论

1. 石质基体

墓室石头的颜色呈浅灰色,是一种由细粒结构组成的花岗岩,具有类似层理构造特征,以至于风化剥落情况优先在这类岩石结构中产生。

通过光学观察和 XRD 分析得出,基石中含有:多晶石英、钾长石、斜长石、云母(主要是黑云母夹杂少量白云母)和其他矿物如磷灰石、锆石及不透明矿物质(可能是硫化物或铁的羟基氧化物)。按照岩石学的观点,所用石材应属于一种单向结构的石英二长岩。样品 DPRK7 的偏光显微观察也表明,类似于"分泌物"的方解石重结晶生长在石质基体和地仗层之间(图 2)。虽然两者之间存在一些接触点,这些类似纤维的结构是导致地仗层从石质基体上脱落的主要原因。

目前形成方解石晶体的机理,考虑可能有几种影响因素:①石质的孔隙率很低以至于影响水的吸收渗透;②地仗层有相对较高的孔隙率,但与石质基体的附着力较差;③墓葬环境相对湿度接近 100%。

图 2　DPRK7 号样品薄片偏光显微照片
箭头方向是方解石重结晶的位置

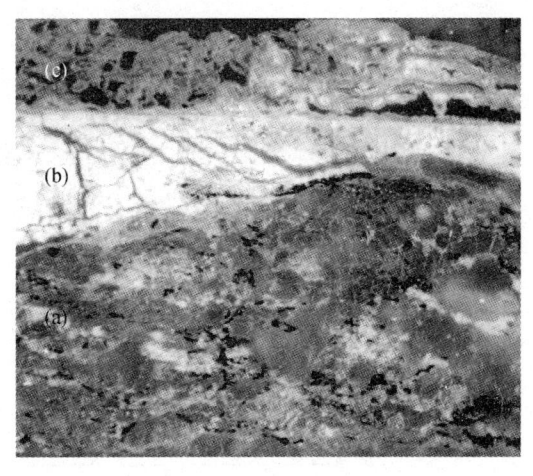

图 3　DPRK7 号样品薄片的体式显微照片
(a) 石质
(b) 白色地仗层（方解石、石英和黏土）
(c) 沉积物（黏土和碳酸钙）

因此，机理可能如下：①在相对湿度较大的条件下，水透过地仗层并且溶解地仗中的部分方解石；②当环境湿度趋于较为干燥，在石质与地仗之间容易形成方解石的重结晶而引发底层荧光现象。因此，为了验证方解石重结晶的形成机理的假设，需要对墓室相对湿度进行为期一年的季节性监测。

2. 地仗层

从当地保护人员那里得知：所用的两层地仗的主要成分是石灰、砂、有机物，用于拱顶和墙体上。第一层（厚 5cm）由石灰、砂/秸秆按 1∶3 的比例混合而成；第二层是石灰和砂等量混合而成，厚度约为 1.5cm。再刷上一层白灰（厚 0.8~1mm），用做准备绘制壁画的白粉层。

所采集的样品中只有 DPRK7 号样品包括石质基体，因此可以展示整体层次的结构形貌。光学显微镜观察结果显示，只有一层白色地仗层覆盖在石质基体上（图 3）。它的厚度在 0.5~1.5mm，还有一些植物纤维和炭黑夹杂其中，而横向裂缝的出现是由于方解石重晶体产生的。

扫描电镜能谱分析结果表明：现存的不仅有纯净方解石，伴随有少量的石英和黏土矿物成分，而且存在富含镁的方解石或白云石 $CaMg(CO_3)_2$，这已经由 TG、DTA 分析技术确定。μ-FTIR 检测 DPRK3 号样品的地仗层（图 4）表明：菱镁矿（$MgCO_3$）、方解石和硅酸盐同时存在，其他样品也同样含有这些成分。此外，体视显微镜观察 DPRK3、DPRK4、DPRK5 号样品的地仗层发现了一种少量的半透明材料，其主要成分是硅氧烷。事实上，它的红外光谱（图 5）特点是在 1130~1000cm^{-1} 有一个强吸收，是由 Si—O—Si 反对称伸缩振动导致的，强的 Si—H 键伸缩振动在 2158cm^{-1} 处，Si—Et 对称变形振动在 1242cm^{-1} 处[8]。这种材料是较为罕见且在地仗层中随处可见，这似乎不能证明过去曾利用硅氧烷作为保护涂层或加固颜料层表面形成沉积的可能性。假如是这种情况，它应该更加均匀地分布在壁画剖面中，这薄薄的一层也应该出现在壁画外表面上并很容易被 μ-FTIR 检测到。很可能这种半透明材料是洗涤剂中所含的消泡剂在壁画上的残留，这与当地保护人员曾经提到的表面清洗过程有关。

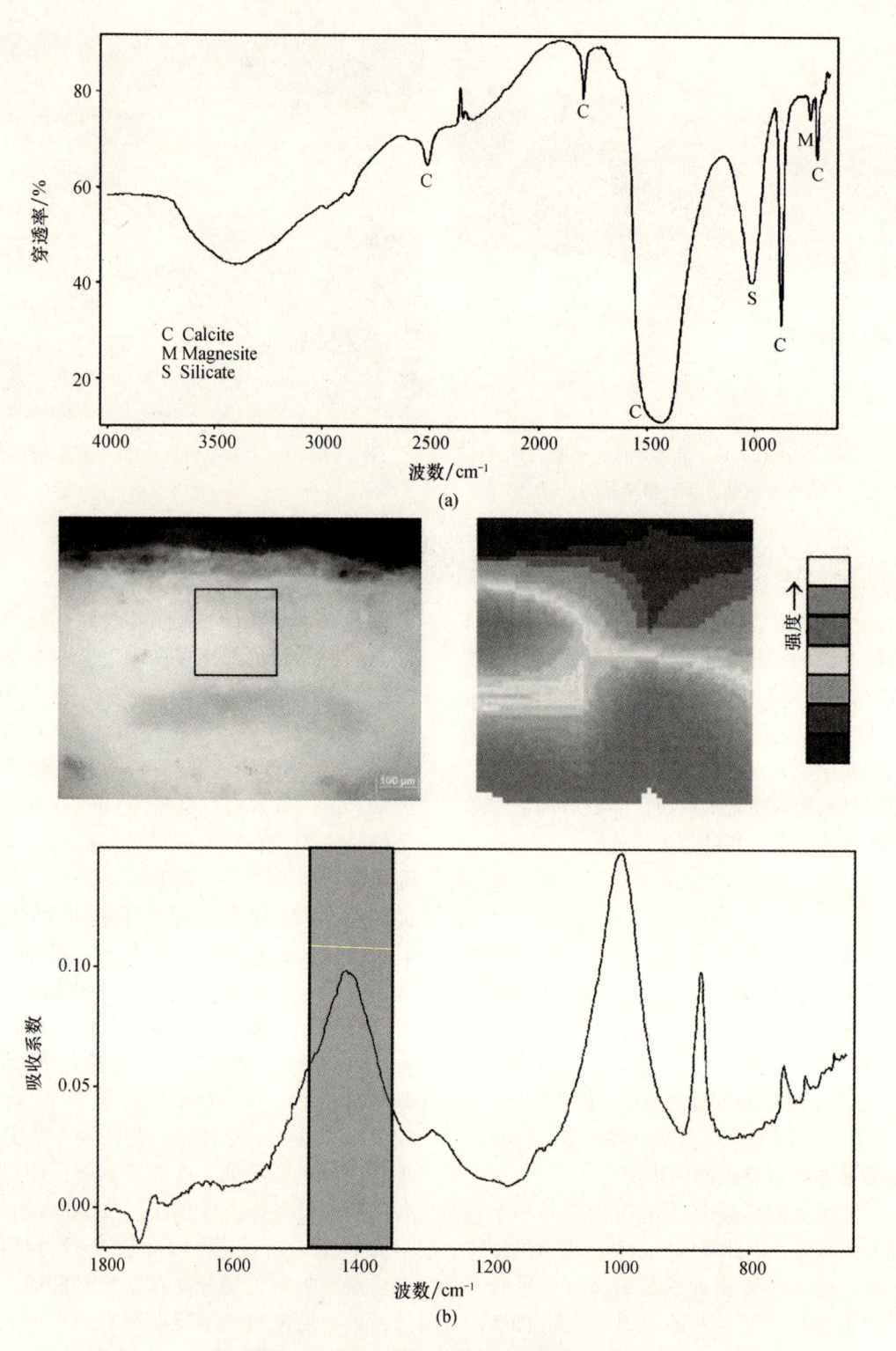

图4 （a）样品DPRK3的μ-FTIR透射光谱图（金刚石压片）（1800～600cm^{-1}），
显示地仗中存在菱镁矿、方解石和石英矿物
（b）被选择区域（150μm×150μm）地仗层的μ-ATR谱图（碳酸盐：1500～1350cm^{-1}）

· 170 ·

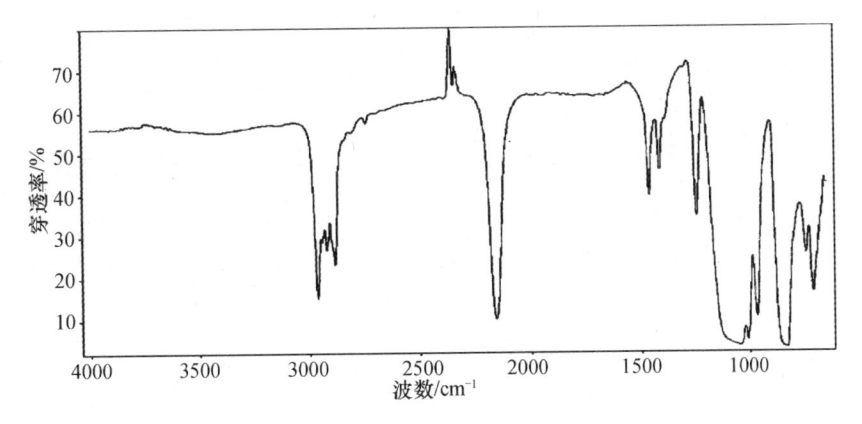

图5 半透明材料硅氧烷的 μ-FTIR 透射光谱图（金刚石压片）（4000～650cm⁻¹）

3. 颜料层

颜料的成分组成详见表3。样品的剖面观察发现颜料层均是单层。仅有样品DPRK4显示炭黑层很可能是文字的痕迹叠压在赤铁矿组成的红色颜料层之上（图6）。其他的红色颜料基本上都是由赤铁矿和微量磁铁矿组成（图7）。黄色颜料（DPRK2和DPRK5）由针铁矿和方解石组成（图8；图版16）。利用偏光显微镜、SEM-EDX 和 μ-FTIR 多重分析鉴定出绿色颜料为绿土（Green earth）（图9）。此外，绿色样品最表面一层的有机物利用 μ-FTIR 压片分析结果为微晶石蜡（图10）。

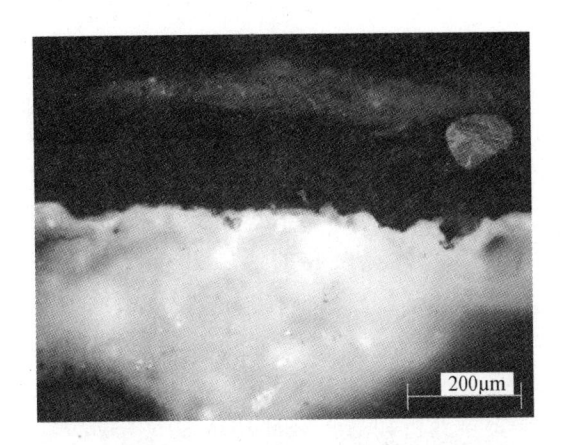

图6 样品DPRK4剖面的显微照片（200×）
从上至下，黏土沉积层、包含红色赤铁矿颗粒的炭黑层、红色赤铁矿颜料层、白色地仗层

表3 颜料组成及分析方法

样品	颜色	颜料分析结果	其他化合物	分析方法
DPRK1	暗红色	赤铁矿、磁铁矿	方解石	能谱分析、拉曼光谱
DPRK2	黄色	针铁矿	方解石	能谱分析、拉曼光谱、傅里叶红外光谱
DPRK3	绿色	绿土	方解石	能谱分析、偏光显微镜、傅里叶红外光谱
DPRK4	黑/红	赤铁矿、炭黑	方解石	能谱分析、拉曼光谱
DPRK5	黄色	针铁矿	方解石	能谱分析、拉曼光谱、傅里叶红外光谱
DPRK8	黑色	绿土、炭黑	方解石	增压能谱分析
DPRK9	红色	赤铁矿、铅丹	方解石	增压能谱分析

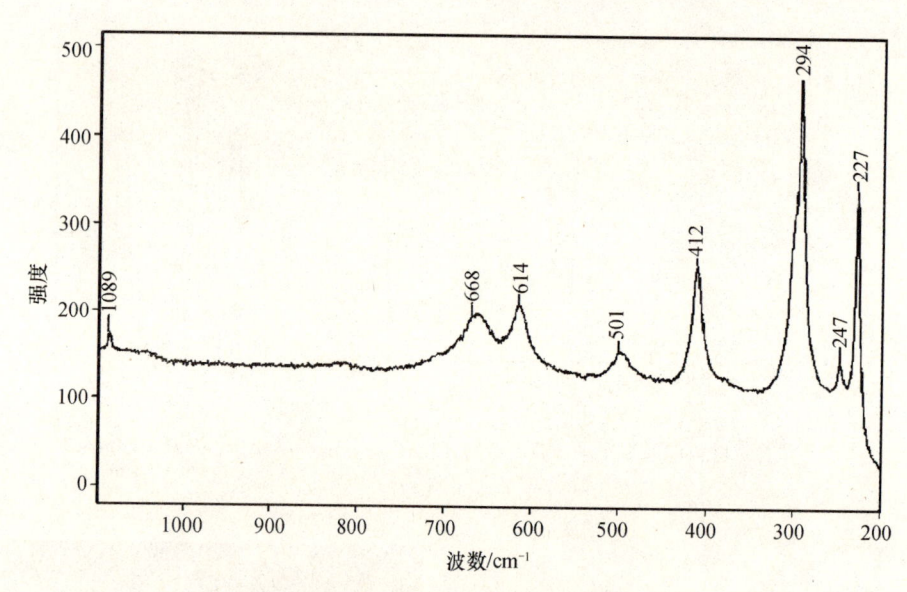

图7 样品 DPRK1 的红色颜料层的拉曼光谱
分析表明存在：赤铁矿、磁铁矿和方解石

最近的出版物中提到，所采集的 DPRK8 号样品所在的区域具有蓝色特征（青罗-丝绸蓝）；然而这种假说仅根据中国传统的画像，并无任何科学分析的佐证。为了进一步证实这一问题，将样品进行光学显微分析和增压 SEM-EDX 能谱分析，结果表明：颜料层是由少许绿土颗粒混合炭黑包裹在方解石晶格中（图11）。

一般说来，元素分析（SEM 和增压能谱 SEM/EDX）和分子组成分析（红外光谱和拉曼光谱）表明：所有颜料均含有交联材料：方解石。为了进一步展示方解石在颜料层和地仗中的分布情况，用增压 SEM/EDX（图12）对样品 DPRK9 绘制元素分布图，结果证实现存的地仗层和颜料层中的钙是同质而均匀的，并且钙元素在两层中连续分布。样品 DPRK9 的剖面显微照片［图12（a）］表明：一些红色微粒在颜料层的最外层，通过 EDX 分析发现其组成含铅，这可能与绘画时使用了铅丹有关。在样品 DPRK8 中同样发现有钙元素均匀分布的情况（图11）。此外，在紫外光源的照射下，颜料层剖面没有任何荧光，这可能表示颜料的有机胶结材料并不存在（图13；图版17）。通过将所有的样品做热裂解气相色谱/质谱分析法检测，这一发现进一步得到验证。所有的这些特征符合典型的"湿壁画技术"，即干燥的颜料用水研磨后，用毛刷在湿的石灰墙壁上作画填色，当着色的石灰干燥后，氢氧化钙与二氧化碳反应生成一层附有彩绘的碳酸钙层。

4. 盐与黏土沉积物

白色的沉积盐与颜料层结合致密（样品 DPRK6），分析表明是由 $Mg(HCO_3)(OH)\cdot 2H_2O$，即三水菱镁矿（图14）组成的。这种矿石兼有针状和葡萄状结构，常见于产菱镁矿石的地下矿井的顶部。因此，它的存在与含有菱镁矿和白云母的地仗有关。黏土沉积物则统一出现在所有颜料样品的外表面（图2），呈微黄色/褐色，主要由石英、钾长石和微量云母组成，且被微晶方解石包裹着。从壁画表面清洗的角度考虑，由于最外层的黏土沉积中含有方解石，因此很难用机械或化学方法清除。

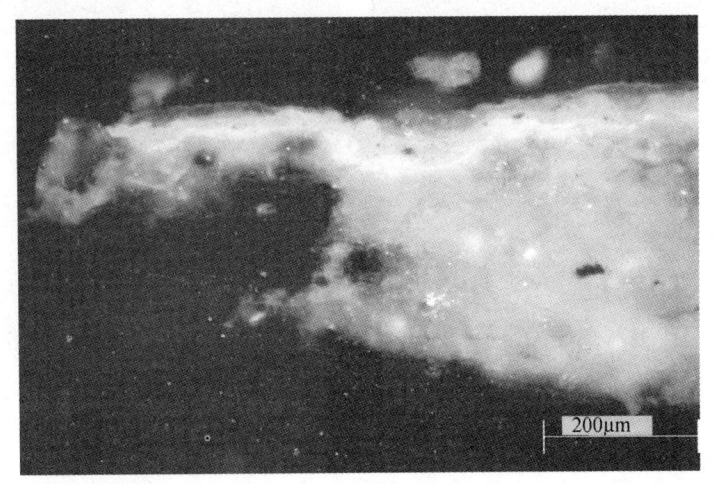

(a) 光学显微照片（200×）：从上至下，黏土层、黄色颜料层、白色地仗层

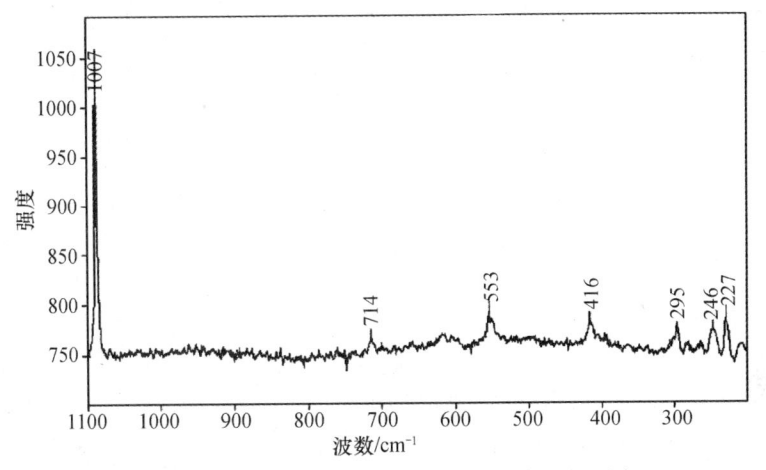

(b) 黄色颜料层经拉曼光谱分析表明同时存在赤铁矿和方解石

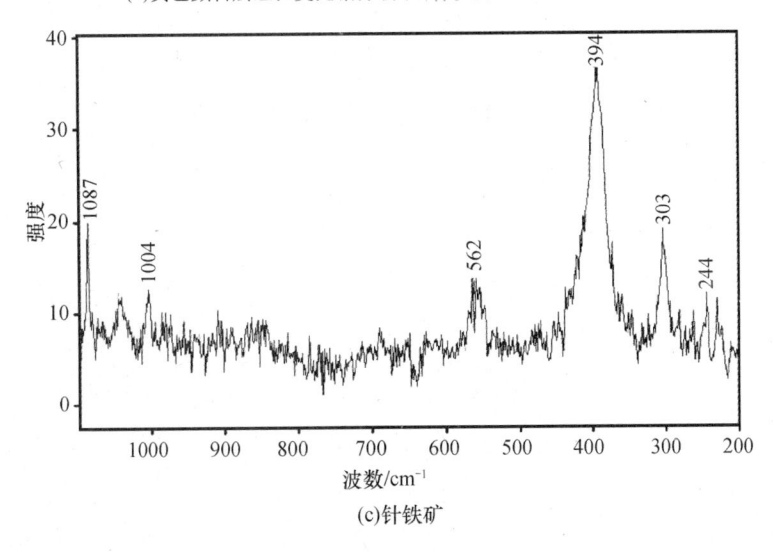

(c) 针铁矿

图 8　样品 DPRK5

· 173 ·

(a) 剖面显微照片 (200×)　　　　　　　　　　　　(b) 背散射电子相 (201×)

(c) μ-FTIR透射光谱（用氯化钠压片）（4000~650cm⁻¹），表明绿色颜料层现存绿土、方解石和硅酸盐

图9　样品 DPRK3

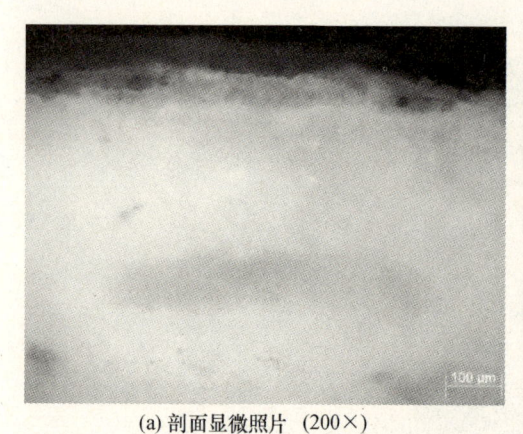

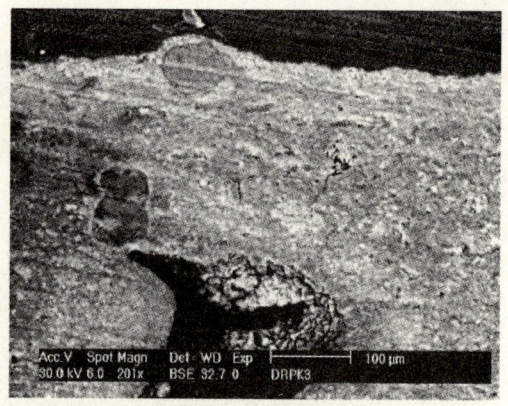

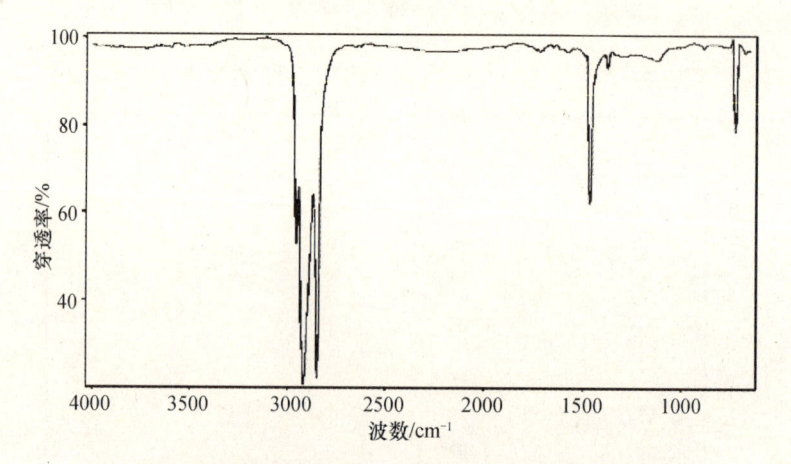

图10　样品 DPRK3 有机层经 μ-FTIR 透射光谱（氯化钠压片）
（4000~650cm⁻¹）检测为微晶石蜡

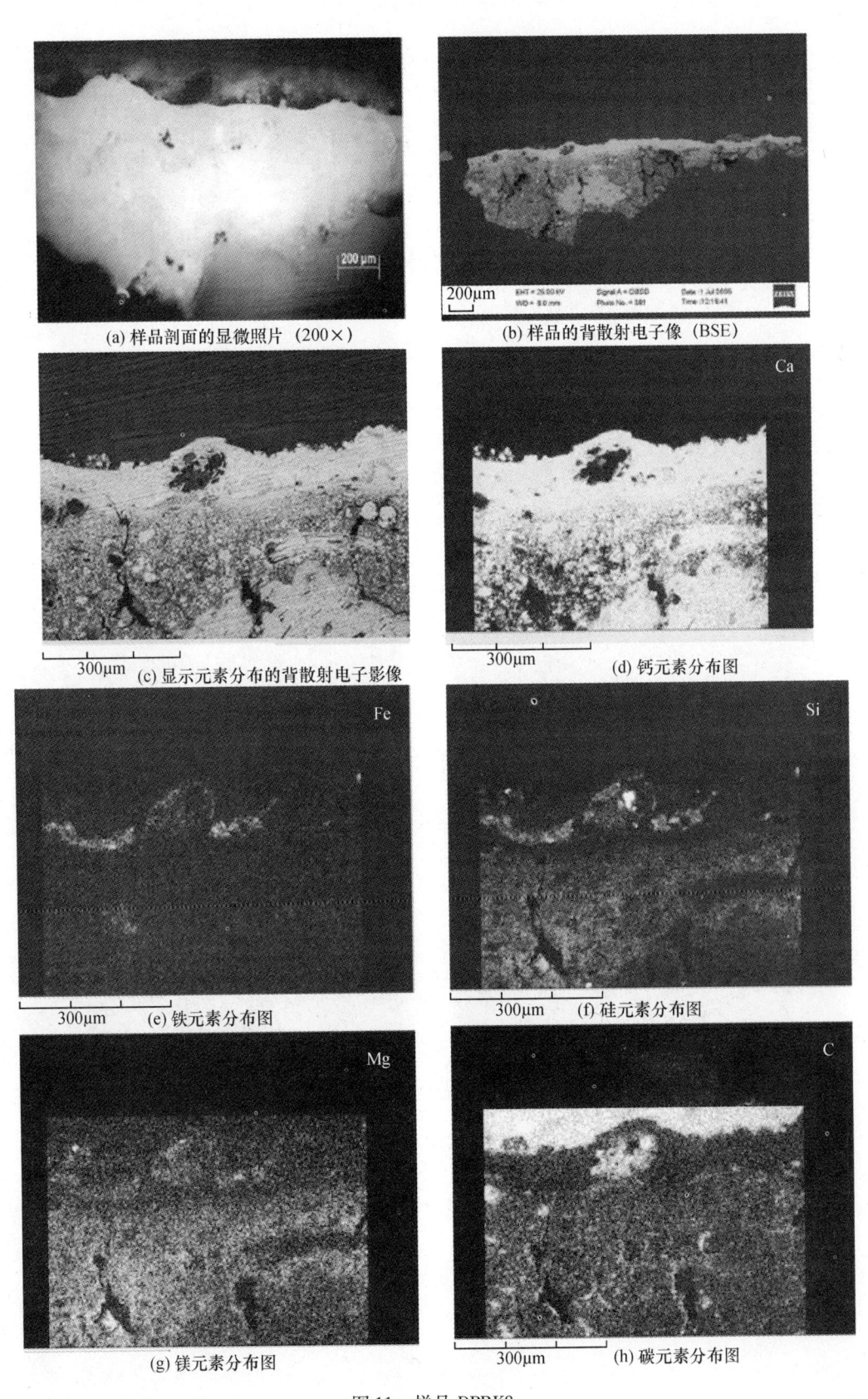

(a) 样品剖面的显微照片（200×）

(b) 样品的背散射电子像（BSE）

(c) 显示元素分布的背散射电子影像

(d) 钙元素分布图

(e) 铁元素分布图

(f) 硅元素分布图

(g) 镁元素分布图

(h) 碳元素分布图

图 11　样品 DPRK8

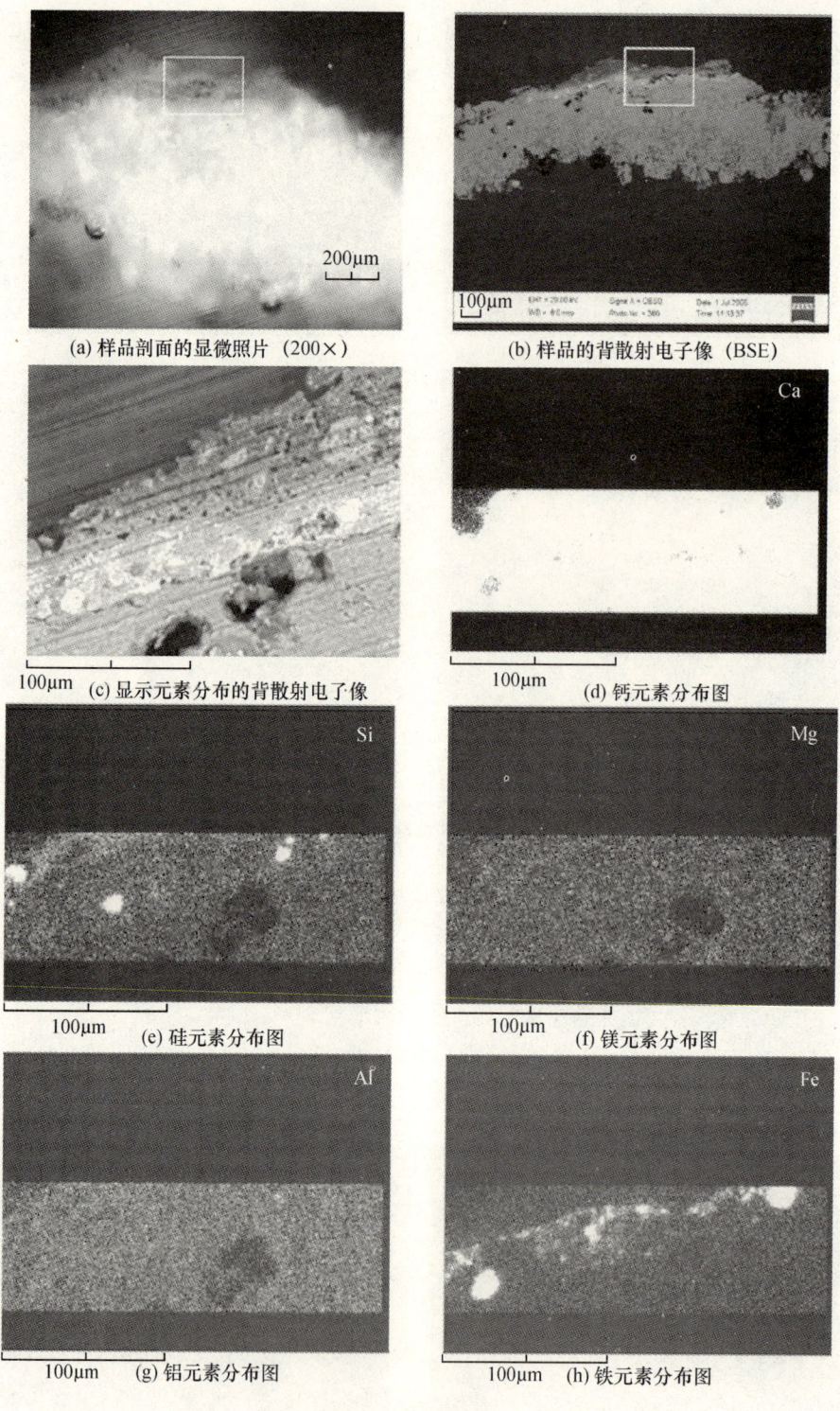

(a) 样品剖面的显微照片（200×）

(b) 样品的背散射电子像（BSE）

(c) 显示元素分布的背散射电子像

(d) 钙元素分布图

(e) 硅元素分布图

(f) 镁元素分布图

(g) 铝元素分布图

(h) 铁元素分布图

图 12　样品 DPRK9

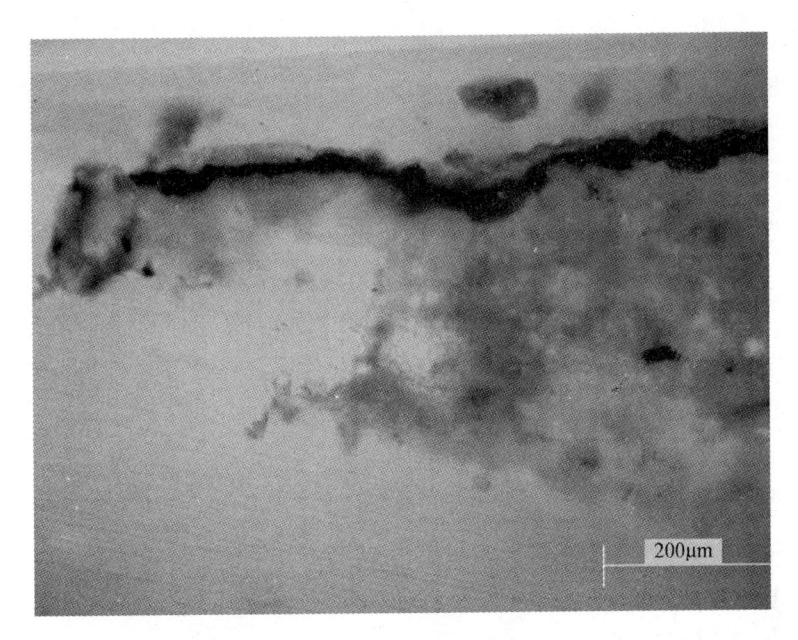

图13　样品DPRK5在紫外光照射下的剖面照片（200×）
仅有方解石发出典型的白色荧光

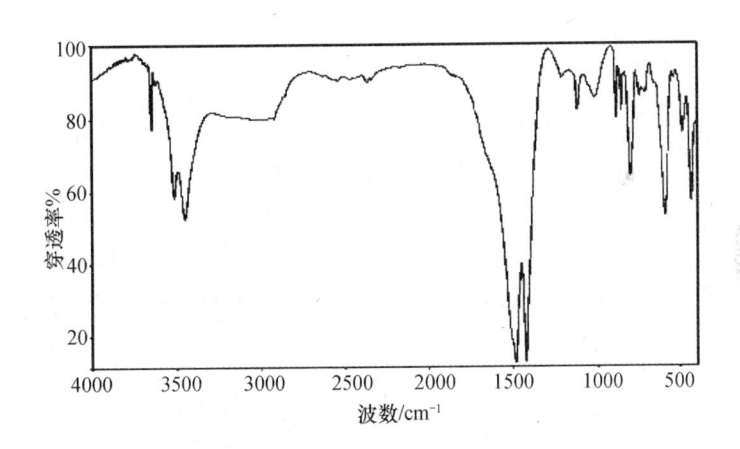

图14　样品DPRK6的红外透射谱图（4000～400cm^{-1}）：三水菱镁矿

四、结　论

德兴里壁画墓的分析结果促使我们得出一些初步的结论。所有经过鉴定分析的颜料适合于"湿壁画技法"的特点，方解石同时存在于地仗层和颜料层中，剖面的矿物形貌表明：方解石连续存在，且彼此结合紧密。这些观察结果可以得出一个明确的事实，当石灰还是潮湿的情况下，在白色地仗层上颜料已被施彩。此外，尚未发现有机胶结材料的存在。根据目前的知识，这些结论极大地支持"湿壁画技法"在墓葬壁画中得到应用的可能，但仍然不清楚这种湿壁画技法是否为当时朝鲜的绘制者有意采用。然而，在得出一些决定性结论之前，在朝鲜民主主义人民共和国是否使用过湿壁画技术的情况，应进行古文献调查。如果下一步的科学调查和文献资料确认朝鲜曾经使用并且存在过湿壁画技术，则这一遗址将是在亚洲远东地区发现湿壁画的首例，尽管绝大多已知壁画都是采用干壁画技法[6,9]。因此，建议采用相似的科学分析方法研究中国境内的高句丽时期的墓葬壁画。

对于德兴里壁画保护而言，壁画目前的保存状态堪忧，表现为颜料层随地仗从附着的岩石上脱落。此外，在墓室内安装双层玻璃罩虽然认为是防止破坏的保护性措施，但并非是保护壁画本体的良策。事实上，双层玻璃罩内外相对湿度基本相同。墓室封土的渗水和高湿环境很可能是导致颜料层脱落的主要原因。

致谢：首先感谢作者的授权。此文由"高句丽墓葬壁画原址保护"项目负责人郭宏博士推荐翻译。感谢沈大娲博士、成小林博士对部分译文内容的指正，感谢北京科技大学研究生王力丹的协助。

参 考 文 献

[1] Lena K. Koguryo TombMurals. ICOMOS Korea: Seoul, Korea, 2004.

[2] Yi Y, Yu H, Kim S, et al. Mun. Hwa. Jae., 2003, 4 (12): 1.

[3] Moon W S, Hong J O, Hwang J J, et al. Annual review in cultural properties studies. 2002, 35: 160.

[4] Chen Q, Sinkai T, Inaba M, et al. Bunkazai Hozon Shufuku Gakkai Shi: Kobunkazai no Kagaku, 1997, 41: 78.

[5] Kang H, Yi Y, Yu H, et al. Conserv. Sci. Museum, 2001, 3: 43.

[6] Mazzeo R, Baraldi P, Luj'an R, Fagnano C. J. Raman Spectrosc, 2004, 35: 678.

[7] Luj'an Lunsford R. In UNESCO Symposium on the Conservation of Koguryo Tombs, Scientific and Methodological Approach, Seoul, Republic of Korea, October 2004: 100.

[8] Lee S A. Analysis of Silicones. R. E. Krieger Publishing Company: Malabar, Florida, 1983.

[9] Mazzeo R, Joseph E, Minguzzi V, et al. Indagini scientifiche sui dipinti murali della dinastia Yuan (1279～1368 d. C.) situati nel sito archeologico di Yao Wang Shan, Cina. In Far Est Asian mural paintings: diagnosis, conservation and restoration. When east and west encounter and exchange, Mazzeo R (ed.). Longo Editore: Ravenna, 2006, 65.

Scientific Investigations of the Tokhung-Ri Tomb Mural Paintings (408 A. D.) of the Koguryo era, Democratic People's Republic of Korea

R. Mazzeo[1], E. Joseph[1], V. Minguzzi[2], G. Grillini[2], P. Baraldi[3], D. Prandstraller[4]

[1. University of Bologna, Microchemistry and Microscopy Art Diagnostic Laboratory (M2ADL)　Ravenna]

(2. University of Bologna, Earth Science Department　Bologna)

(3. University of Modena, Chemistry Department　Modena)

(4. University of Bologna, Institute of Metallurgy　Bologna)

Abstract　In the framework of the UNESCO workshops on the Conservation and Preservation of the Koguryo mural paintings, which were held in Pyongyang in 2004 and 2005, paint samples were collected from the Tokhung-Ri tomblocated in suburban Pyongyang and analyzed by optical, polarized and FTIRmicroscopy, scanning electron microscopy coupled with energy-dispersive X-ray analysis (SEM-EDX), X-ray diffraction (XRD) as well as Raman spectroscopy, in order to characterize the composition of pigments, the execution technique adopted and the state of conservation of the murals. The first scientific results seem to confirm the suggestion of local conservators about the adoption of a fresco technique, even though it is not yet clear whether this was intentionally achieved by the North Korean painters. As regards this, analyses of more samples as well as confirmations from a survey of the historical literature are needed.

Keywords Koguryo era, Tokhung-Ri tomb, Murals, Fresco technique, Analytical investigations

保加利亚内塞巴尔圣史蒂芬教堂壁画修复前微环境分析

〔意〕Adriana Bernardi[1], Valentin Todorov[2], Julia Hiristova[3] 著
孙延忠[4] 陈 青[4] 译

(1. 加拿大国家研究委员会 帕多瓦)
(2. 索非亚美术科学院 索非亚)
(3. 保加利亚科学院 索非亚)
(4. 中国文化遗产研究院 北京 100029)

摘要 内塞巴尔圣史蒂芬教堂曾进行过一项微环境现场测试,这是在修复其内墙上那些16世纪末珍贵的壁画前必须做的,以检测教堂内实际的微环境条件。几年前,一系列不恰当的干预修复造成这些壁画严重劣化。随后,为防止壁画进一步的劣化,根据联合国教科文组织的建议,教堂进行了一系列的结构改变。目前,教堂内微环境条件较好,主要的参数温湿度仅有微弱的变化,且很少有灰尘等污染物沉积。但是为消除造成教堂内部微环境变化仅存的因素,需要进行一系列的结构干预。考虑到如果教堂墙壁石头孔隙内充满饱和水,将会产生反复的机械应力,若有可溶性盐存在则情况更危险。因此,我们测定了教堂墙壁石头的孔隙率,测定结果显示微孔大小在 $0.005 \sim 0.1 \mu m$,有的甚至更大,且多数都充满了水。

关键词 艺术品保护,微环境,风化,孔隙率,修复

一、简 介

1. 教堂概述

圣史蒂芬教堂(图1)是一个保存相对较好的中世纪教堂,大概建于11~13世纪。教堂呈长方形,由三个大殿组成,每个殿被拱廊隔开。长期以来,教堂被多次修复,特别是1593年和1599年的修复已经大大改变了原教堂建筑的外观。教堂内部用大量壁画进行装饰,壁画分三个不同时期。最早的壁画层可追溯到11世纪,而墙壁和穹顶的主壁画绘制时期主要在16世纪末,三处壁画题字都保存得很好。中心殿的壁画年代要早些(在15世纪)。无论从历史还是艺术的角度来看,都是很有价值的建筑。壁画的绘制风格是传统的拜占庭式,人物的比例被拉长,看不到原始主义和民间艺术风格。壁画上的人物是用艺术性和示意性两种方式绘制的,通过图书元素及其组合表现建筑特征是中世纪建筑所特有的。

图1 圣史蒂芬教堂全景

圣史蒂芬教堂是一个非常重要的古建筑，它被联合国教科文组织列入世界文化遗产名录，因此，教堂的保护问题应值得特别关注。

2. 圣史蒂芬教堂的历史性干预保护

圣史蒂芬教堂的壁画保护与建筑修缮同时进行，1975年结束。1976年，为了防止教堂内因毛细作用导致湿度上升，修建了排水系统。不幸的是，几年后证明，教堂过去实施的保护和修复工作完全是失败的。壁画下部（原壁画颜料层缺失处后补的灰泥层）和壁画空鼓修补处开始严重劣化，教堂后殿损坏最为严重。根据教堂墙壁湿度的监测结果提出的建议，常常与专家大量调查后提出的建议相矛盾。

1985年，文化遗产研究中心调查组对造成教堂劣化的原因进行了调查。调查结果表明，教堂的防水和排水系统在设计和结构上存在很大的缺陷。

（1）排水沟和排水系统仅仅建在北墙和东墙；

（2）空气通风道和通风槽比较窄；

（3）后殿周围的排水沟已经被封于地下，而且有个相反的坡度，雨水顺着后殿的墙壁流下，直接流向教堂内部；

（4）后殿有的排水沟被建筑垃圾塞满，基座部分被破坏，且缺乏通风道；排水系统与城市排水系统不正确的连接，造成了雨水在排水沟底部聚集，最终导致雨水通过毛细作用渗透到教堂墙壁内。

1991年，联合国教科文组织派出一名专家对教堂内部微环境影响因素现状调查[1]，根据调查结果提出以下几点：

（1）要控制和阻止仍然存在的外部水的渗透；

（2）修复教堂外墙，使其具有憎水作用，但保证其透气性；

（3）使教堂墙壁基座具有憎水作用（如果有毛细作用发生）；

（4）修复或更换教堂的门窗；

（5）更换照明灯，采用节能灯，并安在教堂上部；

（6）组织参观者有序通过门廊；

（7）去除风化物；

（8）在春季减少壁画的凝结水，以预防风化。要特别注意暖气、空调和除湿器的使用等；

（9）另外，预防生物腐蚀。

上述保护措施实施以后，还需进行一项微环境条件的研究，证实是否已达到的合适微环境条件。以上提到的多数建议都得以实施，特别是：

（1）修复了房顶破碎的瓦片，以防止雨水渗漏；

（2）重新修缮了排水系统，以消除毛细作用；

（3）通过空气干燥机干燥了墙壁；

（4）进行了壁画修复的初级试验；

（5）最后，最重要的干预是控制教堂内部相对湿度。正如联合国教科文组织提到的，考虑到墙壁不容易干燥，事实上在教堂内部安装了自动干燥机，以调整相对湿度到68%。在试验的前10天，日除水量约6~8L，以后10天，没有更多的水被除去。在试验末期，墙壁完全干燥。然而，由于墙壁干燥速度太快，造成了壁画灰泥层和颜料层新的破坏，导致新的劣化。

1993年，在联合国教科文组织的技术支持下，教堂内安装了空气干燥机和加湿器，相对湿度被控制在64%~66%恒定范围内。

目前监测结果表明，通风系统运转正常，壁画颜料层没有发现变化。然而，保护者仍然犹豫不决，因为壁画修复需要更多可靠的温湿度数据。因此，联合国教科文组织建议要长期监测以获得更多精确数据，并进行更深入的分析，最终壁画的修复将基于这些数据。其他的保护干预将慢慢实施，例如，

（1）教堂建筑的修复，如修复外墙壁，更换所有门窗；

（2）改变参观入口；

(3) 修复壁画和去除风化物；
(4) 更换照明系统。

1996年，为了研究教堂实际的环境条件，进行了夏季微环境分析。通常8月是夏季最热的时间，也是季节性气候的极端条件。因此，选择这个时间最有代表性。

二、方　　法

研究内部微环境动态变化的方法已经在其他文章中谈到[2~8]。简而言之，微环境动态监测包括温湿度参数的监测（温度、相对湿度、露点），有规律地连续监测几天，然后分析监测数据，最后绘制温湿度参数监测平面图。监测每两小时一次，从教堂开门到关门。

为了研究壁画附近空气的稳定性，在垂直方向也进行温湿度监测，以便于研究灰尘的扩散及在壁画表面的沉积情况。

温湿度变化的监测提供了一份完整的日常环境变化图，可以体现变化的主要原因，从而建议怎样做才能实现艺术品保护的最佳微环境。

三、结　　果

1. 微环境分析

图2显示了温度的时空动态变化，从图中可以看出，空间上温度有微弱的梯度变化，主要是由于太阳的照射。实际上，教堂内部区域的温度变化与太阳的升降有关。温度变化最大的地方是通道区域，如参观入口与教堂和门廊的连接处（图2）。通常教堂的后殿温度较低，除了在早上太阳光直接照在外墙壁和通过窗户进入教堂内外。

图3是比湿度变化图。比湿度在空间上变化梯度微弱，数据表明内部空气流量与外部空气流量相同，参观者的数量不足以改变空气中水汽的含量。

监测期间教堂内相对湿度为55%~60%（图4）。湿度变化趋势非常缓和，与湿度变化一样，不是特别明显，与温度等值线的分布相符。实际上，后殿几乎总是表现为高度饱和区域。

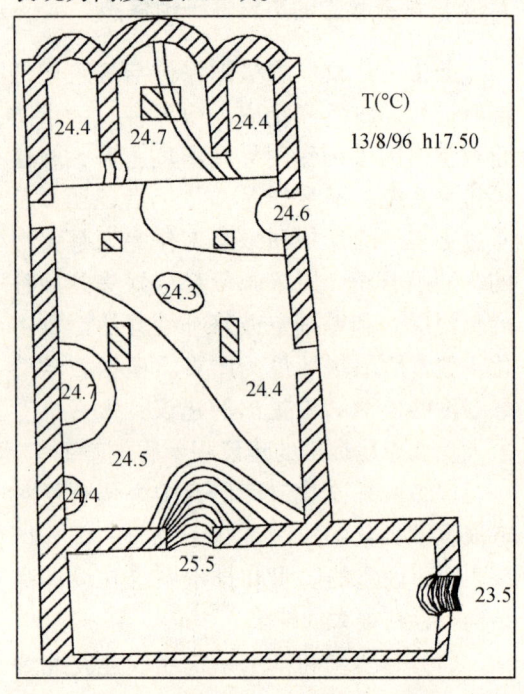

图2　空气温度的水平横截面分布图
17：50，1996年8月13日

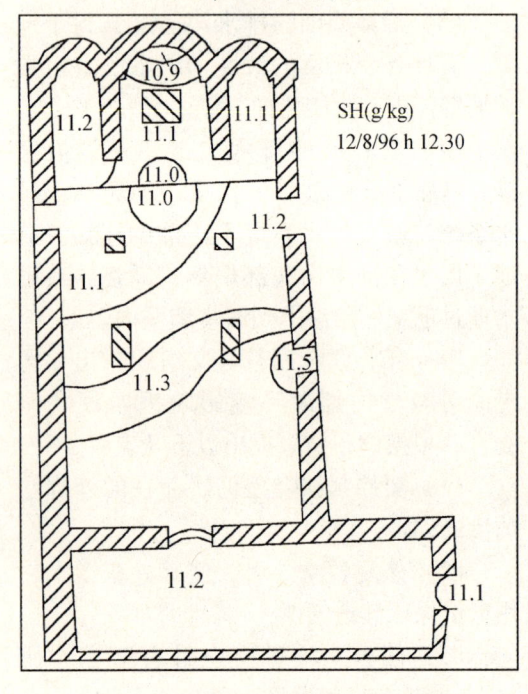

图3　比湿度的水平横截面分布图
12：50，1996年8月12日

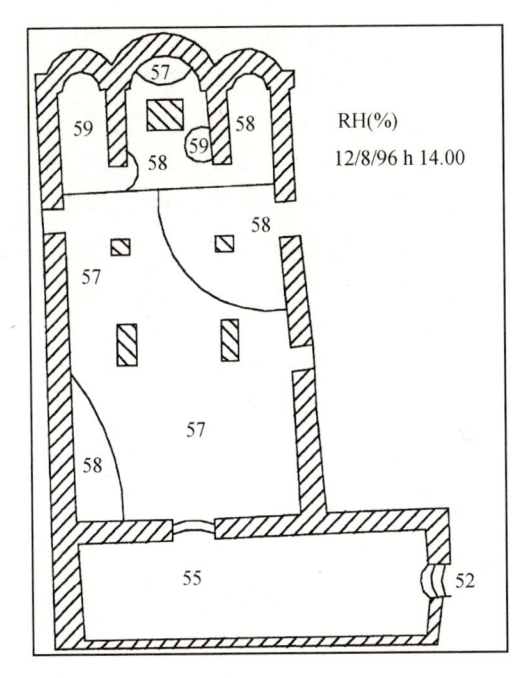

图4 相对湿度的水平横截面分布图
14：00，1996年8月12日

露点差为8~9℃，这意味着墙壁表面没有凝结水，但不能排除墙壁内部微孔中有。

除了下午变化较大（0.1℃/m）外，温度在垂直方向是稳定的。预防教堂内部温度变化的措施，相反可能有助于污物向上部扩散。水汽经常在教堂的上层凝聚并累积，尽管很微弱。教堂内壁附近，更准确地说是门廊和北墙周围区域，温度变化趋势与围墙外壁相反。开始时墙壁附近温度较高，而后来则较低。这意味着太阳照射热量累积更倾向于在北外墙，不是在内墙。

2. 地仗层微孔中凝结水的分析

索菲亚文化遗产研究中心实验室曾经进行过教堂微环境监测，结果表明墙壁表面没有湿气凝结。在5月至6月过渡期，教堂内部的平均空气温度是8℃，平均相对湿度约75%，这符合4.4℃的露点。同时由于墙壁温度更高，表面湿气凝结是不可能的。

在教堂内安装了空气干燥机和空气加湿器后，温湿度条件变化不大，完全消除了表面凝结水的可能。

众所周知，根据Kelvin定律，在相对湿度值低于100%时，微孔内水汽的凝结是可能的[9]。随后，调查了颜料层和地仗层的孔隙尺寸范围。对壁画原地仗层与105℃下烘干至恒重的新地仗层，采用了压汞法测定。

孔隙率的积分曲线表明，多数孔隙的直径是0.005~0.1μm，多数孔隙内都充满水（图5）。按照Kelvin定律[9]，水的来源可能与毛细作用有关。因为现场测量时是干燥季节，露点温度为8~9℃，毛细凝结是可能的。

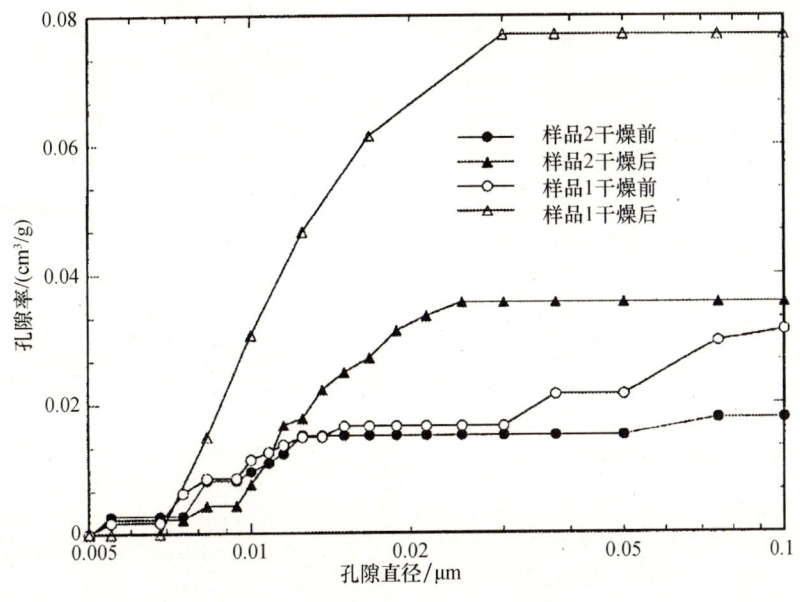

图5 教堂内墙壁样品孔隙率曲线图
样品1是原壁画地仗层；样品2是修复的颜料层

图 6 和图 7 表明了孔隙的相对体积，包括含饱和水和不饱和水的孔隙。先前的检测表明地仗层内含有可溶盐（硝酸盐和氯化物），质量比为 1%~5%。这便是当微孔含有饱和水时损害的原因。

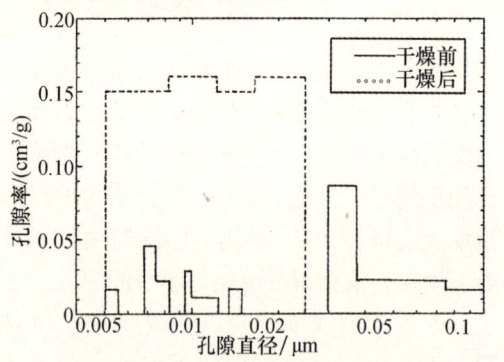

图 6 原壁画地仗层孔隙相对体积图
含饱和水和不饱和水

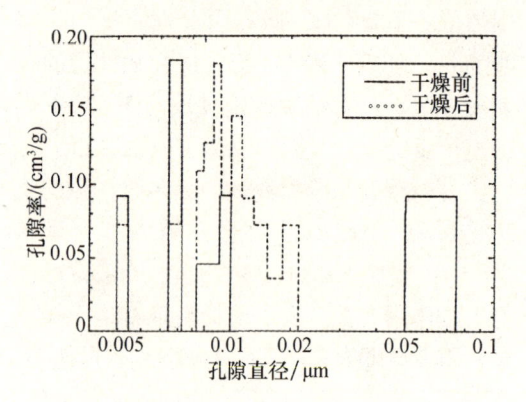

图 7 修复后壁画地仗层孔隙相对体积图
含饱和水和不饱和水

表面可溶盐的结晶是壁画损害和劣化的主要因素。盐结晶导致体积膨胀，造成内部的张力，大大影响了地仗层的内聚力而使之劣化，造成壁画小碎片掉落或剥离等。所有这些现象都能在圣史蒂芬教堂看到。

四、结　论

分析表明，圣史蒂芬教堂现在的微环境条件良好。先前一些错误的结构干预曾造成严重破坏，特别是对教堂内的壁画，之后的修复已经有效改变了这种情况。现在只进行主要的干预，其内部微环境条件是可接受的。通过教堂现有的门和窗，外部环境条件直接影响内部环境，但主要的温湿度参数的变化趋势非常弱。如果更换教堂不合适的门和窗，并提供一个更合适的参观入口代替现在的门廊入口，将大大改善其内部环境条件，更令人满意。

地仗层孔隙率的测定，结果表明要特别注意可溶盐的存在，因为微孔中可溶盐与饱和水的结合对壁画非常有害。在壁画修复前必须去除可溶盐，并采取专门措施消除可溶盐的作用[10]。

总之，分析证实，只有当微环境条件良好而稳定，壁画的保护修复才能开始。

致谢：非常感谢 Progetto Bilaterale CNR-BAN 和保加利亚文化遗产环境保护项目 ENVIR. CRG-972733 对本研究的大力支持。特别感谢 Dario Camuffo 博士的意见和建议。

译者按：英文原文刊登在 Journal of Cultural Heritage（2000 年）。感谢作者同意出版中文译本。

参　考　文　献

[1] Camuffo D. Report on the mission to Sveti Stefan. Nessebar, UNESCO report, 1991.

[2] Bernardi A. Microclimate in the British Museum. London, Museum Management and Curatorship 9. 1990: 169~182.

[3] Bernardi A, Camuffo D. Microclimatic problems of Orvieto Cathedral. The Conservation of Monuments in the Mediterranean Basin. 1990: 407~409.

[4] Bernardi A, Camuffo D. Microclimate in Chiericati Palace Municipal Museum. Vicenza, Museum Management and Curatorship 14, 1995: 5~18.

[5] Bernardi A, Camuffo D. Uffizi Galleries in Florence: a comparison between two different air conditioning systems. Science and Technology for Cultural Heritage 4, 1995: 11~22.

[6] Camuffo D, Bernardi A. The microclimate of Leonardo's

'Last Supper'. Joint Edition Bollettino Geofisico and European Cultural Heritage Newsletter on Research, Spec. XIV 3, 1991: 1~123.

[7] Camuffo D, Bernardi A. The microclimate in the Sistine Chapel. Joint Edition Bollettino Geofisico and European Cultural Heritage Newsletter on Research, 1995, 9: 1~32.

[8] Camuffo D, Bernardi A. Controlling the microclimate and the particulate matter inside the historic anatomic theatre. Padova, Museum Management and Curatorship 15, 1997: 285~298.

[9] Camuffo D. Condensation-evaporation cycles in pore and capillary systems according to the Kelvin model. Water, Air and Soil Pollution 21, 1984: 151~159.

[10] Matteini M. An assesment of Florentin methods of wall painting conservation based on the use of mineral treatment. Florentin Material Treatment, 1982: 137~148.

Microclimatic Analysis in St. Stephan's Church, Nessebar, Bulgaria after Interventions for the Conservation of Frescoes

Adriana Bernardi[1], Valentin Todorov[2], Julia Hiristova[3]

(1. National Research Council-ICTIMA　Padua)

(2. National Academy of Arts　Sofia)

(3. Bulgarian Academy of Science　Sofia)

Abstract　A microclimatic field test was carried out in St. Stephan's church in Nassebar to check the actual microclimatic conditions before beginning the restoration of precious frescoes, painted on the internal walls and which date back to the end of the 16th century. Some years ago, a series of erroneous interventions caused heavy weathering of these frescoes. Successively, another series of structural changes were made on the basis of advice furnished by UNESCO, in order to prevent their further deterioration. Currently, the microclimatic conditions are good with only a few weak gradients in the main thermohygrometrical parameters, and the internal conditions are such that there is very little deposition of pollutants. A last series of structural interventions is necessary to eliminate the few remaining causes of perturbations in the internal microclimate. Given that when micropores are saturated with water, cycles of mechanical stress can occur, the situation becoming even more dangerous in the presence of soluble salts. Consequently, an analysis of the porosity of the stone was performed and the results showed that micropores measuring between 0.005 and 0.1 mm and even greater were, in effect, filled with water.

Keywords　Conservation of works of art, Microclimate, Monument weathering, Condensation in micropores, Restoration

图版1　河南三门峡南交口遗址M17东方镇墓瓶外朱书及瓶内"曾青"

图版2　甘肃省张家川马家塬M3出土淡蓝色和紫色费昂斯珠残片

图版3　甘肃省兰州市收藏家所藏表面呈蓝色和紫色的小料珠

图版4　绿鳞石（左）和海绿石（右）粉末

清洗前

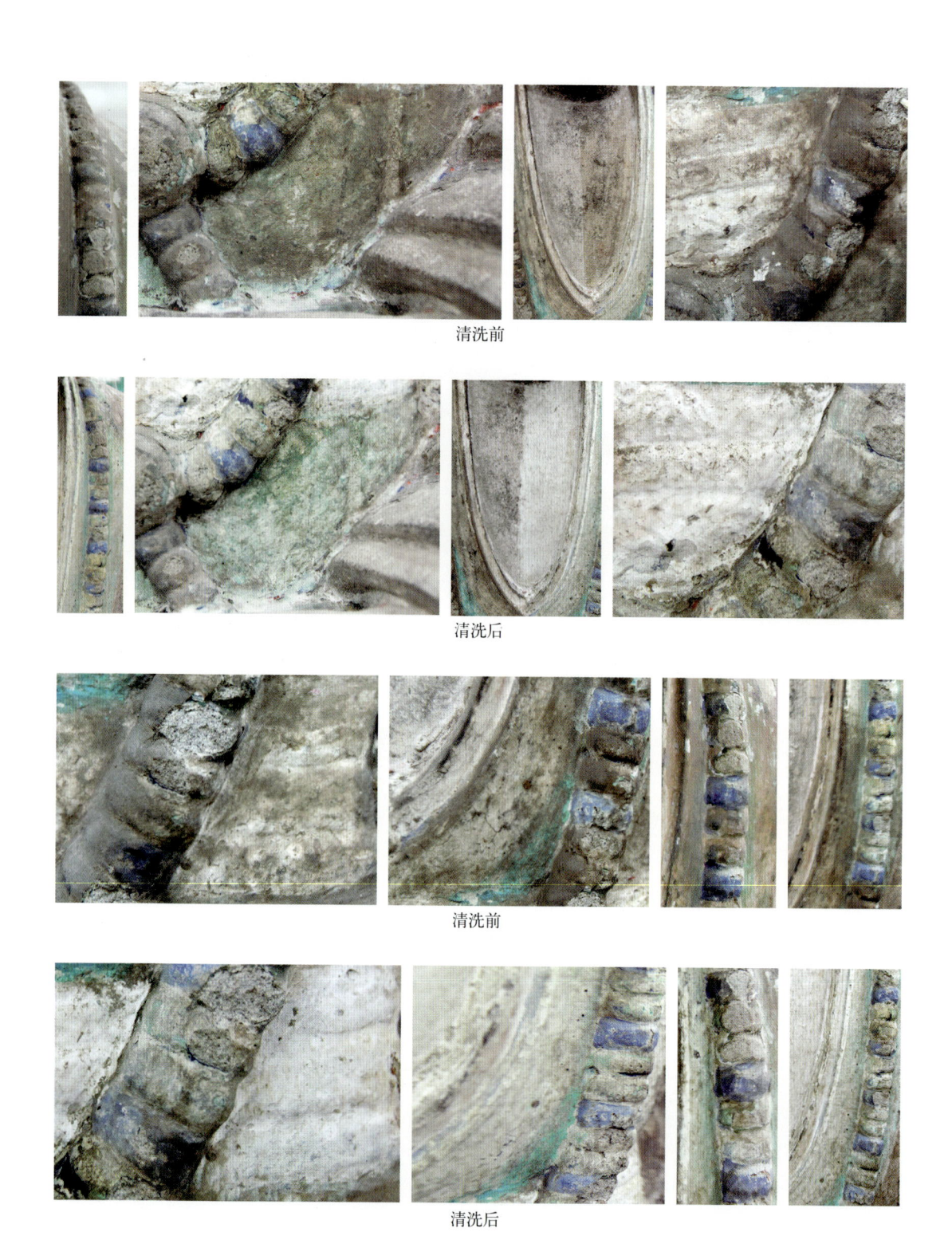

清洗后

图版5 大足石刻彩绘信徒像躯干清洗前后对比图

图版6　库木吐喇石窟58窟壁画白色和红色颜料剖面显微照片（单偏光，100×）

图版7　库木吐喇石窟58窟壁画红色颜料剖面显微照片（单偏光，100×）

图版8　马家塬墓地金管饰（M14:4-11）表面形貌

(a) TH1玻璃瓶 　　　　　　　(b) TH5玻璃瓶 　　　　　　　(c) TH9玻璃净瓶

(d) TN5玻璃盏

图版9　南京大报恩寺出土玻璃器

图版10　玻璃表面黄色虹彩 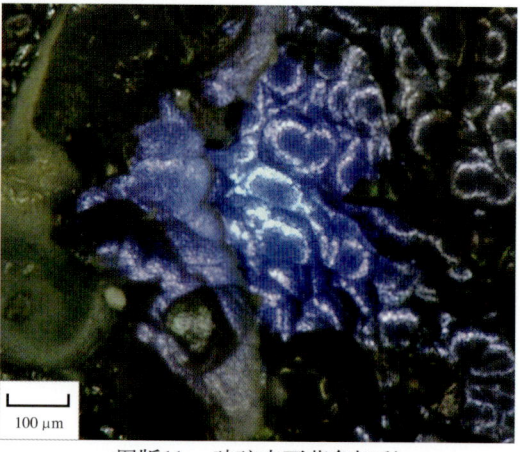　　　　　图版11　玻璃表面蓝色虹彩

阿育王塔鎏金表面

铆钉

底座侧板

相轮

塔身立面　　　塔刹顶

图版12　阿育王塔鎏金银板局部与整体保护前后效果对照

(a) 针，24号标本

(b) 铸锭，1号标本

(c) 剑，19号标本

(d) 铸锭，26号标本

(e) 剃须刀片，11号标本

(f) 斧，28号标本

图版13 青铜时代（前1500～前750年）出土的青铜器外观照片

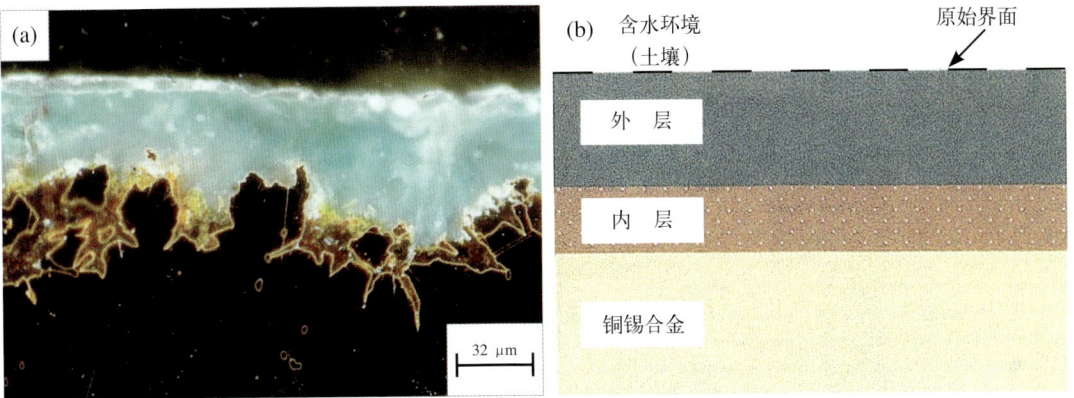

图版14 Ⅰ型腐蚀结构（a）1号器物，铸锭的纵剖面（b）图示

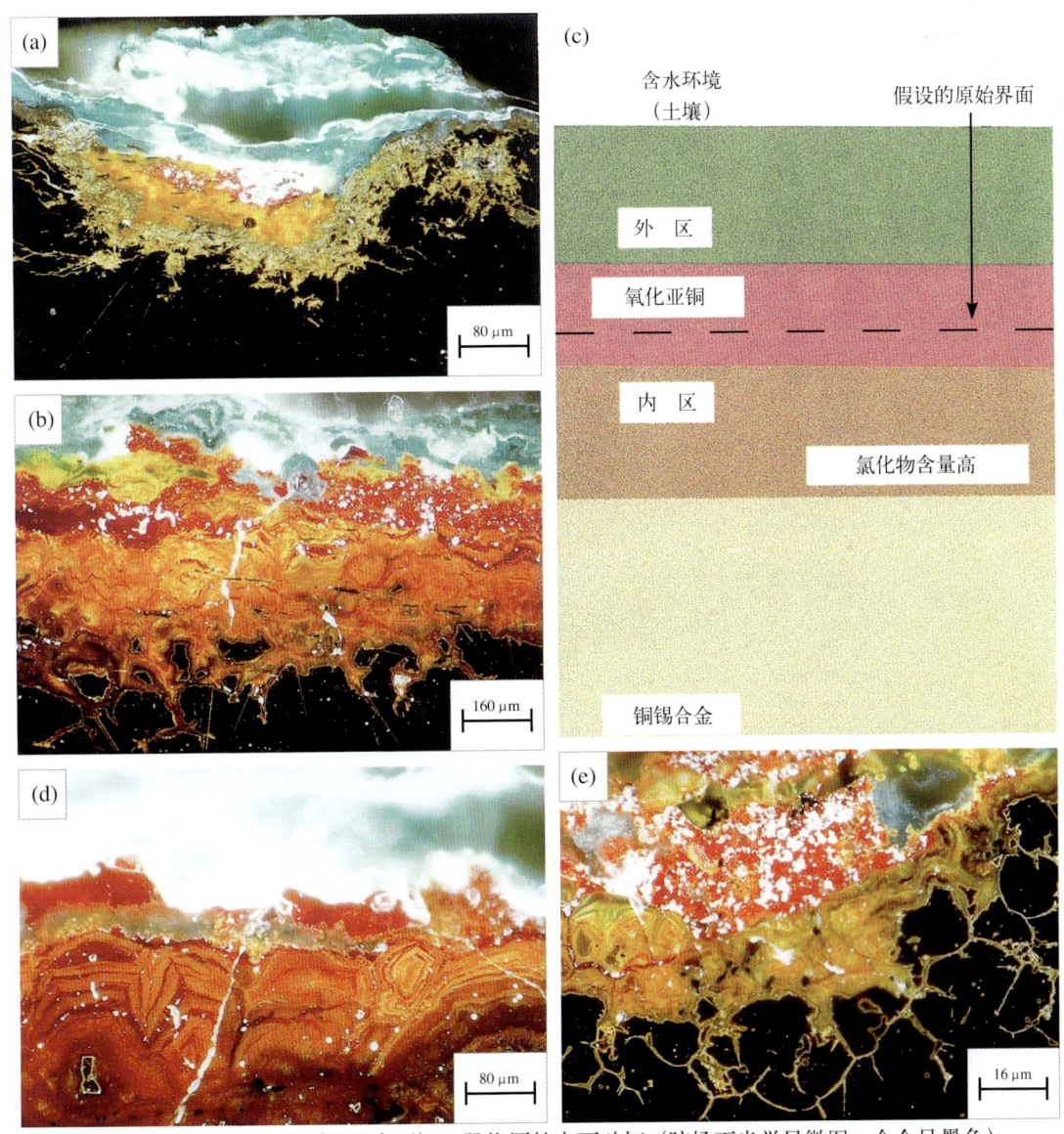

图版15 Ⅱ型腐蚀结构（粗糙表面）：器物原始表面破坏（暗场下光学显微图，合金呈黑色）

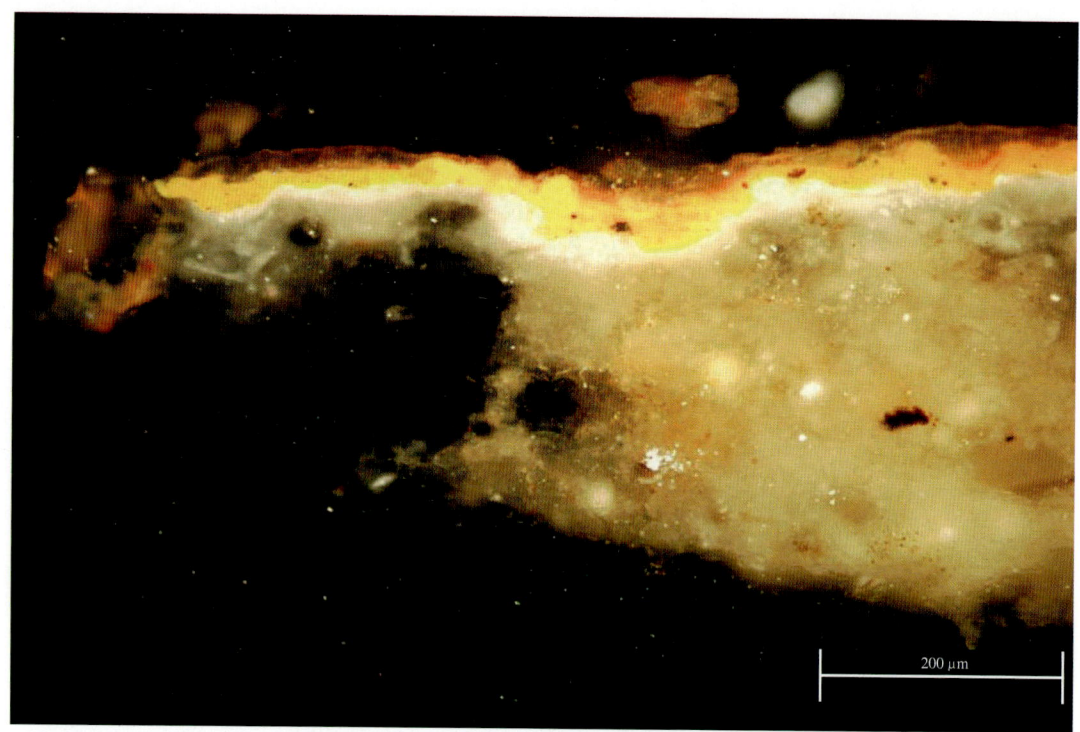

图版16　样品DPRK5的光学显微照片（200×）

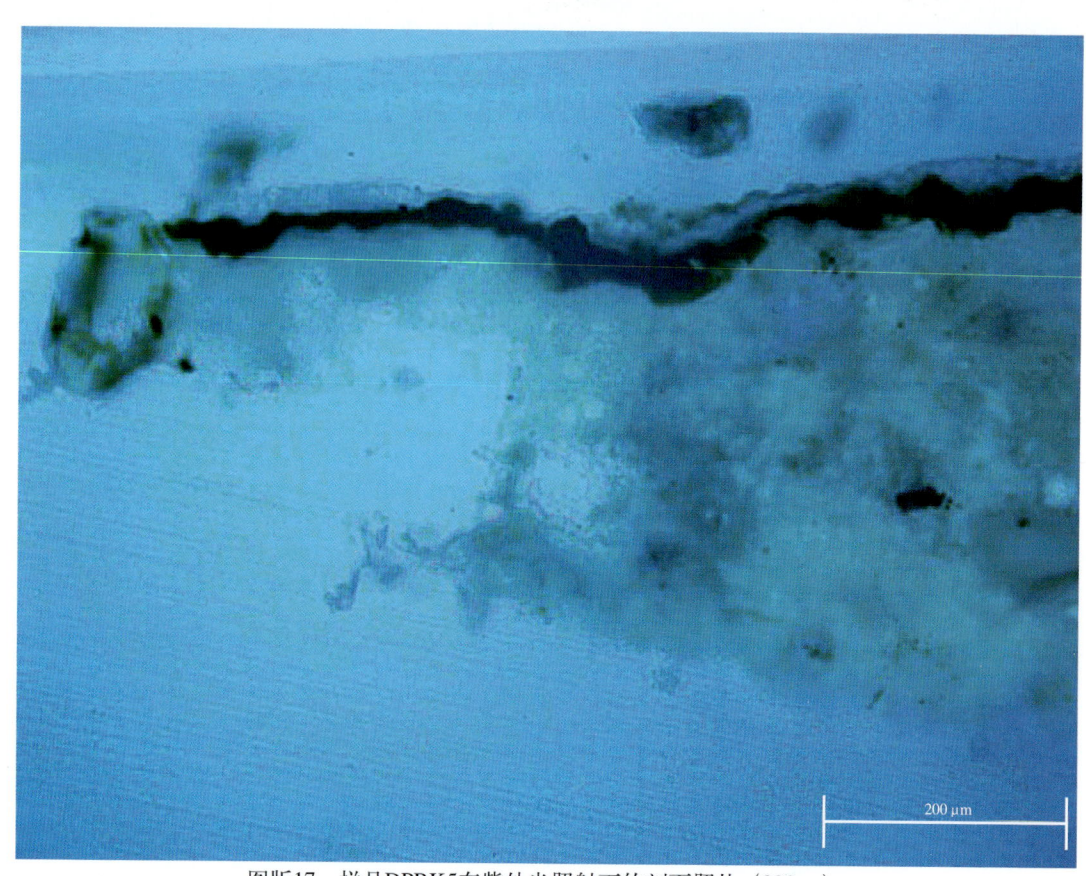

图版17　样品DPRK5在紫外光照射下的剖面照片（200×）